KB230778

도서관조직의 혁신과 변화관리

도서관조직의 혁신과 변화관리

홍현진 지음

한국학술정보㈜

　환경의 급격한 변화 속에서 혁신할 수 있는 조직의 능력은 조직의 생존을 의미한다. 혁신활동은 조직목표와 각기 처한 외부 환경요인의 특성과 조직 내부의 여러 가지 속성에 의해 복합적으로 이루어지는 것이다.

　이 저서는 저자의 박사학위논문을 수정, 보완하여 후학들에게 도서관 조직혁신의 필요성과 연구방법론적인 측면에서 도움이 되고자 재편집하여 발간한 것이다. 이 연구에서는 기존의 조직의 혁신성에 관한 제 접근방법들을 종합적으로 비교 평가하여 보다 합리적인 접근방법으로서, 도서관의 혁신성에 대한 포괄적인 변수의 설정 및 유형화를 통한 연구모형을 구축제시코자 하였으며, 아울러 본 모형에 관한 실증적 분석을 실시하였다. 즉 이 연구에서는 혁신이 근본적으로 조직의 상황요인과 밀접한 관련이 있음에 유의하여, 우리나라 도서관 환경 하에서 조직의 상황요인을 중심으로 외부 환경과 도서관 내부의 특성을 모두 고려하는 통합적 상황관계를 규정하였다.

　이 연구에서 도서관의 혁신은 기술적 혁신의 실행정도와 행정적 혁신의 실행정도의 2개 부문으로 구분하였고, 도서관의 혁신실행 유형은 혁신의 실행정도에 따라 정태적 유형, 기술지향적 유형, 조직지향적 유형, 기술사회시스템적 유형의 4개 부문으로 구분하였다. 독립변수는 조직규모, 조직 가용자원, 공식화, 분화, 전문화, 분권화, 기술속성인지도, 기술환경변화 대응도, 전문직적 활동 등 9개의 변수이며, 종속변수는 기술적 혁신, 행정적 혁신, 조직의 성과 등 3개의 변수이다. 이와 같은 변수의 설정을 통해 이 연구에서는 도서관조직의 혁신영향요인들을 파악하였으며, 혁신의 실행정도에 따라 도서관 혁신실행 유형을 나누어 각 유형별로의 도서관특성을 살펴보았다. 또한 도서관 혁신실행 유형에 따른 도서관조직의 성과를 분석하고 상황변수에 따른 혁신실행 유형과 도서관조직의 성과 간의 관계를 규명하였다. 그 실증적 연구방법론에 있어서, 본 연구모형의 타당성을 분석하기 위해 우리나라의 대학도서관 72개와 전문도서관 38개로부터 자료들을 수집하였으며, 상관관계분석과 단계별 회귀분석, 일원적 분산분석 등의 통계적 기법들이 본 연구모형의 가설검증을 위해서 주로 사용되었다.

이 연구의 주요한 연구결과를 요약 제시하면 다음과 같다.

첫째, 조직의 규모와 가용자원이 클수록, 또한 조직의 분화와 분권화 등의 조직의 유기성이 높을수록, 그리고 관리자층의 전문직적 활동이 활발하고 기술적 환경에 대한 인지도(기술속성인지도, 기술환경변화 대응도)가 높을수록 혁신의 실행정도가 높아지는 경향이 있는 것으로 나타났다.

둘째, 기술적 혁신의 실행정도에 영향을 미치는 변수들 중에서 기술속성인지도가 가장 큰 영향을 미치며, 두 번째로 영향력이 큰 변수는 조직의 가용자원, 그리고 세 번째로 영향력이 큰 변수는 전문직적 활동의 순으로 나타나고 있다. 행정적 혁신에 대해서는 조직의 가용자원, 조직의 분화, 기술환경변화 대응도 등의 순으로 영향력이 큰 것으로 나타났다.

셋째, 관리자층의 교육수준이 높을수록 전문직적 활동이 활발한 것으로 나타났으며, 도서관 경력년수에 따라 관리자층의 집단을 5집단으로 나누었을 때 3번째 집단에 속하는 경력년수가 보통 수준인 관리자층의집단(3년 이상-6년 미만)이 5번째 집단에 속하는 경력년수가 많은 관리자층의 집단(10년 이상)보다 학술연구 활동이 활발한 경향을 보였다. 또한 연령이 낮을수록 기술속성인지도가 높아지는 경향이 있는 것으로 나타났으며, 도서관 경력년수가 보통 수준의 관리자층의 집단(3년 이상-6년 미만)이 도서관 경력년수가 많은 관리층의 집단(10년 이상)보다 기술에 대해서 더 긍정적으로 인식하는 것으로 나타났다. 그리고 전문협회(학회)활동과 학술연구 활동이 활발하게 되면 기술에 대한 인지도가 더욱 더 높아지며 결과적으로 조직의 혁신성(기술적 혁신의 실행정도와 행정적 혁신의 실행정도)에 영향을 미치는 것으로 나타났다.

넷째, 도서관의 혁신실행 유형별로 도서관의 특성을 비교·분석한 결과는 도서관조직의 가용자원이 크고, 분화와 분권화 등의 조직의 유기성이 높으며, 관리자들의 전문직적 활동이 활발하고 기술속성인지도가 높을수록, 그리고 시스템개발운용의 수준이 높을수록 도서관의 혁신실행 유형이 기술적 혁신 및 행정적 혁신의 실행정도가 둘 다 높은 기술사회시스템적 유형으로 되는 경향이 있음을 보여주고 있다.

다섯째, 혁신실행 유형과 조직성과와의 관계를 분석한 결과는 조직성과가 기술사회시스템적 유형에서 가장 높고 그 다음이 기술지향적 유형, 조직지향적 유형순이고 정태적 유형에서 조직성과가 가장 낮은 것으로 나타났다. 즉 도서관조직의 성과는 기술적 혁신 및 행정적 혁신의 실행정도가 둘 다 높은 기술사회시스템적 유형의 도서관에서 가장 높으며, 반면에 기술적 혁신 및 행정적 혁신의 실행정도가 둘 다 낮은 정태적 유형의 도서관에서 조직의 성과가 가장 낮아지는 것으로 나타나, 도서관조직의 성과는 조직의 혁신실행 유형에 따라서 유의하게 달라진다는 것이 입증되었다.

목 차

01　서 론 · 15

1.1 연구의 배경 및 목적 / 16
1.2 연구의 접근방법과 범위 / 21
1.3 연구의 구성 / 23

02　혁신연구에 관한 이론적 배경 · 25

2.1 혁신의 개념 / 26
2.2 혁신에 관한 연구유형 / 29
　2.2.1 규범적 접근 / 29
　2.2.2 요인적 접근 / 30
　2.2.3 과정적 접근 / 36

03　**상황적합론에 대한 연구 · 47**

3.1 조직이론의 전개 / 48
　3.1.1 전통적 조직론 / 49
　3.1.2 상황적합론 / 51
　　3.1.2.1 이론적 특성 / 51
　　3.1.2.2 이론의 전개 / 53
3.2 기술적 환경과 조직 / 57
　3.2.1 기술의 개념 / 58
　3.2.2 정보기술의 개념 / 60
　3.2.3 정보기술과 도서관 / 65
　　3.2.3.1 정보화 사회 / 65
　　3.2.3.2 디지털 컴퓨터기술 / 69
3.3 조직성과 / 77

04　**주요 변수들에 대한 개념적 정의 · 83**

4.1 조직구조 / 84
　4.1.1 공식화 / 89
　4.1.2 복잡성 / 91
　4.1.3 분권화 / 93
4.2 조직규모와 가용자원 / 94
4.3 혁신유형 / 98
4.4 조직성과 / 102

05　연구의 모형 및 가설 · 107

5.1 이론적 모형 / 108

5.2 가　설 / 108

　5.2.1 기술적 환경과 혁신 / 108

　5.2.2 조직규모와 가용자원과 혁신 / 115

　5.2.3 조직구조와 혁신 / 118

　　5.2.3.1 공식화와 혁신 / 118

　　5.2.3.2 복잡성과 혁신 / 120

　　5.2.3.3 분권화와 혁신 / 122

　5.2.4 관리자특성과 혁신 / 125

　5.2.5 혁신과 조직성과 / 127

06　실증적 연구 · 133

6.1 표본의 추출 및 자료수집 / 134

6.2 변수의 조작적 정의 및 측정방법 / 136

　6.2.1 독립변수(상황변수) / 136

　6.2.2 혁신실행 유형 / 141

　6.2.3 조직성과 / 147

6.3 설문자료의 수집 / 150

07 **실증적 연구에 대한 분석 • 151**

7.1 측정변수의 신뢰도 및 타당도 검증 / 152
　7.1.1 신뢰도 검증 / 152
　7.1.2. 타당도 검증 / 155
7.2 가설의 검증 / 157
　7.2.1 가설의 통계적 검증방법 / 157
　7.2.2 조직의 혁신성과 기술적 환경 인지도 간의 관계분석 / 158
　7.2.3 조직의 혁신성과 조직의 규모와 가용자원 간의
　　　　관계분석 / 165
　7.2.4 조직의 혁신성과 조직구조 간의 관계분석 / 169
　7.2.5 조직의 혁신성과 관리자층의 특성 간의 관계분석 / 178
　7.2.6 조직의 혁신성과 성과 간의 관계분석 / 191
7.3 가설검증의 결과 / 206

08 **결　론 • 213**

8.1 연구결과의 요약 / 214
8.2 향후 연구방향 / 221

참고문헌 • 223
부　　록 • 239

|표목차|

〈표 1〉 혁신과정 모형 ·· 38

〈표 2〉 기계적 조직구조와 유기적 조직구조의 특징 ····················· 55

〈표 3〉 정보기술의 특성 ··· 64

〈표 4〉 총취업자 대비 정보부문 종사자 추이 ······························· 68

〈표 5〉 1개국의 GNP 대비 정보부문의 크기 ······························· 69

〈표 6〉 변수의 조작적 정의 및 측정지표 ····································· 144

〈표 7〉 주요 변수의 서술적 통계량 ··· 153

〈표 8〉 세부변수의 서술적 통계량 ··· 153

〈표 9〉 다항목척도 변수들의 크론바하 알파계수 ·························· 155

〈표 10〉 조직구조변수 측정지표에 대한 요인분석결과 ·················· 157

〈표 11〉 기술적 환경인지도와 혁신실행 정도와의 상관관계
       -피어슨 상관계수- ··· 159

〈표 12〉 조직규모에 따른 기술적 환경에 대한 인지도와 혁신의
       실행정도와의 상관관계 -피어슨 상관계수- ··············· 163

〈표 13〉 조직 가용자원에 따른 기술적 환경에 대한 인지도와 혁신의
       실행정도와의 상관관계 -피어슨 상관계수- ··············· 164

〈표 14〉 기술적 혁신에 대한 독립변수들의 단계별 다변인 회귀분석결과 ····· 165

〈표 15〉 행정적 혁신에 대한 독립변수들의 단계별 다변인 회귀분석결과 ····· 165

〈표 16〉 조직규모 및 조직 가용자원 변수와 혁신실행 정도와의 상관관계
       -피어슨 상관계수- ··· 167

〈표 17〉 조직규모 및 조직 가용자원 세부변수와 혁신실행 정도와의
       상관관계-피어슨 상관계수- ····································· 169

〈표 18〉 조직구조변수와 혁신실행 정도와의 상관관계 -피어슨 상관계수- ···· 171

〈표 19〉 조직구조세부변수와 혁신실행 정도와의 상관관계
       -피어슨상관계수- ·· 172

〈표 20〉 조직규모에 따른 조직구조변수와 혁신실행 정도와의 상관관계
       -피어슨상관계수- ·· 176

〈표 21〉 조직 가용자원에 따른 조직구조변수와 혁신실행 정도와의
　　　　 상관관계 - 피어슨상관계수 - ·· 177
〈표 22〉 관리자특성변수와 전문협회(학회)활동과의 일원적 분산분석 ········· 179
〈표 23〉 교육수준별 전문협회(학회)의 평균치 ······································ 179
〈표 24〉 관리자특성변수와 학술연구 활동과의 일원적 분산분석 ··············· 180
〈표 25〉 교육수준별 학술연구 활동의 평균치 ······································· 180
〈표 26〉 경력년수별 학술연구 활동의 평균치 ······································· 180
〈표 27〉 전문직적 활동과 혁신실행 정도와의 상관관계 - 피어슨 상관계수 - ··· 181
〈표 28〉 관리자특성변수와 상대적 이점과의 일원적 분산분석 ··················· 184
〈표 29〉 관리자특성변수와 복잡성과의 일원적 분산분석 ·························· 184
〈표 30〉 관리자특성변수와 적합성과의 일원적 분산분석 ·························· 185
〈표 31〉 관리자특성변수와 기술환경변화 대응도와의 일원적 분산분석 ······· 185
〈표 32〉 연령별 상대적 이점의 평균치 ·· 185
〈표 33〉 연령별 복잡성의 평균치 ·· 186
〈표 34〉 경력년수별 복잡성의 평균치 ··· 187
〈표 35〉 전문협회(학회)활동별 복잡성의 평균치 ································· 189
〈표 36〉 학술연구 활동별 상대적이점의 평균치 ···································· 190
〈표 37〉 학술연구 활동별 복잡성의 평균치 ··· 190
〈표 38〉 혁신실행 정도와 조직성과와의 상관관계 - 피어슨 상관계수 - ······ 192
〈표 39〉 주요 변수와 혁신실행 유형과의 일원적 분산분석 ······················ 194
〈표 40〉 세부변수와 혁신실행 유형과의 일원적 분산분석 ······················· 195
〈표 41〉 혁신실행 유형별 주요 변수의 평균치 ······································ 196
〈표 42〉 혁신실행 유형별 세부변수들의 평균치 ···································· 197
〈표 43〉 조직성과와 혁신실행 유형과의 일원적 분산분석 ······················· 200
〈표 44〉 혁신실행 유형별 조직성과의 평균치 ······································ 200
〈표 45〉 조직성과에 대한 규모와 혁신실행 유형의 이원적 분산분석 ··········· 203
〈표 46〉 주요 변수별 대학도서관과 전문도서관 간의 t-검증 결과 ·············· 204
〈표 47〉 세부변수별 대학도서관과 전문도서관 간의 t-검증결과 ················· 205

|그림목차|

〈그림 1〉 채택자 분포의 빈도(頻度)곡선과 누적(累積)빈도 ···························· 42
〈그림 2〉 시스템/상황적합론 모형 ··· 82
〈그림 3〉 연구의 모형 ·· 109

01

서 론

1.1 연구의 배경 및 목적

현대사회는 조직사회라 할 만큼 수많은 조직들이 생성·변화·소멸하고 있다. 복잡·다양한 외부 환경에 적응하기 위해 조직들은 끊임없이 변화하고 있다. 그래서 "변화는 불가피한 것"이라고 한다. 살아 움직이는 유기체로서의 조직은 환경 속의 변화에 적응하지 못하면 생존을 계속할 수 없다. 즉 외부 환경의 변화에 적절히 대처하는 조직들은 능률 면에서나 효과 면에서 성공적일 가능성이 크지만, 그렇지 못한 조직들은 능률성이나 효과성이 저하되기 쉽고 다른 조직과의 경쟁에서 처지게 되어 그 존립에 지장을 초래하게 된다.

덩컨(W. J. Duncan)은 변화를 우연적인 것과 계획적인 것으로 구분하고 후자가 목표지향적인 것이라고 함으로써 조직개발에 동원되는 개념은 후자임을 말해주고 있다.[1] 로빈스(S. P. Robbins)도 변화는 저절로 일어날 수도 있고 계획될 수도 있으며 관리된 변화야말로 계획적인 변화라고 할 수 있다고 함으로써 계획적인 변혁을 중시하고 있다.[2]

이 같은 변화는 두 가지로 구분된다. 즉 조직의 거시적인 환경으로부터 발생하는 외인성(外因性 - exogenous) 변화와 조직 자체의 내부로부터 발생하는 내인성(內因性 - endogenous) 변화로 구분된다.[3] 그런데 많

---

1) W. J. Duncan, Organizational Behavior(Boston: Houghton-Mifflin, 1981), p.478.

2) S. P. Robbins, *Organizational Theory: The Structure and Design of Organizations*(Englewood Cliffs, N. J.: Prentice-Hall, 1983), p.265.

은 경우에 외인적 변화가 내인적 변화를 일으킨다. 이 때문에 외적 환경
이 중시되고 조직개발을 논하는 경우에, 더 구체적으로 말해서 조직혁신
을 논하는 경우에 이를 중심적인 개념으로 하게 된다.

조직의 외적 환경은 실로 많은 요소들로 구성되어 있으며 변화는 환경
의 여러 요소인 사회경제적, 정치적, 과학적, 제도적인 환경의 전반에 가
속화된 속도로 발생되고 있다. 특히 과학과 기술의 발전, 산업의 팽창,
사회구조의 다양성에 따른 조직 내외의 변화에 따라 조직들은 조직혁신
을 통한 새로운 방향모색을 하지 않으면 안 된다.

혁신에 대한 개념적 정의는 연구에 따라 다양하게 정의된다.[4] 로저스
(E. M. Rogers)는 혁신이란 "개인 또는 집단에 의해서 새로운 것으로
지각(知覺)된 아이디어, 실행(practice), 또는 사물(object)을 모두 포함하
는 것으로서 변화의 바람직한 방향을 설정하고, 그 방향으로의 의도적,
의식적 노력을 뜻하는 때에 사용되는 개념"이라고 하였다.[5] 일반적으로
혁신이 새로운 것으로서 인식되는 아이디어의 채택을 암시하는 반면, 변
화는 이미 현존하는 아이디어를 다른 아이디어에 의해서 대체하는 것을
의미한다. 즉 채택되는 아이디어는 새로운 것으로서 인식될 수도 있으며,
또는 그것은 이미 관습화된 아이디어가 될 수도 있다. 따라서 일부 변화

---

3) B. J. Hodge and W. P. Anthony, *Organization Theory* (Boston: Allyn and Bacon, 1984), p. 484.

4) S. Myers and D. G. Marquis, *Successful Industrial Innovations*(New York: Harper and Row, 1972), p.1.
K. E. Knight, "The Descriptive Model of the Intra-Firm Innovation," *Journal of Business*, Vol. 40, No.3(Jul. 1967), p.478.
E. M. Rogers, *Communication in Organizations*(New York: The Free Press, 1976), p.150.
G. Zaltman, R. Duncan, and J. Holbek, *Innovations & Organizations* (New York: John Wiley & Sons, 1973), p.10.
L. B. Mohr, "Determinants of Innovation in Organizations," *American Political Science Review*, Vol. 63, No.1(Mar. 1969), p.112.

5) Rogers, *Communication in Organizations*, p.150.

들은 혁신이 될 수도 있지만 그러나 전부를 혁신으로 볼 수는 없다. 그러나 이러한 차이점이 있기는 하지만 조직에서의 변화와 혁신에 대한 의사소통 유형은 차라리 비슷하다고 하겠으며 이러한 의미에서 둘 사이에 확고한 구분을 할 필요는 없다고 하겠다. 따라서 본 연구에서도 변화와 혁신을 구분하지 않고 상호 교환적인 의미로 사용하고자 한다.

환경의 급격한 변화 속에서 혁신할 수 있는 조직의 능력이란 조직의 생존을 의미한다. 도서관도 다른 조직체들처럼 그 자체의 조직에서 문제점을 확인하고 혁신적인 해결책을 취할 수 있는 능력을 필요로 한다. 계속적으로 나타나는 사회적 현상으로서의 변화는 조직의 여러 국면에 영향을 미친다는 점에서 관리의 대상이 되고 연구대상이 된다. 변화란 불가피한 것이고 조직은 그의 생존을 위해서 이에 대처해야 한다면 종래보다 더욱 빠른 속도로 변하는 환경하에 있는 조직의 경영자들은 변화의 필연성을 계속적으로 평가해나가지 않으면 안 된다.

"종이가 없는(paperless) 사회", "전자도서관", "후기 산업사회에 있어서의 도서관들", "정보하부구조(information infrastructure)"와 같은 어구들은 급격한 환경의 변화 속에서 도서관들의 역할이 변화해 가고 있음을 시사하고 있다. 그러나 도서관에 관한 조직적인 연구는 일반 조직에 관한 비교연구와 실험적 연구들에 비해서 훨씬 느리게 진전되어 왔다. 더욱이 변화하는 환경에 따라 도서관조직도 부단히 평가되고 혁신되어야 하나 국내에서는 아직까지 종합적인 평가작업이 없는 상태이며 더욱이 조직이론을 적용한 도서관의 혁신연구는 전혀 없는 실정이다.

도서관조직의 혁신을 측정하기 위해서는 어떤 척도가 필요한 바, 본 연구에서는 나이트(K. E. Knight)의 네 가지 분류를 기초로 해서 혁신을 기술적인 혁신과 행정적인 혁신의 두 가지 유형으로 분류하여 측정하고자 한다.6) 비록 나이트의 분류가 시기적으로 오래된 것이기는 하나 근

---

6) Knight, "The Descriptive Model," p.478.

래까지도 혁신연구가들[7] 사이에서 많이 쓰이고 있는 혁신의 분류기준이
기 때문에 본 연구에서도 이를 분류의 기초로서 삼고자 한다.

나이트는 혁신을 다음과 같은 네 가지로 분류하고 있다.

1) 산물(product)이나 또는 서비스의 혁신: 새로운 산물이나 서비스의
   도입.

2) 생산(production)과정의 혁신: 조직의 과업, 의사결정 및 정보시스
   템에서의 새로운 요소의 도입, 또는 조직의 물질적인 생산이나 서
   비스의 운영 및 기술에 있어서의 새로운 요소들의 도입.

3) 조직의 구조적 혁신: 조직에서의 변경된 과업할당, 권위관계, 커뮤
   니케이션 체제, 정규적인 보상제도의 도입 및 구성원들 간의 공식
   적인 상호 관계.

4) 인적 혁신: 인적 구성의 변경, 교육이나 심리분석 등과 같은 기법
   을 통한 조직구성원들의 행위나 신념의 변경.

이 중 기술적인 혁신이라 하면 위의 산물이나 서비스의 혁신과 조직의
물질적인 생산이나 서비스의 운영 및 기술에 있어서의 새로운 요소들의
도입을 합한 것이며 행정적인 혁신은 조직의 구조적 혁신, 인적 혁신과
함께 조직의 과업, 의사결정 및 정보시스템에서의 새로운 요소의 도입을

---

7) F. Damanpour, *Technical versus Administrative Rates of Organization Innovation: A Study of Organizational lag*, (Ph. D. Dissertation, University of Pennsylvania, 1983), p.32.
   L. Kim, "Organizational Innovation and Structure," *Journal of Business Research*, Vol. 8, No.2(Mar. 1988), pp.225-245.
   Y. P. Huo, *Organization Boundaries and the Diffusion of Technological Innovations: An Empirical Study of Microprocessors in the Personal Computer Industry*, (Ph. D. Dissertation, University of California at Berkeley, 1987). p.15.

지칭한다.[8] 즉 기술적인 혁신이란 한 조직의 기술적인 시스템에 영향을 주는 혁신으로서, 생산물이나 서비스를 만드는 방법이나 제공하는 방법에서의 변화를 야기시키는 새로운 아이디어의 구현(具現)인 반면에 행정적인 혁신은 조직의 구조나 행정적인 과정들, 즉 정책, 방침, 규정이나 절차들에서의 변화를 야기시키는 새로운 아이디어의 구현이라고 하겠다. 행정적인 혁신은 새로운 생산물이나 서비스를 제공하지는 못하지만 그것은 간접적으로 생산물이나 서비스의 도입에 영향을 주거나 또는 생산물을 만드는 과정이나 서비스를 제공하는 과정에 영향을 준다.

조직의 혁신은 환경에 대한 적응을 용이하게 하고 조직의 성과를 높이기 위해서 사용된다. 본 연구에서 기술적인 혁신들은 "기술적 시스템"에 영향을 준다고 가정되는 반면, 행정적인 혁신들은 조직의 "사회적 시스템"과 관련된 것으로 가정되었다. 조직의 성과는 행정 및 기술적인 시스템들의 공동 운영의 한 함수로서 고려된다. 물론 조직성과는 다차원적인 개념이다. 조직성과에 대한 연구문헌들은 성과에 영향을 주는 유일한 변수는 없다고 한다. 행정적인 혁신 및 기술적인 혁신들은 성과에 영향을 주는 많은 요인들 가운데 두 가지 요인들이다.

외국의 경우 조직의 혁신활동의 중요성을 인식하고 이를 효율적으로 관리하기 위해 많은 이론적·실증적 연구들이 이루어지고 있음을 볼 수 있다. 그러나 아직까지도 혁신에 관해 유용한 이론을 제시해주는 포괄적이고 명확한 연구결과들은 그렇게 많지 않으며 특히 우리나라에서의 조직의 혁신에 대한 연구는 매우 빈약한 실정이다. 최근에 일부 학자들은 과거의 연구들이 대개 부분적인 연구범위와 제한된 상황요인들만을 고려한 단편적 이론의 개발에 치우쳤음을 지적하고 조직의 혁신에 대해 보다

---

8) W. M. Evan, "Organizational Lag," in *Organizational Theory: Structure, Systems, and Environments*, edited by W. M. Evan(New York: John Wiley & Sons, 1976), p.112.
Damanpour, *Technical versus Administrative Rates*, p.38.

많은 지식의 축적이 이루어지기 위해서는 조직이 처한 모든 상황요인들을 동시에 고려한 통합적 연구의 필요성을 주장한다. 이들에 의하면 혁신활동은 조직목표와 각기 처한 외부 환경요인의 특성과 조직 내부의 여러 가지 속성에 의해 복합적으로 이루어지는 것이며 따라서 앞으로의 연구는 이 모든 상황요인들을 동시에 고려하여, 그 관계들을 체계적으로 규명함으로써 좀 더 유용한 이론의 제시와 실증적 기여를 할 수 있다고 하는 것이다.

이에 본 연구에서는 혁신이 근본적으로 조직의 상황요인과 밀접한 관련이 있음에 유의하여 우리나라 도서관환경하에서 조직의 상황요인을 중심으로 외부 환경과 도서관 내부의 특성을 모두 고려하는 통합적 상황관계를 규명하고자 한다. 이러한 전체적인 맥락하에서 본 연구자는 도서관조직의 혁신영향변인들을 파악한 다음, 도서관조직을 혁신실행 정도에 따라 정태적(靜態的) 도서관조직, 기술지향적 도서관조직, 조직지향적 도서관조직, 기술사회시스템적 도서관조직으로 분류하고자 한다. 도서관조직을 이와 같이 네 가지 유형으로 분류하고자 하는 것은 각 유형별 도서관의 특징을 독립변수(상황변수)를 중심으로 비교·분석하기 위한 것이다. 또한 도서관 혁신실행 유형에 따른 도서관조직의 성과를 분석하고 상황변수에 따른 혁신실행 유형과 도서관조직의 성과 간의 관계를 규명하고자 한다. 이러한 연구를 통하여 우리나라 도서관조직의 상황하에서 혁신형태에 대한 이론 개발에도 학문적 기여를 하고자 한다.

1.2 연구의 접근방법과 범위

혁신을 연구하는 데 있어서 연구자의 관점과 연구목적에 따라 다양한 분석수준과 접근방법이 있을 수 있다. 본 연구는 도서관조직에 있어서 혁신의 영향요인은 무엇인지를 밝히고 혁신의 채택이 도서관조직의 성과에 미치는 영향, 혁신실행 유형에 따른 도서관조직의 성과, 그리고 상황요인에 따른 혁신실행 유형과 도서관조직의 성과관계를 밝히기 위한 것이다. 이를 위해 거시적인 상황모형을 설정했다. 이러한 연구과제를 달성하기 위한 본 연구의 분석단위와 접근방법은 다음과 같다.

첫째, 연구의 분석수준은 개별 도서관조직을 대상으로 하는 조직수준이다.

둘째, 연구대상 조직은 우리나라의 대학도서관 72개와 전문도서관 38개를 대상으로 한다. 조사대상 도서관의 선정기준은 대학도서관은 1991년 12월 31일을 기준으로 국립대학도서관협의회에 가입한 21개의 종합대학교 도서관 전체와, 1992년 3월 1일을 기준으로 전국사립대학도서관협의회에 가입한 51개의 사립대학교 도서관 전체 등 72개의 대학도서관들을 대상으로 하였다. 전문도서관은 연구단지정보관리협의회에 가입되어 있는 30개의 전문도서관 전체와 이외에 〈한국도서관통계〉를 참고로 하여 도서관 규모나 조직에 있어서 연구단지정보관리협의회에 가입되어 있는 도서관들과 규모가 비슷하거나 더 큰 전문도서관 8개관을 선정하여 도합 38개의 전문도서관들을 대상으로 하였다. 전문도서관들 중에서 특히 연구단지정보관리협의회에 가입되어 있는 전문도서관들을 주 대상으로 한 것은 이 협회가 정부출연연구기관, 정부투자기관연구소, 민간기업연구소 및 특수교육기관 소속 정보관리 부서들 간의 협력기구로 현재 전문도서관들의 주요한 협회로서 활동하고 있기 때문이다. 그러나 이 협회가 자연과학 분야의 전문도서관들로 주축이 되어 있기 때문에 〈한국도서관통계, 1991〉[9]을 참고로 하여 인문사회과학 분야의 도서관들 중에서 규모(장서와 직원수 등) 면에서 연구단지정보관리협의회에 가입되어 있는 도

---

9) 한국도서관협회 편, 한국도서관통계(서울: 한국도서관협회, 1991).

서관들과 같은 수준이거나 더 큰 규모의 도서관 8개관을 더 선정하여 추가시켰다.

셋째, 혁신에 영향을 미치는 여러 가지 요인 중 본 연구에서는 혁신에 중요한 영향을 미치는 기술적 환경변수, 조직특성변수, 조직구조변수, 관리자특성변수만을 고려하였다.

넷째, 본 연구에서 혁신이라 함은 조직의 기술적 혁신과 행정적 혁신을 의미한다. 즉 기술적 혁신은 산물이나 서비스의 혁신과 조직의 물질적인 생산이나 서비스의 운영 및 기술에 있어서의 새로운 요소들의 도입을 의미하는 것이며, 행정적 혁신은 조직의 구조적 혁신, 인적 혁신과 함께 조직의 과업, 의사결정 및 정보체제에서의 새로운 요소의 도입을 지칭한다.

다섯째, 혁신의 연구 접근방법은 과정적 접근방법보다는 일반적 접근방법을 취하였다. 과정적 접근방법은 혁신의 단계를 감안하는 방법인데, 이는 개개의 조직수준에서 유용하지 않으며,[10] 애비와 딕슨(A. Abbey and J. W. Dickson)에 의하면 혁신의 각 단계는 상당한 관련성이 있는 것으로 나타났다.[11] 따라서 본 연구에서는 혁신을 단일차원에서 연구하는 일반적 접근방법을 취하였다.

1.3 연구의 구성

본 연구는 모두 8개 장으로 구성되었다.

제2장에서는 기존 혁신연구에서 행해온 혁신의 정의를 통합, 분석하여 본 연구의 목적에 부합하는 혁신의 정의와 포괄범위를 설정하였다. 또한

---

10) Kim, "Organizational Innovation," pp.225-245.

11) A. Abbey and J. W. Dickson, "R & D Work Climate and Innovation in Semiconductors," *Academy of Management Journal*, Vol. 26, No.2(Jun. 1983), pp.362-368.

기존의 연구에서 취하여온 혁신연구들을 유형별로 고찰하고 이에 대한 종합적 평가 및 본 연구에서 취하고자 하는 상황적 모형의 접근방법에 대한 이론적 타당성을 밝히고자 하였다.

제3장에서는 이러한 접근방법에 입각하여 조직혁신에 관련된 기존연구들을 조직상황론적 측면에서 살펴보고 이에 대한 분석을 통하여 조직혁신에 영향을 주는 변수들을 추출하였다. 변수의 추출방법은 혁신에 영향을 주는 요인들을 중심으로 기존 연구들의 종합적 고찰을 통하여 개념적 중복 없이 포괄적으로 설정하는 방법에 의하였다.

제4장에서는 기존 연구들을 통한 주요 변수들의 개념적 정의 및 연구접근방법을 통하여 본 연구에서 설정한 변수들에 대한 개념적 분석과 정의를 시도하였다.

제5장에서는 제2장, 제3장 및 제4장의 이론적 고찰을 바탕으로 하여 본 연구의 구체적 연구모형을 제시하고 이에 따라 연구가설들을 도출하였다. 가설은 기술적 환경, 관리자특성, 조직규모와 가용자원, 조직구조 등이 혁신에 어떠한 영향을 미치는가와 혁신실행 유형에 따른 조직성과의 차이, 상황변수에 따른 혁신실행 유형과 성과와의 차이가 어떻게 다른가에 대한 항목들로 구성되었다.

제6장에서는 도출된 가설들을 실증적으로 검증하기 위해 본 연구에서 취한 연구조사방법을 논의하였다. 즉 표본의 추출 및 자료수집방법을 밝히고 제반 변수들의 조작적 정의 및 측정방법을 제시하였다.

제7장에서는 본 연구의 연구모형 및 가설들에 대한 통계적 검증을 위해 사용한 제반 통계적 기법을 밝히고 또한 가설 검증결과 및 부가적인 실증 분석결과를 논의하였다.

제8장에서는 본 연구의 이론적 및 실증적인 시사점을 밝히고 주요결과를 요약하였으며, 아울러 본 연구의 한계점과 이를 극복하기 위한 향후 연구방향을 제시하였다.

02

혁신연구에 관한 이론적 배경

2.1 혁신의 개념

혁신에 대한 개념적 정의는 연구에 따라 다양하며 크게 다음의 세 가지 관점으로 분류된다.

첫째, 혁신은 발명과 같은 의미로 사용된다. 이것은 둘, 혹은 그 이상의 개념이나 실체가 결합하여 조직원들에게 알려져 있지 않은 새로운 방식을 창출해내는 창조적 과정을 말한다. 이러한 형태의 활동을 수행하는 개인이나 조직을 혁신적이라고 한다. 마이어스와 마퀴스(S. Myers and D. G. Marquis)는 혁신을 특히 기술개발의 측면을 강조하면서 다음과 같은 의미로 사용하고 있다.

"……기술혁신은 새로운 아이디어의 개념화로부터 문제의 해결과 새로운 가치가 있는 물건을 실제로 사용하는 것까지를 포괄하는 활동(행위)이다. 혁신은 단일의 행위가 아니고 상호 관련된 하위과정들이 모인 총체적 과정이다. 혁신은 단순히 새로운 아이디어의 개념화도 아니며 새로운 도구의 개발이나 새로운 시장의 개발도 아니다. 혁신의 과정은 이러한 모든 것이 통합된 방식으로 작용하는 것이다……."[1]

혁신을 이러한 과정으로 보는 견해는 혁신을 가장 포괄적 개념으로 사용하는 것이라 할 수 있다. 이러한 견해는 혁신을 발명과 채택을 포괄하

---

1) S. Myers and D. G. Marquis, *Successful Industrial Innovations*(New York: Harper and Row, 1972), p.1.

는 것으로 간주한다.

둘째, 혁신이라는 개념은 또한 현존하는 혁신이 채택자의 인지나 행위의 일부분이 되는 과정만을 나타내기 위해서 사용된다. 이러한 경우 혁신은 채택과 내면화의 과정이다. 예를 들면 나이트(K. E. Knight)는 다음과 같은 정의를 한 바 있다. "혁신은 조직과 그에 관련된 환경에 새로운 변화의 채택이다."[2] 모어(L. B. Mohr) 역시 이와 비슷한 정의를 하였다. "혁신은 특정한 상황에 새로운 수단이나 목적을 성공적으로 도입하는 것이다."[3]

셋째, 혁신의 개념은 그것이 채택이 되든 안 되든 발명되거나 새로운 것으로 간주되는 아이디어나 실행(practice), 또는 산물(material artifact)의 변화를 지칭하는 것이다.[4]

또한 조석준은 변화와 혁신 등의 용어를 다음과 같이 사용하고 있다. 변화라는 용어는 변화의 방향여하에 상관없이 중립적 개념으로 사용되는 말이다. 즉, 변화 현상을 객관적으로 기술하고 설명하기 위하여 사용되는 개념이라 할 수 있다. 이에 반하여 혁신(innovation)과 개혁(reform) 등은 변화의 바람직한 방향을 상정하고, 그런 방향으로의 의도적·의식적 노력을 뜻하는 때에 사용되는 개념이다. 그런데 이 중에서 개혁이라는 용어는 일반적으로 행정관리나 과학적 관리계통의 사람들이 사용하던 말로서 주로 제도의 변화를 대상으로 할 때에 사용되었다. 그리고 혁신은 행태학이 학문의 주류를 형성한 이후에 주로 이 계통에서 사용하고 있는 용어이며, 따라서 행태의 변화를 대상으로 하고 있다. 이와 같은 용어상

---

2) K. E. Knight, "The Descriptive Model of the Intra-Firm Innovation," *Journal of Business*, Vol. 40, No.3(Jul. 1967), p.479.

3) L. B. Mohr, "Determinants of Innovation in Organizations," *American Political Science Review*, Vol. 63, No.1(Mar. 1969), p.112

4) G. Zaltman, R. Duncan, and J. Holbek, *Innovations & Organizations* (New York: John Wiley & Sons, 1973), p.10.

의 구별을 하고 조석준은 변화와 혁신을 통합하여 다 함께 혁신이라는 용어로 정리한다고 하였다.5)

오석홍은 조직개혁(organization reform)이라는 용어를 사용하고 있다. 이는 용어 사용에 있어서의 차이를 고려할 때 제도의 개선에 치중하고 있음을 나타내 준다고 할 수 있다. 오석홍은 조직개혁을 의식적·계획적으로 야기시키는 바람직한 조직변동으로 정의하고 있으며, 다음과 같이 부연하고 있다.

> "……조직변동을 지칭하는 용어에 관하여 조직연구인들이 합의를 보고 있는 것은 아니다. 여러 가지 용어가 어지럽게 사용되고 있다. 변동(change), 발전(development), 개선(improvement), 성장(growth), 쇄신(innovation), 개편(reorganization), 개혁(reform) 등이 그 예이다. 이 가운데에서 흔히 쓰이는 용어는 발전, 변동 및 개혁이다. 그런데 "변동"은 조직의 한 상태에서 다른 한 상태로 옮겨가는 모든 종류의 변화를 총칭하는 개념으로 쓰일 때가 많기 때문에 의식적인 변동노력만을 지칭하는 용어로 사용하는 것은 적당치 않다고 생각한다. 의식적이며 가치개입적인 변동노력을 논의할 때 "발전"이라는 말이 매우 널리 쓰이고 있지만 의식적 변동노력의 한 접근방법을 한정하여 "조직발전(OD)"으로 부르는 것이 또한 관례로 되어 있기 때문에 여러 접근방법을 포괄하는 용어로 발전이라는 말을 쓰면 혼란을 일으킬 염려가 있다……"6)

따라서 오석홍은 이와 같은 용어 관행들을 고려해서 조직개혁이라는 용어를 채택한다고 하였다.

이상에서 살펴본 바에 의하면 조직에서의 혁신과 변화의 의미는 다르다. 즉, 혁신은 새로운 것으로서 인식되는 아이디어의 채택을 암시하는 반면, 변화는 이미 현존하는 아이디어를 다른 아이디어에 의해서 대체하

---

5) 조석준, <u>조직론</u>(서울: 법문사, 1985), p.405.
6) 오석홍, <u>조직이론</u>(서울: 박영사, 1990), pp.709-710.

는 것을 의미한다. 따라서 이 아이디어는 새로운 것으로서 인식될 수도 있으며, 또는 그것은 이미 사용되고 있는 아이디어일 수도 있다. 그러나 이러한 차이점이 있기는 하지만 대부분의 사람들은 "혁신"과 "변화"를 거의 상호 교환적으로 사용한다. 즉 조직에서의 변화와 혁신에 대한 의사소통 유형들은 차라리 비슷하다고 하겠으며 이러한 의미에서 둘 사이에 구분을 할 필요는 없다고 본다. 따라서 본 연구에서도 변화와 혁신을 구분하지 않고 상호 교환적인 의미로 사용할 것이다.

2.2 혁신에 관한 연구유형

혁신에 관한 기존 연구는 접근방법에 따라 크게 다음의 세 가지 유형으로 분류될 수 있다. 즉 규범적 접근, 요인적 접근, 과정적 접근 등의 세 가지 유형이다.

2.2.1 규범적 접근

혁신에 대한 영향요인 및 조직에서의 혁신의 유형을 규명하기 위해 혁신에 관련된 주요 연구들을 살펴보면, 조직적인 혁신의 특성, 조직구조의 유형, 그리고 혁신의 초기단계, 채택, 이행과정들을 분석하는 이론적인 연구들이 자주 수행되어 왔다.[7] 특히 로저스(E. M. Rogers), 잘트만(G.

---

7) Knight, "The Descriptive Model," pp.478-496.
G. W. Downs and L. B. Mohr, "Conceptual Issues in the Study of Innovation," *Administrative Science Quarterly*, Vol. 21, No.4(Dec. 1976), pp.700-714.
R. G. Havelock, *Planning for Innovation: Through Dissemination and Utilization of Knowledge*(Ann Arbor, Mich.: CRUSK/ISR. University of Michigan, 1976).

Zaltman) 등의 연구에서는 혁신결정의 과정, 혁신의 속성 등에 관한 연구방안들을 제시하며 혁신연구에 관한 이론적 구조들을 제공해주고 있다.

이와 같은 규범적 접근에 의한 연구는 혁신연구자들이 혁신에 참여하여 얻은 경험을 바탕으로 혁신실행상에 나타나는 일반적인 문제점 및 이에 대한 해결방안을 연역적으로 제시하는 데 주안점을 두고 있다. 규범적 접근에 의한 연구는 연역적 분석방법으로 인하여 연구들 간의 상충적인 결과를 나타내는 경우도 있다. 그러나 기존의 단편적이거나 부분적인 연구결과를 개념적으로 체계화하여 이론적인 준거(準據)들을 제공한다는 측면에서, 혁신연구에 대한 개념적인 기여가 크다고 하겠다.

2.2.2 요인적 접근

혁신연구의 두 번째 유형은 혁신에 영향을 주는 요인들을 실증적으로 밝히고 있는 경험적인 연구들이다. 요인적 접근에 의한 연구들은 혁신실행에 영향을 준다고 생각되는 변수들을 설정하고 비교적 광범위한 표본추출 및 자료수집을 행하여 이로부터 이들 변수와 혁신실행과의 관계를 실증적으로 분석하는 데 역점을 두고 있다.

혁신에 대한 요인적 접근의 연구경향은 그 기초가 되는 학문적 성격에 따라 다르다고 할 수 있다. 혁신에 관한 연구는 조직사회학적 연구와 심리학적 연구 그리고 경제학적 연구가 그 부류를 이룬다. 조직사회학적 연구에서는 조직의 구조적 특성과 상황요인들에 중점을 두고 있으며 심

E. M. Rogers and F. F. Shoemaker, 개혁커뮤니케이션론, 서정우, 최선열 공역(서울: 박영사, 1976).
P. Clark and N. Staunton, *Innovation in Technology and Organization* (London: Routledge, 1989).
J. A. Edosomwan, *Integrating Innovation and Technology Management* (New York: John Wiley & Sons, 1989).

리학적 연구에서는 엘리트의 가치관, 조직구성원의 성격특성 등에 관심을 두고, 경제학적 연구에서는 경쟁도, 시장규모, 유용 자원 등에 초점을 맞추고 있다.[8]

국내에서 나온 혁신연구문헌들 중에서 혁신영향요인에 대한 요인적 접근을 시도하고 있는 연구들은 다음과 같다. 추교승은 로저스의 혁신속성이론을 도입하여 최종사용자컴퓨팅(end-user computing)이라는 조직의 혁신을 설명하려고 하였다. 그는 혁신의 속성 중 상대적 이점, 복잡성, 적합성 등을 택해 조직구성원들이 이들 혁신의 속성을 인지하는 정도와 최종사용자컴퓨팅의 실행정도 간에 어떠한 영향이 있는가를 분석하였으며 이러한 관계가 상황변수들에 따라 어떻게 달라지는가를 분석하였다.[9]

이호선은 "기술혁신 영향요인의 조직상황이론적 접근 및 한·미·일의 국제비교 연구"라는 논문에서 기업에 있어서의 기술혁신에 대한 영향요인을 조직이론의 관점에서 분석하였으며, 아울러 한국, 미국, 일본기업들 간의 유사점과 차이점을 분석하였다. 연구대상은 55개의 국내제조회사들, 그리고 51개의 미국제조회사들, 그리고 107개의 일본제조회사들을 대상으로 하였다. 이 연구에서는 조직구조의 결정요인으로서 환경의 인지도 및 생산기술이 중요한 영향을 미친다는 것을 보여주었으며 아울러 조직의 객관적 환경을 적합하게 인지하는 조직들에서 조직구조가 적절한 대응형태를 취할 수 있다는 것을 보여주었다. 특히 생산기술이나 환경의 인지도를 고려할 때에 기술혁신에 대한 조직구조의 영향관계가 잘 나타났으며, 환경의 객관적 실체를 적합하게 인지하는 조직들에서 이러한 관계가 잘 나타나고 있다고 밝히고 있다. 또한 기업의 생산기술이 전략유

---

8) J. L. Pierce and A. L. Delbecq, "Organization Structure, Individual Attitudes and Innovation," *Academy of Management Review*, Vol. 2, No.1(Jan. 1977), pp.27-37.

9) 추교승, 최종사용자컴퓨팅의 속성과 실행의 상황적 분석(석사학위논문, 한국과학기술원 경영학과, 1991), pp.65-70.

형의 결정에 중요한 상황요인이 된다는 것을 보여 주었다.[10]

조직혁신의 가장 초기의 연구에서는 조직구성원들의 특성에 초점이 맞추어졌다. 예를 들면 조직의 구성원들이 외부인들과 사회의 변화주도체들의 영향력에 접할 기회가 많거나,[11] 조직구성원들이 유능한 게이트키퍼들로서 구성된다면,[12] 변화를 더욱 잘 받아들일 수 있을 것이라고 주장되었다.[13] 보다 최근에 학자들은 조직적인 그리고 환경적인 변수들에 관심을 옮겼다. 에이컨과 헤이지(M. Aiken and J. Hage)는 사회복지기관들을 대상으로 혁신율과 조직적인 특성들 간의 관계를 조사했으며 조직적인 변수들로는 복잡성, 전문화, 의사결정의 분권화, 조직 내의 커뮤니케이션, 공식화(직무규칙 설정과 규칙준수의 정도) 등이 포함되었고 다른 요인들로는 조직의 자원, 독립성, 혁신의 기간과 규모 등이 포함되었다. 이 연구에서 그들은 조직의 유기성은 혁신을 야기시키는 특성을 가지고 있다고 밝히고 있다.[14]

로스만(J. Rothman)은 혁신의 실행에 초점을 맞추었으며 혁신실행의

---

10) 이호선, 기술혁신 영향요인의 조직상황이론적 접근 및 한·미·일의 국제비교 연구(박사학위논문, 한국과학기술원 경영학과, 1987), pp.133-134.

11) H. A. Shepard, "Innovation-Resisting and Innovation Producing Organizations," *Journal of Business*, Vol. 40, No.3(Jul. 1967), pp.470-477.

12) H. Menzel, "Innovation, Integration, and Marginability: A Survey of Physicians," *American Sociological Review*, Vol. 25, No.5(Oct. 1960), pp.704-713.
B. Berelson and G. Steiner, *Human Behavior: An Inventory of Scientific Findings*(New York: Harcourt, Brace, and World, 1964), p.17.

13) Y. P. Huo, *Organizational Boundaries and the Diffusion of Technological Innovations: An Empirical Study of Microprocessors in the Personal Computer Industry*(Ph. D. Dissertation, University of California at Berkeley, 1987), p.16.

14) M. Aiken and J. Hage, "Organizational Interdependence and Intra-Organizational Structure," *American Sociological Review*, Vol. 33, No.6 (Dec. 1968), pp.912-930.

성공은 단계적인 혁신 프로그램의 향상, 조직목표에 있어서의 점차적인 변화들, 그리고 의사결정에의 참여도가 증가되는 것에 관련이 있다는 것을 발견했다.[15] 더욱 포괄적이고 경험적인 연구는 대프트와 베커(R. L. Daft and S. W. Becker)에 의해서 행해졌다. 그들은 조직규모, 성장률, 복잡성, 행정직의 비율, 가용자원, 분권화 등이 혁신에 미치는 영향을 조사한 후, 이러한 변수들이 조직들 간의 혁신채택률의 차이점을 설명할 수 있다고 결론지었다. 그들은 또한 이 변수들의 영향을 평가할 때 행정적인 그리고 기술적인 혁신들 간에 구분이 있어야 할 필요성이 있다고 주장했다.[16]

한편 헤이지와 드워(R. Dewar)는 "혁신을 예측하는 데 있어서 조직구조 대 엘리트의 가치"라는 논문에서 혁신에 대한 전문직 집단(교육수준이 높고 전문성이 높은 집단)의 태도들은 사회복지기관들의 구조적인 특징들보다도 새로운 프로그램의 채택에 있어서 더 큰 영향을 미치는 변수들이라는 것을 발견했다. 이들은 이 논문에서 조직은 창조성을 촉진시키고, 그리고 이 창조성이 표현되고 이행될 수 있는 조직구조를 가져야만 하며, 창조성을 자극하는 중요한 변수가 복잡성이고 그 주요한 요소는 지식의 다양성이라는 것을 발견했다.[17]

일부 연구자들은 조직적인 특성이 그 조직에 속해 있는 구성원의 개인적 특성들보다 더 중요한 혁신영향요인이라고 주장한다. 대표적인 연구

---

15) J. Rothman, *Planning and Organizing for Social Change: Action Principles from Social Science Research*(New York: Columbia University Press, 1974), pp.110-134.

16) R. L. Daft and S. W. Becker, *The Innovative Organization*(New York: Elsevier, 1978), pp.97-112.

17) J. Hage and R. Dewar, "Elite Values versus. Organizational Structure in Predicting Innovation," *Administrative Science Quarterly*, Vol. 18, No.3(Sep. 1973), pp.279-290. H. A. Howard, *The Relationship between Certain Organizational Variables and the Rate of Innovation in Selected University libraries*(Ph. D. Dissertation Rutgers University, 1977), p.69에서 재인용.

자로서 발드리지와 버넘(J. V. Baldridge and A. R. Burnham)을 들 수 있다. 이들은 서로 다른 지역에 있는 교육기관들 간의 혁신율의 차이를 비교하기 위해 조직의 혁신행태를 참여자들의 개인적인 특성(성별, 연령, 태도)과 행정적인 위치와 권위, 조직적인 요인(규모, 복잡성), 그리고 환경적인 요인(인구밀도, 크기, 성장률) 등과 함께 분석을 했다. 그들은 분석결과 연령, 성별 그리고 개인적인 태도와 같은 개개인의 특성들은 조직의 혁신적인 행태에 영향을 미치는 중요한 요인들이 아니며 이들 구성원들의 행정상의 위치와 역할들이 혁신과정에 더 큰 영향을 미치는 요인들이라고 했다.

그들의 발견은 개인의 인구통계학적인 특징과 태도는 조직적인 맥락에서 혁신적인 행위의 빈약한 예측요소라는 헤이지와 에어컨의 연구결과를 지지하고 있다. 그러나 결론적으로 이들은 규모와 복잡성과 같은 조직의 구조적인 특성들이 위치와 역할과 같은 개인수준의 요인들보다 조직의 혁신적인 행태를 설명할 수 있는 예측력이 더 크다고 하면서, 조직의 혁신에 대한 연구는 구성원들의 개인적인 변수들보다는 조직구조와 환경변수들로 연구초점을 옮겨야 한다고 주장하였다.[18]

그러나 혁신의 영향요인에 있어서 조직적인 특성들이 더 결정적인가 또는 개인적인 특성들이 더 중요한가 하는 논의는 연구대상이 되는 구성원들의 지위와 역할, 그리고 조직의 상황요인에 따라서 달라지게 되므로 개개의 연구에 따라서 큰 차이가 난다고 하겠다. 개인적인 수준에서 보면 외부인이나 또는 게이트키퍼의 특성들은 확실히 중요하다. 즉 이들이 정보의 흐름을 용이하게 하거나 또는 새로운 아이디어들을 가져오기 때문이다.[19] 이와 함께 조직의 최고 책임자와 같은 소수의 인원들도 또한

---

18) J. V. Baldridge and A. R. Burnham, "Organizational Innovation: Integration, Organization, and Environmental Impacts," *Administrative Science Quarterly*, Vol. 20, No.2(Jun. 1975), pp.165-176.

19) Menzel, "Innovation, Integration," pp.704-713.

중요한 역할을 담당하게 될 것이다. 대프트는 조직에서 동시에 일어날 수 있는 두 가지 혁신과정, 즉 상향적 혁신과 하향적 혁신을 구분하는 조직혁신의 이중 핵심모형(dual-core model)을 제시하면서 어느 경우에서건 조직의 최고 책임자들은 조직과 그 기술적인 환경 간에 중요한 중추적인 역할을 하게 될 것이라고 하였다. 하향적 혁신에 있어서 최고 책임자는 외부세계와의 빈번한 접촉을 통해 새로운 아이디어들을 조직에 투입시키게 된다. 또한 상향적 혁신의 경우에는 조직구성원들의 혁신적인 아이디어들이 조직에 들어가고 순환할 수 있도록 혁신적인 목표들을 정하고, 혁신적인 아이디어들과 창의성을 격려하게 되며 특정한 혁신 제안들을 승인하거나 거부하는 결정을 내리게 된다.[20]

이에 대해 칼루즈니(A. D. Kaluzny)는 혁신의 채택률은 최고 행정가들의 외향성(外向性-cosmopolitan orientation)과 관련이 있다는 실증적인 연구결과를 제시하고 있다. 그는 공식화, 권한의 집중도 등의 조직적인 변수들과 조직의 규모, 자원, 직원들과 행정가들의 외향성, 그리고 자원 등을 독립변수로 사용하여 의료기관을 대상으로 혁신적인 의료서비스 프로그램의 채택에 영향을 미치는 요인들을 조사했다.[21] 모어는 의료기관에서 혁신적인 프로그램의 채택에 영향을 미치는 영향요인으로서 자원의 유용성, 행정가들의 혁신에 대한 동기, 혁신채택의 장애요인, 기관의 규모 등을 측정한 후 혁신의 빈도수는 행정가들의 혁신하고자 하는 동기와 관련성이 크다는 것을 발견했다.[22]

위와 같은 요인적 접근에 의한 연구들에서 개별적으로 다루어지고 있

---

20) Huo, *Organizational Boundaries*, p.18.

21) A. D. Kaluzny, J. E. Veney, and J. T. Gentry, "Innovation of Health Services: A Comparative Study of Hospitals and Health Departments," *Health and Society(MMFO)*, Vol. 52, No.4(Winter 1974), pp.51-82.

22) L. B. Mohr, "Determinants of Innovation in Organizations," *American Political Science Review*, Vol. 63, No.1(Mar. 1969), pp.111-126.

는 혁신의 영향요인들을 분석하면 다음과 같이 크게 세 가지 항목으로 분류해 볼 수 있다. 첫째, 혁신 자체의 특성적 요인으로 혁신의 상대적 이점, 복잡성, 적합성, 시도가능성 등을 들 수 있고, 둘째, 혁신의 담당자 및 조직에 관련된 행태적 요인으로 혁신에 대한 최고 경영층의 관심 및 지원, 혁신담당자의 역할, 조직 및 구성원의 변화수용태도, 조직구조의 유기성 등을 들 수 있으며, 셋째, 환경적 요인으로는 정부정책과 같은 정치적 요인, 기술적 요인, 교육적 요인, 그리고 경제적 요인 및 사회문화적 요인 등을 들 수 있다.[23]

혁신연구에 있어서 요인적 접근에 의한 연구는 혁신영향요인들을 선험(先驗)적으로 추출하고 이에 대한 조작화 및 측정방법을 제시한 점에서 높이 평가되고 있다. 그러나 영향요인들의 선험적인 추출 및 이에 대한 통계적 분석으로 말미암아 연구의 결과를 귀납적인 차원에서 해석할 수밖에 없다. 즉 정태적 분석 등으로 인해 영향요인을 추출하기가 힘든 단점이 있다고 하겠다.[24]

2.2.3 과정적 접근

요인적 접근에 의한 연구들 대부분이 주로 혁신실행과정상의 특정한 시점을 연구대상으로 하고 있는 반면에 일부 연구들은 혁신연구에 대해 과정적 접근방법을 시도하고 있다. 즉 이들은 혁신의 실행을 동태적 과정으로 파악하여 실행과정의 단계를 구분하고 단계별로 주요 영향요인을 제시하고 있다. 과정적 접근에 의한 연구는 혁신실행과정 전반에 걸친 분석을 행하기 때문에 이론적으로나 현실적으로 많은 시사점을 제시할 수

---

23) 김인수, 이진주, <u>기술혁신의 과정과 정책</u>(서울: 한국개발연구원, 1982), p.127.
24) P. G. W. Keen, "Information Systems and Organizational Change," *Communications of the ACM*, Vol. 4, No.1(Jan. 1981), pp.24-33.

가 있다. 또한 레빈(K. Lewin)의 변화이론[25] 및 로저스와 잘트만 등의 혁신과정이론을 이론적 틀로서 이용함으로써 변수들 간의 인과관계 규명 및 연구결과의 설명력을 제고할 수 있는 강점이 있다. 혁신결정과정은 조직이나 개인이 처음 혁신을 인지하게 되면서 그것을 채택 혹은 거부하는 결정을 내리고, 그리고 그러한 결정을 확인하는 과정을 말한다.[26]

혁신의 과정은 오랜 기간에 걸쳐서 많은 단계들을 포함한다. 〈표 1〉은 여러 학자들이 제시하고 있는 혁신과정 모형들을 채택단위를 조직으로 해서 착안(着眼), 채택/확산의 관점으로 나누어 열거해본 것이다.[27] 이 분야에 있는 연구자들은 이 과정을 조금 다른 방법에서 묘사하지만 모두 인식, 아이디어 형성, 탐색, 해결방안, 개발, 활용·확산(utilization & diffusion) 등의 연속적인 단계들을 포함한다. 또한 이 각각의 단계들을 포함시켜 4단계 혹은 5단계로 구분하고 있는 학자들도 있지만, 그 기본 개념에 있어서는 커다란 차이가 없다.

---

25) K. Lewin, "Group Decision and Social Change," in *Readings in Social Psychology*, edited by T. M. Newcomb and E. L. Hartley, 2nd ed. (New York: Holt, Reinhart and Winston, 1952), pp.512-533.

26) E. M. Rogers and R. Agarwala-Rogers, *Communication in Organizations* (New York: The Free Press, 1976), pp.155-165.

27) J. Hage and M. Aiken, *Social Change in Complex Organizations* New York: Random House, 1970), pp.92-106.
   Zaltman, Duncan, and Holbek, *Innovations & Organizations*, pp.52-69.

<표 1> 혁신과정 모형

연구자	Normann, Soulder	Lewin	Hage, Aiken	Rogers	Zaltman, Duncan, Holbek	Huse	Havelock
혁신과정단계	착수단계	해 빙		의제설정	지식인식 단 계	정찰단계	문제 식별
			평 가			시작단계	진 단
				연 관	태도형성 단 계	진단단계	탐구/선택
			개 시				
		변 화			결정단계	계획단계	혁신 계획
	실행단계		실 행	재규정 및 재구조화	초기실행 단 계	행동단계	설치/평가
			명료화			안정화 및 평가단계	정착화
		재동결	일상화	정착화	지속적인 실행단계	종결단계	

혁신의 많은 연구들이 혁신의 과정이나 단계모형을 중심으로 이론을 전개해 나가는 데는 몇 가지 이유가 있다. 즉, 혁신과정은 일련의 명시적·묵시적 의사결정과정이며, 많은 사람들이 이러한 의사결정과정에 참여하게 된다. 이때 단계의 개념은 혁신과정에 관련된 의사결정의 체계화 방법을 전체적인 관점에서 제시해주기 때문이다. 그러나 이 혁신의 단계들을 상호간에 배타적인 것으로 간주하는 것은 부적당하다. 오히려 이 단계들을 일련의 순환적인 과정에서 일어나는 상호작용적인 요소들로서 간주해야 할 것이다. 즉, 과정의 끝에서는 이것은 더 이상 혁신으로서 조직에 파악되지 않으며 조직의 정규적인 계속된 활동, 전체기능의 통합적인 일부분이 되는 것이다.

혁신에 대한 과정적 접근의 연구로서 캐롤(J. Carroll)과 사폴스키(H.

Sapolsky)는 조직구조의 형태가 혁신의 착수단계와 실행단계에서 서로 다른 영향을 미친다는 결과를 실증적으로 밝히고 있으며,[28] 레빈(A. Levine)은 대학조직에서의 교육적인 혁신의 실행단계를 착수단계, 실행단계, 일상화, 종결단계로 구분하고 각 단계별 혁신의 영향요인을 실증적으로 밝히고 있다.[29]

일반적으로 과정적 접근에 의한 연구는 혁신실행과정 전반에 걸쳐서 분석을 행하기 때문에 변수들 간의 인과관계 규명 및 연구결과의 설명력을 제고할 수 있는 강점이 있다고 하겠다. 그러나 과정적 접근에 의한 연구의 한계는 현재까지 단계구분이 실증적으로 엄격히 이루어질 수 있는 방법론이 제시되지 못하고 있다는 점과 그 결정과정이 채택단위의 내재적 과정이므로 측정하기가 무척 곤란하다는 것이다. 또한 조직에서 비록 채택하기로 결정을 내렸다 하더라도 항상 실행이 이루어지지는 않는다는 점 때문에 연구내용이 논리적 모순을 초래할 가능성이 크다는 점을 지적할 수 있다.[30]

노먼(R. Norman)은 이 두 가지 접근방법을 조직구조에 연결시켜서 다음과 같이 설명하고 있다.[31] 일반적 접근방법은 혁신의 제 단계를 무시

---

28) H. Sapolsky, "Organizational Structure and Innovation," *Journal of Business*, Vol. 40, No.4(Oct. 1967), pp.497-510.
   J. Carroll, "A Note on Departmental Autonomy and Innovation in Medical Schools," *Journal of Business*, Vol. 40, No.4(Oct. 1967), pp.531-534. Rogers and Shoemaker, 개혁커뮤니케이션론, p.156에서 재인용.

29) A. Levine, *Why Innovation Fails*(Albany, N. Y.: SUNY Press, 1980), pp.57-69.

30) M. J. Ginzberg, "Key Recurrent. Issues in the MIS Implementation Process," *Management Information Systems Quarterly*, Vol. 5, No.2 (Jun. 1981), pp.47-59.

31) R. Normann, "Organizational Innovativeness: Product Variation and Reorientation," *Administrative Science Quarterly*, Vol. 16, No.2(Jun. 1971), pp.203-215.

하고 조직에서 혁신과 조직구조와의 일반적 관계를 규정하려는 방법으로서, 혁신의 단계 중 아이디어 창안단계보다는 실천단계에 중점을 두고 있다. 따라서 일반적 접근방법은 혁신과정에 따라 조직구조의 특성을 일목요연하게 파악할 수 없는 제약점을 가지고 있으나, 혁신을 아이디어의 활용·실용화 단계인 산출물혁신과 처리과정혁신에 중점을 두고 분석할 때는 오히려 바람직한 측면이 있다고 하겠다.

애비와 딕슨(A. Abbey and J. W. Dickson)에 의하면 각각의 혁신단계는 상당한 관련성이 있는 것으로 나타나고 있다.[32] 즉 착안단계의 혁신이 높으면 실행단계의 혁신도 높은 것으로 나타나 혁신연구에 있어서 일반적 접근방법의 타당성을 제시하고 있다. 즉 혁신의 과정 접근방법은 혁신과 구조의 관계에 새로운 방법을 제시해 주는 것이라 하겠으나, 아직 개념화의 단계에서 벗어나지 못하였고, 따라서 실증적 연구를 하기에는 많은 문제점을 내포하고 있다고 하겠다.

한편 확산(diffusion)연구는 혁신에 대한 과정적 접근으로서 특정 분야에 속해 있는 다양한 조직들이나 개인들 간의 혁신확산과정에 초점을 맞추고 있는 연구들이다. 혁신확산연구는 사회과학의 여러 분야에서 연구되어오고 있는데 특히 문화인류학, 사회학 등의 분야에서 활발하게 연구되고 있다. 혁신확산연구는 주로 일정한 사회체제의 구성원들 사이에 한 혁신이 시간의 경과에 따라서 어떤 매체를 통해서 전파되는가에 초점을 맞춘다. 혁신의 확산은 커뮤니케이션의 특수형태이며 혁신이 사회의 구성원들이나 조직체들에 퍼져나가는 과정을 말한다. 혁신의 확산에 대한 연구자들은 혁신에 대한 인지가 어떻게 상이한 집단, 즉 채택자범주, 변화주도체 등에 따라 변화하는가에 대한 연구를 한다.[33]

---

32) A. Abbey and J. W. Dickson, "R & D Work Climate and Innovation in Semiconductors," *Academy of Management Journal*, Vol. 26, No.2(Jun. 1983), pp.362-368.

33) Rogers and Shoemaker, <u>개혁커뮤니케이션론</u>, p.20.

사회학자인 타드(G. Tarde)는 새로운 아이디어의 채택이 시간의 경과에 따라 일반적인 S자(字) 모양의 분포를 따른다는 사실과 혁신자의 외향성(外向性)이 새로운 아이디어의 조기 채택의 원인이 된다는 것을 발견했다. 그 후의 사회학자들의 관심은 대체로 지역사회를 분석단위로 하여 사회변동에 기여하는 혁신의 확산에 집중되어 왔다.[34] 로미오(A. A. Romeo)는 10개 분야의 제조산업체에서 140개의 회사들을 대상으로 서로 다른 제조산업체에서 같은 혁신이 얼마나 빠르게 확산되는지에 연구의 초점을 맞추었다. 혁신의 채택률과 산업체의 시장구조, 규모, 그리고 연구개발 비용 간의 관계가 연구되었다.[35] 펠러와 멘젤(I. Feller and D. Menzel)은 시정부에서 채택한 43개의 기술적인 혁신들의 확산과정을 조사했다. 그들은 각 기관들에서의 혁신의 전파율은 변량(變量-variation)이 크며 혁신의 전파율이 전형적인 S자 모양의 분포를 이룬다는 것을 발견했다.[36]

로저스와 슈메이커에 의하면 일정 기간 동안 단위시간에서의 빈도를 기준으로 혁신의 채택률을 도표로 그리면 일반적인 종모양의 곡선을 나타낸다고 한다. 그리고 채택자들의 누적(累積)총계를 그림으로 나타내면 그 결과는 S자 모양의 곡선이 된다고 하였다. 〈그림 1〉은 채택자분포를 종모양(빈도수)과 S자 모양(누적총계)의 두 가지로 나타내고 있다.[37]

---

34) *Ibid*, p.52.

35) A. A. Romeo, "Interindustry and Interfirm Differences in the Rate of Diffusion of an Innovation," *Review of Economics and Statistics*, Vol. 57, No.3(Aug. 1975), pp.311-319.

36) I. Feller and D. Menzel, "Adoption of Technological Innovation by Municipal Governments," *Urban Affairs Quarterly*, Vol. 14, No.4(Jun. 1978), pp.469-487.

37) Rogers and Shoemaker, 개혁커뮤니케이션론, p.173.

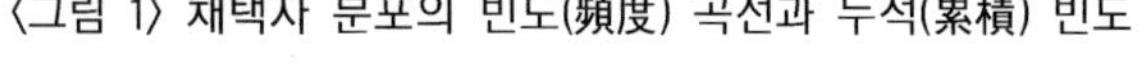

〈그림 1〉 채택자 분포의 빈도(頻度) 곡선과 누적(累積) 빈도

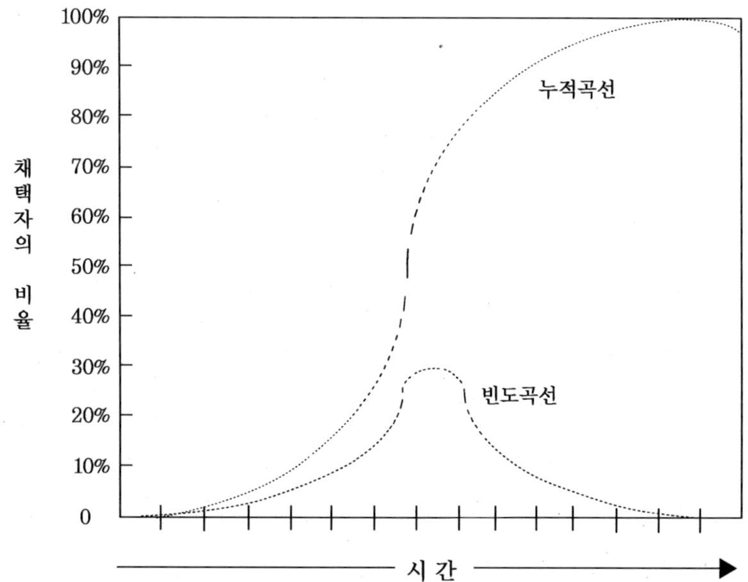

출전: E. M. Rogers and F. F. Shoemaker, Communication of Innovations (New York: The Free Press, 1971), p.171.

한편 휴(Y. P. Huo)는 "조직적인 경계와 기술적인 혁신들의 확산"이라는 논문에서 혁신의 빈도수와 관련된 변수들로서 경계변수(수직적인 통합, 수평적인 다양성)와 조직의 특성(조직의 규모와 연륜), 의사결정자의 개인적인 특성(의사결정자의 교육적인 배경, 재직기간)들의 상관관계를 연구했다. 이 연구에서 수직적인 통합은 한 조직 내에서 일반적으로 분리되어 있는 두 단계 이상의 생산단계들의 통합을 지칭하며 수직적인 다양성은 서로 다른 분리된 조직들에서 관련되어 있지 않은 두 단계 이상의 업무계선들에 대한 통합을 의미한다. 즉 수직적인 통합은 새로운 기능의 통합을 의미하며 수평적인 다양성은 새로운 제품들을 개발하려는 전략을 나타낸다. 이 연구에서 휴는 특히 컴퓨터 산업에서의 마이크로프로세서들의 확산에 대한 혁신과정과 변수들과의 관련성을 연구했다. 그는 조직의 연륜은 혁신의 채택에 역의 U자 모양의 관계를 나타낸다고 하였다. 또한 조직의 크기는 일반적으로 규모에 따른 자원의 풍부성으로 인해 혁신의 채택률과 상관관계가 높으며, 의사결정자의 교육적인 배경은 공학 분야의 배경을 가진 사람들일수록 채택기간이 더 길며 그리고 재직기간과 혁신과는 부(負)의 관계가 있다는 것을 발견했다. 그리고 수직적인 통합과 수평적인 다양성은 모두 혁신과 정(正)의 상관관계가 있는 것으로 밝혀냈다.[38] 머스만(K. Musmann)은 캘리포니아 주립대학들(California State University and Colleges) 도서관에서의 OCLC 채택의 확산에 대한 연구를 시행했다. 그는 도서관조직에서의 기술적인 혁신의 확산과정을 초기의 의사결정과정으로부터 채택단위들의 실행단계까지 조사했으며 도서관에서의 기술적인 혁신과 의사결정자들의 태도, 조직의 환경과 구조, 개방성과의 관계를 규명하려고 하였다. 그는 도서관체제 내에서의 권력의 분권화, 복잡성, 크기가 OCLC의 확산에 관련된 초기단계에서는 긍정적인 역할을 하지만 실행단계에서는 의사결정을 지연시킨다고 했다. 그러나 의사결정자들의 긍정적인 태도가 혁신의 채택에 있어서 결정적인 요인임을 밝히고 있다. 그는 또한 로저스의 혁신에 대한 속성이론[39]을 도입하여 OCLC가 긍정적인 혁신의 속성들을 가지고 있는 것으로 밝혀냈다.[40]

일반적으로 혁신의 확산에 대한 연구들은 기존의 이론들, 즉 변화이론, 혁신과정이론, 커뮤니케이션 이론 등을 기저(基底)이론으로 하여 비교적 합리적인 연구모형을 구축하였고 또한 이에 따른 형태적 혁신연구방안을

---

38) Huo, *Organizational Boundaries*, pp.144-145.

39) Rogers and Agarwala-Rogers, *Communication*, pp.155-165.

40) K. Musmann, *The Adoption of OCLC by the California Sate University and Colleges: A Case Study of the Diffusion of a Technical Innovation in a College Library Organization*(Ph. D. Dissertation, University of Southern California, 1981), pp.137-143.

제시함으로써 실증적으로 큰 진전을 보였다.

　그러나 로저스는 확산연구의 단점으로는 연구의 대부분이 단일 혁신에만 집중되어 있는 것이라고 지적했다. 그 이유는 혁신의 채택이나 결과들이란 다른 혁신과는 관계없이 독립적으로 발생된다는 가정 때문이라고 하였다. 그러나 수용자(受容者)란 새로운 아이디어를 전에 채택한 아이디어의 적합성의 정도차원에서 인지하는 법이다. 더 나아가 새로운 아이디어의 채택으로부터 생겨날 수 있는 결과들이란 수용자가 어떤 혁신을 이미 사용하고 있는가에 크게 의존한다. 이러한 측면에서 혁신의 확산연구는 일괄적 혁신의 채택을 조사할 필요가 있다. 최초의 단계로는 어떤 혁신들이 서로 연계되어 있는가를 결정해서 그 다음 다양한 혁신들의 채택 간에 존재하는 상호 관계에 대한 요인분석을 통해 이들 간의 관계를 파악할 수 있게 된다. 이러한 연구전략은 본질적으로 하나의 실용적인 접근방법으로서 확산연구에서 어떤 단독혁신이 혁신의 복합체(複合體)에 있어서 다른 아이디어의 채택을 촉발하는가를 결정할 수 있는 실증적인 연구방법이라고 하겠다.[41]

　이제까지 기존 혁신연구 유형과 이에 대한 이론들을 고찰하였다. 본 연구에서의 접근방법은 이상과 같이 고찰한 기존 연구유형의 장단점을 상호 보완하는 관점에서 설정하는 것이 바람직할 것이다. 즉 본 연구에서의 연구모형의 설명력 및 예측력을 제고할 수 있기 위해 개념적 틀의 구축은 요인적 접근방법과 상황적 분석방법을 병행할 것이다. 상황적 분석연구는 기본적인 연구의 초점이 상황에 따라 영향요인의 종류나 기여도가 다르다는 것에 주어지고 있다. 즉 본 연구에서는 보다 일반화된 거시적인 상황모형의 구축을 위하여 모형에 포함되는 변수들의 선정은 기존의 요인적 접근방법에 의한 연구들에서 제시된 요인변수들을 광범위하게 포괄하여 이를 독립변수(상황변수)들로 설정하며 이에 근거한 도서관

---

41) Rogers and Shoemaker, <u>개혁커뮤니케이션론</u>, pp.169-170.

조직의 혁신실행 정도를 제시하고자 한다. 또한 이 혁신의 영향변수들을 기준으로 변수들의 집합적 특성을 반영한 혁신실행 유형을 제시하여 조직성과를 측정코자 한다. 즉 이러한 관점에서 본 연구에서의 기본적인 접근방법은 혁신영향요인과 혁신실행 유형을 기초로 한 도서관조직성과의 상황적 분석이라고 할 수 있다. 또한 본 연구의 통합적 상황모형의 구축을 위해 제3장에서는 조직의 상황론적 연구에 대한 기존 이론들을 포괄적으로 고찰하고자 한다.

03

상황적합론에 대한 연구

3.1 조직이론의 전개

본 연구는 도서관조직의 혁신영향요인에 대한 조직상황론적 분석에 초점을 맞추고 있기 때문에 본 장에서는 조직이론을 중심으로 조직구조와 조직의 상황요인들의 분석을 행하고자 한다. 조직이론은 그 연구대상으로 하는 조직에 대한 견해와 분석방법에 따라 여러 가지로 분류되고 있는데, 많은 논자들은 조직론을 역사적-발생학적 관점에서, 다시 말하면 시대적인 흐름에 따라 진화론적 내지 변증법적으로 구분하여 설명하고 있다. 이 같은 구분은 대체로 목적에 따라 2단계설(전통적 조직론, 현대적 조직론), 3단계설(고전적 조직론, 신고전적 조직론, 현대적 조직론) 또는 4단계설(고전적 조직론, 신고전적 조직론, 시스템론적 조직론, 환경적응론적 조직론)로 크게 분류할 수 있다.

본 연구에서는 이 조직이론 중 2단계설을 중심으로 조직론을 구분해 보기로 한다. 조직론을 2단계로 구분하는 경우, 즉 전통적 조직론과 현대적 조직론으로 구분하는 경우에는 1) 조직을 전자가 폐쇄적 시스템으로 보고 전개하는 데 반해, 후자는 개방적 시스템으로 보고 전개한다는 특성과 2) 전자는 보편타당한 일반론을 추구하려고 한 데 반해 후자는 전통적 조직론을 토대로 하면서 새로운 관점에서 전자의 문제를 시정하고 새로 발견된 사실을 부가하는 사회과학적 역사성의 특성을 지닌다고 하겠다.[1]

---

1) 이한일, 경영조직론(서울: 형설출판사, 1987), p.116.

3.1.1 전통적 조직론

전통적(고전적) 조직론은 1) 테일러(F. W. Taylor)[2]의 과학적 관리에 있어서의 조직론, 2) 페이욜(H. Fayol)[3]의 관리과정론에 있어서의 조직론, 3) 베버(M. Weber)[4]의 관료제 조직론 등으로 세분된다. 이 전통적 조직론은 인간을 기계와 동일시하는 기계주의적 인간관에 입각하고 있다는 점, 조직 내부의 구성원에 대한 관심뿐만이 아니라 조직을 둘러싸고 있는 환경에 대한 관심까지도 대체로 결여되어 있다는 점, 그리고 이상적인 조직구조의 편성을 시도했다는 점에서 그 공통점을 찾아볼 수 있다.[5]

베버는 관료제란 권위의 계층, 전문화된 분업, 명확한 지위계층, 엄격한 규칙체계 및 비공식적 인간관계의 제거 등과 같은 특성을 가지고 있다고 하였다.[6] 만일 이러한 구성요소들이 고도의 수준이면 이는 관료제의 이념형이다. 관료제조직은 능률과 신뢰를 가지도록 설계되어 있으며, 경직성과 의식주의적 형태의 요소를 지니고 있다고 후세의 연구가들은 분석한다.

카스트(F. E. Kast) 등은 이 전통적 이론의 수정 및 보완이론으로서 인간관계론·행동과학·관리과학 등을 포함시키고 있으며,[7] 일부 학자들은 베버의 관료제에 대한 역사적 구조적 개념의 다음 단계로 바나드(C.

---

2) F. W. Taylor, *The Principles and Methods of Scientific Management* (New York: Harper and Row, 1911).

3) H. Fayol, *General and Industrial Management*(London: Sir Isaac Pitman and Sons, 1949).

4) M. Weber, *The Theory of Social and Economic Organization*(New York: The Free Press, 1964).

5) 박철호, 경영조직론(서울: 박문각, 1989), pp.50-51.

6) Weber, *The Theory of Social*, p.328. R. H. Hall, *Organizations: Structure and Process*(Englewood Cliffs, N. J.: Prentice-Hall, 1982), p.87에서 재인용.

7) F. E. Kast and J. E. Rosenzweig, Organization and Management(New York: McGraw-Hill, 1985), p.97.

I. Barnard)와 사이먼(H. A. Simon)의 인간형태와 의사결정의 사회적·합리적인 면에 대한 신고전적 접근을 근대적 조직론(현대적 조직론의 전단계)으로 꼽고 있다.[8]

근대적 조직론의 선구자인 바나드는 조직의 균형 또는 존속을 분석하기 위해서는 조직의 목표달성에 관련된 개념인 효과(effectiveness)와 구성원의 동기(욕구)의 만족과 관련된 개념인 능률(efficiency)이라는 두개의 기준을 동시에 고려해야 한다는 점을 시사하고 있다.[9] 그러나 그 이후 바나드의 논의를 보다 과학적으로 정밀화하려고 한 사이먼 등의 연구에서는 대외균형(효과)의 문제는 제2차적인 것이 되었고 대내균형(능률)의 문제가 제1차적인 중요한 것이 되고 있다.[10]

이들 근대적 조직론의 기본적인 특징은 다음과 같은 세 가지로 요약할 수 있다.

1) 개인의 주체적인 의사결정을 중심적인 개념으로 하여 개인행동과 그 영향요인의 분석을 기초로 조직현상을 이론화한다.
2) 개인과 조직 간의 유인(誘因-inducement)-공헌(contribution)의 교환관계를 기축으로 하여 조직의 균형 또는 존속을 분석한다.
3) 개인의 의사결정능력의 제약(합리성의 인지적 제약)을 극복하고 조직의 문제해결과 정보처리의 수단으로서 조직구조와 조직과정의 여러 가지 문제를 분석한다.

이 같은 특징을 지니는 근대적 조직론은 다음과 같은 점에서 상황적합론(contingency theory)과 차이를 나타낸다. 즉, 근대적 조직론은 내부지

---

8) 윤재풍, 조직학원론(서울: 박영사, 1985), p.11.

9) C. I. Barnard, *The Function of the Executive*(Cambridge, Mass.: Harvard University Press, 1938).

10) H. A. Simon, *Administrative Behavior*(New York: The Free Press, 1957).

향적 접근방법(inside-out approach)을 취한다는 것이다. 이에 반해 상황
적합론은 외부지향적 접근방법(outside-in approach)을, 다시 말하면 대
내균형보다는 대외균형을 보다 중시한다. 요컨대, 근대적 조직론은 동기
부여를 중심으로 한 조직의 대내균형을 중시한 점에서 상황적합론과 대
립하고 있으나 제약된 합리성(bounded rationality)의 개념을 기초로 한
조직문제 해결활동의 분석이라는 점에 있어서는 상황적합론에 귀중한 시
사를 하고 있다고 하겠다.[11]

3.1.2 상황적합론

3.1.2.1 이론적 특성

조직이론의 두 번째 범주에 속하고 있는 현대적 조직론에 많은 논자들
은 시스템론과 상황적합론을 주된 것으로 포함시키고 있다. 캐츠와 칸
(D. Katz and R. L. Kahn) 등은 "현대적 접근방법은 시스템적인 것과
환경적응적인 것에 의해 특징지어진다."[12]라고 할 만큼 그들의 관계는
매우 밀접하다. 카스트 등은 현대적 조직론·관리론은 시스템개념에서
환경적응적 관점으로 발전하고 있으며 그것은 마치 생물의 성장과도 같
이 지속적으로 발전하고 있다는 것을 시사하고 있다.[13]
　이와 같이 조직이론의 흐름은 앞에서 본 바와 마찬가지로 고전적 조직
원칙으로부터 시스템적 접근방법을 이용한 매크로 분석을 거쳐, 오늘날

---

11) 이한일, 경영조직론 p.175.

12) D. Katz and R. L. Kahn, *The Social Psychology of Organizations*(New York:
　　 Wiley, 1966). G. Dessler, *Organization and Management*(New York: Reston
　　 Publ., 1982), p.4에서 재인용.

13) F. E. Kast and J. E. Rosenzweig, *Organization and Management: A System
　　 and Contingency Approach*, 4th ed.(New York: McGraw-Hill, 1985), p.97.

에는 상황적합론의 방향으로 나아가고 있다. 상황적합론적 접근방법은 시스템적 접근방법과 여러 가지 면에서 유사하다. 즉 조직을 다양한 하위시스템으로 구성된 환경이라는 상위시스템 속에 존재하는 개방시스템으로 간주한다든지, 시스템 구성요소 간의 상호 관련성이나 상호 의존성을 중시한다든지, 또는 시스템을 관리하는 데 있어서 유지 및 적응활동을 중시하는 등의 관점에 입각하고 있다. 이처럼 조직에 대한 관점이나 개념에 있어서는 양자가 대체로 일치한다고 볼 수 있으나, 조직관리방법에서는 뚜렷한 차이를 보여주고 있다. 상황적합론적 접근방법에서는 시스템적 접근방법에서와는 달리 전체조직을 시스템보다는 구성요소 간의 특정한 관련성에 비추어서 보는 경향이 있다. 즉, 각각의 특정한 관련성을 지닌 구성요소들은 상호 의존성을 지닌 단위로 취급되며, 가장 바람직한 결과를 낳기 위해서 변수들을 어떻게 조합할 것인가 하는 것이 중심과제가 되는 것이다. 따라서 상황적합론적 접근방법에서는 일반적인 원칙의 수립을 지양한다. 왜냐하면 환경의 변화에 따라서 관련된 조직변수들이 그때그때 달리 조합되어야 하기 때문이다. 이처럼 상황적합론적 접근방법은 궁극적으로 특정상황에 부합되도록 조직을 설계·관리하는 문제에 중점을 두기 때문에 이론과 실무를 결합시키는 데에 유용하다.14)

카스트(F. E. Kast) 등은 시스템적 관점에서 상황적합론을 다음과 같이 정의하고 있다.

> "……조직 및 경영이론에 있어서 상황적합론적 관점은 조직이 하위시스템들에 의해 구성되며 또한 조직의 외부 환경이란 상위시스템으로부터 일정한 경계에 의해 한정되어진 것이라는 데서 출발하며, 이러한 상위시스템과 하위시스템들과의 상호 관련성에 입각하여 제 변수의 형태 및 관계들의 유형을 정의하고 추구하는 것이다……"15)15)

---

14) F. Luthans, *Organization Behavior*, 3rd ed.(New York: McGraw-Hill, 1981), p.474.

많은 연구자들은 조직이론들 중 상황적합론 또는 상황이론(situation theory)을 가장 최근의 이론으로 중시하고 있다. 이 상황적합론은 조직구조를 형성하는 데 최선의 이론도 없고 조직을 관리하는 데 최선의 방법도 없다는 것이며, 오히려 이론의 선택은 자원, 환경적 조건, 일반적인 경제상황, 과업의 유형, 직원의 규모 및 유형과 같은 요인을 포함하는 환경에 의존한다는 것이다. 즉 학자들은 "과연 조직화(organizing)에는 시간과 공간을 초월해서 모든 조직에 공통적으로 적용될 수 있는 최선책이 존재하는가?"라는 의문을 제기하면서 모든 조직에 획일적으로 적용하기 위한 이론을 부정하고 조직들 간에는 많은 차이가 있다는 점을 인정한다.

3.1.2.2 이론의 전개

실증적 연구로 시작된 상황적합론은 많은 논자들에 의해 조직시스템을 어떻게 볼 것인가 하는 측면에서 폐쇄적·한정적·기계적인 것으로 보는 관점과 개방적·적응적·유기적인 것으로 보는 관점으로 구분되는데 이하에서는 대표적인 상황적합론의 연구에 관해서 살펴보기로 한다.

상황적합론적 접근방법을 조직분석에 이용함으로써 복잡한 조직의 구조나 기능을 이해하는 데에 큰 공헌을 한 사람들은 번즈와 스토커(T. Burns and G. M. Stalker), 톰슨(J. D. Thompson), 로렌스와 로쉬(P. R. Lawrence and J. W. Lorsch), 우드워드(J. Woodward), 페로우(C. Perrow) 등이었다. 번즈와 스토커는 다차원적인 조직형태를 분석하면서 기계적인(mechanistic) 조직구조와 유기적인(organic) 조직구조를 제시하였다. 이 중 기계적 형태는 베버의 관료제의 이념형과 매우 유사하고, 유기체적 형태는 논리적으로 거의 정반대의 입장을 취하고 있다. 따라서 유기체적 형태는 계층제 권위를 가지

---

15) F. E. Kast and J. E. Rosenzweig, *Contingency Views of Organization and Management*(Chicago: Science Research Associates, 1973), p.6.

고 있는 대신, 상호 통제구조를 가지고 있다. 즉, 직무가 세분화되어 있는 대신 직무에 대한 계속적 조정과 재정립이 이루어지며, 계층제적 감독이 있는 반면 의사소통의 그물망 구조의 특징을 지니고 있다. 번즈와 스토커는 환경의 변동이 조직구조와 관리체계에 영향을 미친다고 지적하고, 변화율이 큰 환경에 직면할수록 조직은 유기적 구조를 갖는다고 한다.[16] 각 유형의 조직의 특성은 〈표 2〉에 요약하여 제시되어 있다.

톰슨은 환경은 안정적—불안정적 연속선상과 동질적—이질적 연속선상의 두 영역(division)에서 변화하며, 환경이 안정적—동질적일 때는 조직구조는 단순하나, 그것이 불안정적—이질적일 때에는 보다 복잡한 구조를 갖는다고 한다.[17]

로렌스와 로쉬는 톰슨이 조직과 환경과의 관계를 이론적으로 규명해서 체계화했다면 조직과 환경과의 관계를 실증적으로 연구해서 조직의 구조와 과정의 형성을 어떻게 결정해 나가는가를 구체적으로 설명하고 있다. 로렌스와 로쉬는 조직을 시스템으로서 다룬다. 그들에 의하면 조직은 개방시스템으로서 그 내부구성원의 행동은 공식구조, 수행해야 할 과업, 인적 특성 및 조직의 일원으로서 기대되는 행동의 불문율 등 제 요인과 상호 의존하며 관련된다고 한다. 이들은 조직의 분화 및 통합의 모형과 환경특성과의 관계에 주목했는데 이때의 분화는 1) 목표지향적, 2) 시간지향적, 3) 대인지향적 및 4) 구조의 공식성이라는 네 개의 차원을 지니며 통합은 환경으로부터의 요구에 일치토록 노력하기 위해 필요한 부문 간

---

16) T. Burns and G. M. Stalker, *The Management of Innovation*(London: Tavistock Publ., 1961), pp.119-125. J. Reynolds and J. B. Whitlatch, "Academic Library Services: The Literature of Innovation," *College and Research Libraries*, Vol. 46, No.5(Sep. 1985), p.404에서 재인용.

17) J. D. Thompson, *Organizations in Action*(New York: Mcgraw-Hill, 1967). J. Reynolds and J. B. Whitlatch, "Academic Library Services: The Literature of Innovation," *College and Research Libraries*, Vol. 46, No.5(Sep. 1985), p.408에서 재인용.

의 협력상태로서 1) 통합의 유형, 2) 통합의 구조, 3) 갈등의 해소라는 차원을 지닌다. 이상의 여러 가지 조직변수에 대응하는 변수는 환경의 불확실성이며 이는 1) 정보의 불확실성, 2) 인과관계의 불확실성 및 3) 환류의 시간폭 등으로 세분화된다.

<표 2> 기계적 조직구조와 유기적 조직구조의 특징

기계적 조직구조	유기적 조직구조
1. 직능적 전문화	1. 지식과 경험의 전문화
2. 과업의 추상성(전체 상황과의 관련이 불명확)	2. 과업의 구체성(전체 상황과의 관련이 명확)
3. 상급자에 의한 조정	3. 상호작용에 의한 조정
4. 직무·권한의 명확성	4. 한정된 직무로부터의 탈피
5. 직무·권한·태도가 직능적 지위의 책임이라는 형태로 변환됨	5. 기술적 규정을 넘어선 관심의 확대
6. 통제·권한·의사소통의 피라밋형구조	6. 통제·권한·의사소통의 네트워크구조
7. 정보의 상위집중	7. 정보의 조직적 분산
8. 수직적 상호작용	8. 수평적 상호작용
9. 상급자의 명령과 지시의 전달	9. 정보와 조언의 전달
10. 조직에 대한 충성심의 강조	10. 조직의 과업과 기술적 특성에 대한 몰입
11. 조직에 특정적인 지식의 강조	11. 조직외의 전문가 집단에서 통용되는 지식의 강조

출전: G. Zaltman, R. Duncan, and J. Holbek, *Innovations in Organizations*(New York: John Wiley & Sons, 1973), p.115.

그들은 환경조건이 다른 세 개의 산업(플라스틱, 식품, 용기산업)을 대상으로 환경과 조직과의 관계를 조사했다. 그들의 연구가 시사하는 바는, 효과적인 조직에 있어서의 분화의 상태는 다양한 환경의 제 부분에 적합함과 동시에 조직의 달성상태도 환경이 요구하는 부문 간의 상호 의존에 부합된다는 사실이다. 환경이 다양하면 그만큼 조직의 분화도 고도화되

56

고 정교한 통합수단이 필요하다는 것이다.[18]

헤이지(J. Hage)와 에이컨(M. Aiken)은 조직형태 분석에 관해 한 단계 더 진보시켰는데 이들의 연구와 저서는 본 연구에 핵심적인 문헌을 제공해 준다. 헤이지와 에이컨은 10년에 걸쳐 미국에서 16개의 사회복지 및 재활 조직에 관한 세 유형의 연구에서 이론을 검증했다. 1966년에서 1975년까지 그들은 이 연구에서 뽑아낸 자료를 사용하여 최소한 24개의 논문과 보고서, 책 등을 집필 또는 공동집필하였다. "복잡한 조직 내의 사회변화(*Social Change in Complex Organization*)"라는 책에서 헤이지와 에이컨은 왜 어떤 조직은 새로운 프로그램을 빠르게 제도화하고, 검증되지 않은 착상을 기꺼이 적용하는 데 반해 다른 조직은 프로그램을 제도화하는 데 느리고 검증된 착상을 심지어 적용하려 들지도 않는가에 이론적 초점을 두었다. 그들은 조직을 동적인 유형 혹은 정적인 유형을 추구하는 경향을 가진 사회체제로 보고, 세 가지 기본적 질문에 초점을 둔다. 즉, 어떠한 조직의 특성이 조직의 변화속도에 영향을 주는가? 조직에서 새로운 프로그램이나 다른 변화들을 적용하는 과정은 무엇인가? 어떠한 환경적 요인이 조직변화속도의 다양성을 설명해 주는가?[19]

본 연구에서는 이 중 첫 번째 질문과 세 번째 질문을 다루고자 한다. 즉, 조직혁신에 영향을 주는 조직의 특성과 이 특성을 평가하기 위해 사용된 방법론을 다루고 환경, 특히 기술적 환경이 도서관조직에 미치는 영향을 분석하려고 한다.

헤이지와 에이컨은 부분적으로 번즈와 스토커의 연구(즉, 유기적 형태와 기계적 형태라고 명명한 모형의 개발)[20]에 기초를 두고 있다. 헤이지

---

18) P. R. Lawrence and J. W. Lorsch, *Organization and Management: Managing Differentiation and Integration*(Boston: Division of Research, Harvard Business School, 1967), p.8.

19) J. Hage and M. Aiken, *Social Change in Complex Organization*(New York: Random House, 1970), p.23.

와 에이컨은 '유기체적'을 유사한 의미의 '역동적'이라는 표현을 사용하고 역동적 조직의 구조적 특성을 고도의 복잡성, 낮은 공식화 그리고 낮은 계층화를 지닌 조직으로 묘사한다. 즉 역동적 조직은 높은 수준의 지식과 전문성을 가지며, 권력이 배분되고, 작업표준화가 최소화되고, 보상체제는 고위층에 보상을 집중시키기보다 오히려 넓게 퍼진 조직을 의미한다.

   위의 번즈와 스토커, 톰슨, 로렌스와 로쉬, 헤이지와 에이컨 등의 연구는 조직에 관한 상황적합론적 접근방법의 일부에 불과하지만, 조직분석에서 상황적합론적 접근방법이 지니는 효용을 잘 나타내고 있다고 볼 수 있다. 특히 헤이지와 에이컨의 연구는 우리에게 상황적합론의 전개방향에 관하여 중요한 시사점을 제공하여 준다. 즉, 상황적합론적 접근방법을 실제의 조직분석에 적용함에 있어서는 몇 가지의 변수만을 제한적으로 고려하기보다는 환경과 조직, 조직의 특성과 조직구조, 하위시스템 및 조직구성원 간의 모든 상호 관련성을 통합적으로 고찰하는 것이 필요하다는 점이다.

3.2 기술적 환경과 조직

   조직의 환경은 연구관점에 따라 여러 가지로 나누어 살펴볼 수 있다. 첫째, 조직을 둘러싼 환경을 분류하는 방법으로서 과업환경과 일반 환경으로 분류하는 방법이 있다. 과업환경이란 조직의 목표를 달성하는 데 직접적으로 관련이 있는 환경을 의미하며 일반 환경이란 조직의 외부에 존재하면서 조직의 목표달성, 전략수립 등에 영향을 주는 환경을 의미한다.[21]

   조직의 일반 환경은 연구자에 따라 다양하게 분류되고 있다. 홀(R. H.

---

20) Burns and Stalker, *The Management of Innovation*, pp.119-122.

21) S. P. Robbins, *Organizations Theory: The Structure and Design of Organizations*(Englewood Cliffs, N. J.: Prentice-Hall, 1983), pp.143-146.

Hall)은 기술적, 법적, 정치적, 경제적, 인구, 생태, 문화의 일곱 가지로 분류하고 있다.[22] 카스트 등은 경제적, 사회적, 기술적, 정치적·법적, 문화적, 인구적 환경으로 분류하고 있으며,[23] 오스본(R. N. Osborn) 등은 문화, 경제적, 교육적, 법적·정치적 환경 등으로 일반 환경이 구성된다고 하였다.[24] 이처럼 조직의 외적 환경은 실로 많은 요소로 구성되었는데 그들 중에서 공통적인 요소는 1) 경제적, 2) 사회적, 3) 기술적 및 4) 정치적(정치적-법적) 환경이다.

조직의 과업환경에 대해서 오스본은 공급자, 배급자, 고객, 특수 관계자, 정부 등으로 분류하였고,[25] 질라기(A. D. Szilagyi)는 기술, 과업, 인간으로 나누었으며,[26] 루탄스(F. Luthans)는 조직구조, 조직과정, 기술 등으로 분류하였다.[27] 그러나 일반 환경과 과업환경의 차이는 명확한 것이 아니며 조직의 성격이나 활동영역에 따라 변화하게 된다.

환경의 여러 요소 중에서도 본 연구에서는 특히 기술적 환경에 역점을 둘 것이다.

3.2.1 기술의 개념

기술은 그 사용폭과 차원이 다양하기 때문에 기술의 개념은 연구자의

---

22) R. H. Hall, *Organizations: Structure and Process*(Englewood Cliffs, N. J.: Prentice-Hall, 1982), pp.227-233.

23) F. E. Kast and J. E. Rosenzwig, *Contingency Views of Organization and Management*(Chicago: Science Research Associates, 1973). p.131.

24) R. N. Osborn, et al., *Organization Theory: An Integrate Approach*(New York: John Wiley & Sons, 1980), pp.128-179.

25) *Ibid.*

26) A. D. Szilagyi, *Management and Performance*(Santa Monica, Calif.: Goodyear Publ., 1981), p.80.

27) F. Luthans, *Introduction to Management*(New York: McGraw-Hill, 1981), p.476.

관점에 따라서 다양하게 정의될 수 있다. 린치(B. P. Lynch)는 기술의 개념이 시대적으로 바뀌어 감을 지적하면서, 1960년경 이전에는 기술이 "기계화, 융통성, 하위목표의 구체화의 정도 및 작업에서 요구되는 지식의 양"을 의미하였고, 1960년경 이후에는 원료, 지식, 운영방식(operations)을 포함하는 의미로 규정된다고 하였다.[28] 스코트(W. R. Scott)는 "기술에는 기계나 생산의 효율화를 가져오는 장치뿐 아니라 그 이상의 의미가 내포되는데, 이는 작업자의 지식과 능력 및 작업대상의 특징까지도 포함된다."고 하였다.[29]

또한 페로우(C. B. Perrow)는 기술이란, "작업대상에 변화(예를 들면, 생산의 효율화)를 일으킬 목적으로 도구나 기계장치의 도움을 받거나, 혹은 인간이 직접 작업대상에 행하는 행위"를 뜻하는바, 이러한 작업대상이나 원료는 인간 또는 상징(symbol)이나 물건(object) 모두가 포함된다고 하였다.[30] 이외에 기술은 조직이 투입물을 산출물로 전환하는 데 사용되는 수단이나 과정으로 정의될 수 있는데,[31] 이는 투입된 원료나 정보를 다양한 산출물(상품이나 서비스)로 전환하는 데 사용되는 기법이나 과정을 의미한다고 볼 수 있다.[32]

이상의 논의를 종합해서 보면 기술에 대한 개념정의는 어렵고 다양하나 대체로 의견의 일치를 보이고 있는 정의로서는 "조직 내에서 투입물

---

28) B. P. Lynch, "An Empirical Assessment of Perrow's Technology Construct," *Administrative Science Quarterly*, Vol. 19, No.3(Sept. 1974), p.338.

29) W. R. Scott, *Organization: Rational, Natural, and Open Systems* (Englewood Cliffs, N. J.: Prentice-Hall, 1981), p.17.

30) C. B. Perrow, *Organization of Analysis: A Sociological Perspective* (Belmont, Calif.: Wadsworth, 1970), p.195.

31) Robbins, *Organizations Theory*, p.123.

32) D. Gerwin, "Relationships between Structure and Technology," in *Handbook of Organizational Design*, edited by Nystrom and Starbuck(London: Oxford University Press, 1981), Vol. 1, p.4.

을 산출물로 변환시키는 과정 또는 방법"을 기술이라고 할 수 있겠다. 다음 절에서는 본 연구에서 다루고자 하는 최근의 기술의 발전을 지칭하는 용어인 정보기술의 개념에 대해 논하기로 한다.

3.2.2 정보기술의 개념

정보기술과 관련된 연구에서 가장 심각한 장애는 정보기술의 개념화이다. 휘슬러(T. L. Whisler)는 정보기술을 정보를 변형하고, 번역하며, 전달하고, 부호화하고, 감지(sensing)하는 컴퓨터에 기초한 기술(computer-based technology)이라고 정의하고 있다.[33]

클레몬스(E. K. Clemons)는 정보기술이란 "정보의 생산, 통제 및 유통을 원활하게 수행하도록 하는 일체의 매체기술(장비와 서비스)로, 이는 차세대 컴퓨터, 인공지능 워크스테이션 등의 하드웨어 기술과 인공지능, 전문가 시스템 등의 소프트웨어 기술, 그리고 종합정보통신망의 기초로서 언급되는 디지털 통신, 패킷 교환망, 광통신 등의 정보기술을 포함한다"고 하였다.[34] 스미스와 캠벌(R. I. Smith and B. Cambell)은 "정보기술을 정보처리에 관련된 과학적, 기술적, 공학적 원칙 및 기법의 총칭"이라 정의하고 정보기술의 범주에 정보의 생산, 통제, 유통을 원활하게 하는 컴퓨터기술과 전기통신기술 및 이와 관련된 절차, 제도, 매뉴얼 등을 포함시키고 있다.[35] 한편 주보프(S. Zuboff)는 정보기술을 마이크로전자

---

33) T. L. Whisler, *The Impact of Computers on Organizations*(New York: Praeger Publ., 1970). T. K. Sung, *Impact of Information Technology on Organizational Structure: A Control Perspective*(Ph. D. Dissertation, The University of Texas at Austin, 1988), p.9에서 재인용.

34) E. K. Clemons, "Structural Differences among Firms: A Potential of Competitive Advantage in the Application of Information Technology," *Proceedings of International Conference on Information Systems*, 1988.

35) R. I. Smith and B. Cambell, *Information Technology Revolution*(New

공학(microelectronics), 컴퓨터공학, 원거리통신, 소프트웨어 공학, 그리고 시스템 분석 등을 포함한 기술적인 발전의 여러 흐름을 총칭하는 것으로서, 이 정보기술은 정보에 융통성, 정확성, 즉시성, 지리적 독립성, 대량성, 복잡성 등을 가능케하는 다양한 방법으로, 정보를 기록하고, 축적하고, 분석하고, 전달하는 능력을 극적으로 증가시키는 기술이라고 하였다.[36] 유네스코에서는 정보기술의 개념에 대하여 더 포괄적인 정의를 내리고 있다. 즉 정보기술을 정보의 취급과 처리에 사용되는 과학적, 공학적 분야에서의 원칙과 관리기법이라고 정의하고 있다.

정보기술은 또한 지식의 상호 전달을 지원하는 특별히 컴퓨터에 의한 정보처리학이라고 정의되기도 한다.[37] 이를 그 구성요소와 기능, 목적의 세 차원으로 나누어 정의해보면 다음과 같다. 먼저 구성요소의 차원에서 보면, 이는 대체로 자료처리와 인식기구, 통신기술, 사무자동화, 컴퓨터이용 설계(CAD: Computer-Aided Design)와 컴퓨터이용 제작(CAM: Computer-Aided Manufacturing) 등 각종 하드웨어와 소프트웨어를 포괄하는 것으로 쓰이고 있다. 다음으로 기능의 차원에서 보면, 정보기술은 사람이나 혹은 조직이 갖는 제한된 합리성(bounded rationality)을 넓히기 위한 것으로, 정보의 저장, 처리, 생성, 제공을 의미한다. 바코스와 트레시(J. Y. Bakos and M. E. Treacy)는 이러한 기능을 저장, 처리, 의사전달로 요약하고 정보기술이 이러한 각각의 기능을 얼마나 잘 수행하는가를 나타내는 성과차원의 지표를 해당기능의 용량(capacity), 질(quality), 단위 비용(unit-cost)으로서 나타내고 있다. 〈표 3〉은 이 기능차원과 성과차원을 결

York: Longman Group, Ltd., 1981).

36) S. Zuboff, *In the Age of the Smart Machine: The Future of Work and Power*(New York: Basic Books Publ., 1988), p.415.

37) P. J. Pyburn, "Linking the MIS Plan with Corporate Strategy: An Exploratory Study," *Management Information Systems Quarterly*, Vol. 7, No.2(Jun. 1983), p.2.

합시켜 정보기술의 특성을 나타내고 있다.[38] 마지막으로 목적의 차원에서 보면 정보기술은 정보의 관리, 또는 관리자들의 정보운용을 위한 것이다.

이상의 정의를 토대로 해서 이 연구에서는 정보기술을 마이크로전자기술, 컴퓨터공학, 통신기술, 소프트웨어공학, 그리고 시스템 분석 등을 포함한 정보의 수집, 처리, 생성, 저장, 제공에 관련된 과학적, 공학적 분야와 그 응용 분야에서의 기술적인 발전의 여러 흐름을 총칭하는 것으로서 본다. 즉, 정보기술은 정보의 생산, 통제 및 유통을 원활하게 하는 일체의 매체기술로서, 정보에 융통성, 정확성, 즉시성, 지리적 독립성, 복잡성 등을 가능케하는 다양한 방법으로, 정보를 기록하고, 축적하고, 분석하고, 전달하는 능력을 극적으로 증가시키는 기술이라고 종합할 수 있겠다.

정보기술과 전통적인 기술과의 큰 차이점은 다음과 같다. 초기의 기술에 있어서의 전통적인 기술들은 에너지 변환기(energy converter)인 반면에 정보기술은 정보변환기(information converter)라는 점이다.[39] 오래된 기술들은 도구나 노예처럼 인간의 손과 근육의 확장인 반면 현대의 정보기술은 인간의 뇌의 확장, 그 이상이라고 할 수 있기 때문이다. 전통적으로 조직에는 직접적으로 조직체의 산출물과 관련된 업무의 수행에 관련된 사람들(계선기능 – line function)과 다른 사람들의 업무의 조정과 관리에 관련된 사람들(관리 및 참모기능 – administrative and staff function) 간의 노동의 대략적인 구분이 있어왔다. 에너지변환 기술들은 몇십 년 동안 계선기능을 하는 사람들의 업무에 영향을 미쳐왔다. 반면에 관리자들이나 행정가들은 직접적으로 그러한 기술들에 영향을 받지

---

38) J. Y. Bakos and M. E. Treacy, "Information Technology and Corporate Strategy: A Research Perspective," *Management Information Systems Quarterly*, Vol. 10, No.2(Jun. 1986), p.110.

39) A. B. Frielink and B. Scheepmaker, "Technological Change in the Common Market Countries," in *Employment Problems of Automation and Advanced Technology*, edited by S. Jack(New York: St. Martin's Press, 1966), pp.13-16.

않아 왔다. 그러나 기술자들뿐만이 아닌 관리자들의 업무도 점차적으로 정보기술에 의해 영향을 받고 있다. 이러한 점에서 정보기술은 핵심기술 (core technology)이며 동시에 행정지원 기술로서 조직체 내에서 이용될 수 있다.[40] 핵심기술은 조직체가 정보기술을 주로 산출물과 서비스의 생산에 대해서 이용한다는 것을 의미하며 행정기술은 조직체가 정보기술을 행정상의 목적이나 또는 조정과 평가를 위해서 사용한다는 것을 의미한다. 비슷한 방법으로 부커넌과 바디(D. A. Buchanan and D. Boddy)는 정보기술을 1) 컴퓨터이용 디자인과 수치제어 등의 컴퓨터이용 제작 (computer-aided manufacturing), 2) 데이타베이스 관리시스템과 워드프로세싱, 전자우편 등의 컴퓨터이용 행정(computer aided administration) 등의 두 가지 범주로 분류했다.[41]

---

40) N. M. Carter, "Computerization as a Predominant Technology: Its Influence on the Structure of Newspaper Organizations," *Academy of Management Journal*, Vol. 27, No.2(Jun. 1984), pp.247-270.
P. M. Blau, et al., "Technology and Organization in Manufacturing," *Administrative Science Quarterly*, Vol. 21, No.1(Mar. 1976), pp.20-40.

41) D. A. Buchanan and D. Boddy, *Organizations in the Computer Age* (Hampshire, London: Gower Publ., 1983). T. K. Sung, *Impact of Information Technology on Organizational Structure: A Control Perspective*, (Ph. D. Dissertation, The University of Texas at Austin, 1988), p.14에서 재인용.

〈표 3〉 정보기술의 특성

기능차원

		저 장	처 리	커뮤니케이션
성 과 차 원	용량	• 데이터베이스의 포괄도와 정보 내용의 깊이	• 시스템 기능의 포괄도와 깊이	• 네트워크의 크기
	질	• 데이타의 타당성	• 사용의 편리성	• 매체의 적정성
	단위 비용	• 데이타 관리비용	• 단위운영 비용 • 사용자 1인당 비용	• 단위메시지 비용 • 사용자 1인당 비용

출전: J. Y. Bakos and M. E. Treacy, "Information Technology and Corporate Strategy: A Research Perspective," *MIS Quarterly*, Vol. 10, No.2(Jun. 1986), p.110.

카터(N. M. Carter)는 정보기술을 신문산업에서 지배적인 핵심기술로서 연구했으며 컴퓨터기술이 차별화(differentiation)와 전문화(specialization)를 조성한다는 것을 발견했다.[42] 그 반면 블라우(P. M. Blau) 등은 사무자동화를 행정적인 기술로서 보았고 자동화가 차별화와 분권화를 가져온다고 하였다.[43]

또한 정보기술이 조직체에 도입되면서 최종사용자컴퓨팅(end-user computing)이 급증하고 있다. 최종사용자컴퓨팅이란 정보시스템의 전문가가 아니면서 컴퓨터를 직접 사용하여 데이타에 접근하거나, 응용시스템을 개발하는 등 정보처리를 직접 자신의 통제하에 두는 것으로서 최근 몇 년 동안 놀라운 속도로 확산되고 있다. 벤슨(D. H. Benson)에 따르면 최종사용자컴퓨팅의 영향은 많은 조직체들에 있어서 큰 중요성을 갖는다. 최종사용자컴퓨팅의 급격한 성장은 서로 다른 산출물, 운영시스템, 그리고 응용들이 일반적으로 사용되기 때문에 조직체 내에서 정보기술의

---

42) Carter, "Computerization," pp.247-270.

43) Blau, et al., "Technology and Organization," pp.20-40.

형태를 복잡하게 한다는 것이다.44)

한편 기존의 조직이론에 대한 연구에서는 기술과 조직구조, 조직성과 등의 관계를 분석한 논문들이 대부분이었으나 앞으로의 연구에서는 조직구조, 조직성과를 더욱 발전될 정보기술과 관련시켜 연구하여야 할 필요성이 있다. 사실상 정보기술이 조직의 업무에 도입되고 문제해결에 적용된 이래 조직은 대체적으로 컴퓨터를 포함한 각종 정보기술이 요구하는 조직구조와 관리체계 및 경영관리방식을 형성해 오고 있다. 즉 조직은 정보기술과 조직의 구조 등이 상호적합적 관계를 수립할 때 조직성과를 기대할 수 있게 된다. 이에 관한 연구는 앞으로의 중요한 과제라고 볼 수 있다.

3.2.3 정보기술과 도서관

3.2.3.1 정보화 사회

현대사회는 종종 "정보화 시대" 또는 "후기 산업사회(post-industrial society)"45)라고 불린다. 이는 인류가 노동집약사회에서 기술집약사회, 자본집약사회를 거쳐 이제는 정보집약사회로 변모하고 있으며, 이 사회는 정보가 힘의 원천이 되는 사회를 의미한다고 하겠다.46) 여기서 근본적으

---

44) D. H. Benson, "A Field Study of End User Computing: Findings and Issues," *Management Information Systems Quarterly*, Vol. 7, No.4(Dec. 1983), pp.35-46.

45) 다니엘 벨(D. Bell)은 후기 산업사회는 이론적인 지식의 중심역할, 개개인의 전문화, 그리고 경제의 중요성이 상품을 제공하는 것으로부터 정보 서비스를 제공하는 것으로 옮겨가는 사회라고 묘사하고 있다. 벨은 전기산업사회 (per-industrial society)에서는 물질적 생산을 특징으로 하고 있으며, 산업사회에서는 에너지, 후기 산업사회에서는 지식산업, 정보 등을 특징으로 하고 있다고 지적하였다.

46) D. Bell, *The Coming of the Post-Industrial Society: A Venture in Social*

로 중요한 것은 급속한 기술변화가 사회의 여건 및 성격 그리고 산업활동의 내용을 구조적으로 변혁시키고 있다는 점이다. 이에 따라 농업 및 공업의 성장은 이제 더 이상 사회발전의 중요한 추진력은 되지 못하며 새로운 성장축을 형성해가고 있는 핵심으로서 정보 및 정보기술 그리고 인간의 역할이 부각되고 있다. 고용에 있어서의 변화들로서, 서비스 부문이 "정보"와 "다른 서비스 부문"으로 나뉘는 것을 볼 수 있으며 정보관련직에 종사하고 있는 인구의 수가 급격히 늘어나는 것을 보게 된다. 캐츠(R. L. Katz)는 정보의 특성과 관련해서 정보화 사회는 정보부문 종사자, 정보기술의 확산, 정규적인 경로나 비정규적인 경로를 통한 정보흐름의 양, 정보산업 등의 네 가지 지표에 따라서 특징될 수 있다고 했다.[47]

정보관련직의 분포에 대한 통계로서, 우리나라의 통신개발연구원에서 나온 자료를 보면 1975년에 정보 분야가 부문별 고용구조에서 9.8%이던 것이 1980년에는 14.6%, 1983년에는 16.6%로 증가하는 것을 볼 수 있다.[48] 미국에서는 1958년에 매클럽(F. Machlup)이 미국 노동인구의 약 30%가 정보의 생산과 배포에 관련된 분야에 종사하는 것으로 추정했으며, 1968년에 마샤크(L. Marshak)는 이 수치가 약 40%로 늘어난 것으로 보았고,[49] 1984년에 첸(C. Chen)이 조사한 바로는 미국 전체 노동인구의 약 68%가 정보관련직에 종사하는 것으로 나타났다.[50] 이 정보부문

 Forecasting(New York: Basic Books Publ., 1976), p.507.

47) R. L. Katz, *The Information Society*(Westport, Conn.: Greenwood Press, 1988), p.131.

48) 통신개발연구원, <u>정보화와 경제사회발전</u>(서울: 통신개발연구원, 1985), p.91.

49) B. Williams, "The Information Society-How Different," *Aslib Proceedings*, Vol. 37, No.1(Jan. 1985), pp.1-8.

50) C. Chen, S. Raskin, and D. R. Tebbetts, "Products of Graduate Library and Information Science Schools: Untapped Resources?" *Education for Information*, Vol. 2, No.3(Sep. 1984), pp.163-190. M. Myers, "The Job Market for Librarians," *Library Trends*, Vol. 34, No.4(Spring 1986), pp.61-666에서 재인용.

통계들은 물론 분류방식에 따라 상이한 결과가 나올 수 있고 이것이 정
보부문 통계의 문제점이기는 하지만, 다니엘 벨이 현대사회를 정보화 사
회라고 표현한 것이 단지 예측이 아닌 현실로서 나타나고 있음을 잘 입
증해주는 한 측면이라고 하겠다. 〈표 4〉는 여러 선진국들과 한국과의 정
보부문 종사자들 간의 비율에 대한 도표이다.[51] 한편 캐츠는 〈표 5〉에서
보는 바와 같이 좀 더 포괄적으로 1980년을 기준으로 해서 1개국의 1인
당 국민소득(GNP) 대비 정보부문의 크기를 도표로 보여주고 있다.[52]

이렇게 정보관련직에 종사하고 있는 인구의 수가 급격히 늘어나게 된
데는 여러 가지 원인들이 있겠는데, 첫째, 급속한 지식의 성장, 둘째, 지식
을 활용할 수 있는 인텔리층의 급증, 셋째, 원거리통신, 컴퓨터, 광섬유, 인
공위성 등에 있어서의 기술적인 발전들을 꼽을 수 있겠다.[53] 또한 이 후기
산업사회의 두 가지 추진력으로서 1) 전자소자들(electronic components)의
비용감소를 가져오는 디지털기술의 급속한 진전, 그리고 2) 지식에 대한
요구의 증대를 들고 있는 학자들도 있다.[54] 다음 절에서는 이 정보화 사
회의 주요한 추진력이 되고 있는 정보기술의 발달과 미래의 도서관상을
고찰해보고자 한다.

---

51) J. M. Griffiths and D. W. King, *New Directions in Library and Information Science Education*(Westport, Conn.: Greenwood Press, 1986), p.158.

52) R. L. Katz, *The Information Society*(Westport, Conn.: Greenwood Press, 1988), p.37.

53) 홍현진, "정보전문직의 구조적인 변화와 정보학 교육의 개선방안에 관한 연구(Ⅱ)," <u>국회도서관보</u>, 제28권 제3호(1991, 5·6), pp.18-35.

54) M. Muraszkiewicz and Z. Nowicki, "Proposal of Computer Science Curriculum for Library and Information People," in *Information Technology in the Library/Information School Curriculum*, edited by C. Armstrong and S. Keenan(Hampshire, London: Gower Publ., 1985), pp.220-226.

〈표 4〉 총취업자 대비 정보부문 종사자 추이

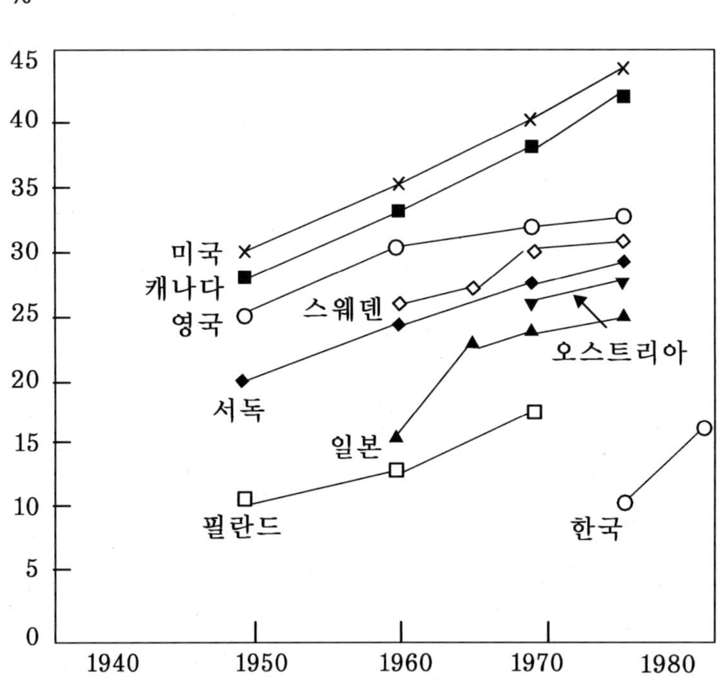

출전: 한국은 통신개발연구원, <u>정보화와 경제사회발전</u>, 1985, p.91에 의하여 작성. 기타 나라들은 J. Griffths, New Directions In Library and Information Science Education(Westport, Conn.: Greenwood Press, 1986), p.158 참조.

3.2.3.2 디지털 컴퓨터기술

〈표 5〉 1개국의 GNP 대비 정보부문의 크기

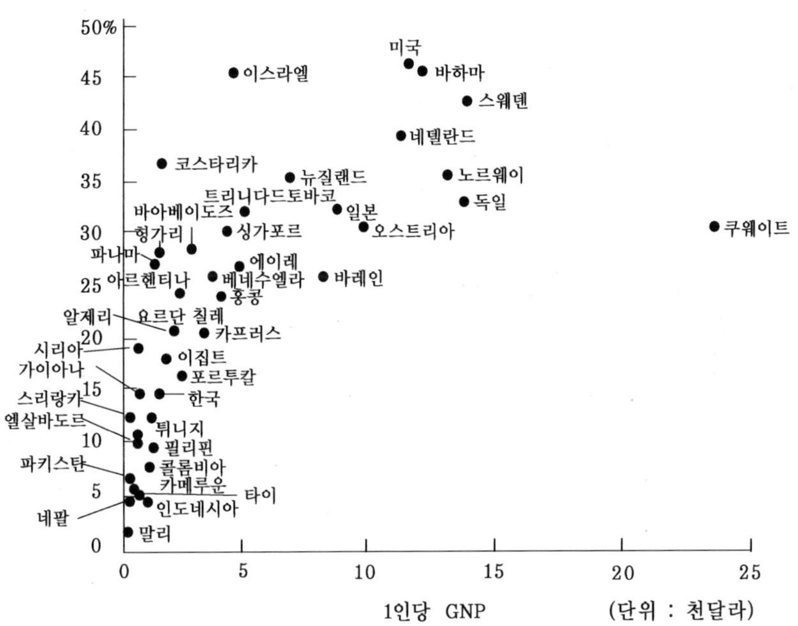

출전: R. L. Katz, The Information Society(Westport, Conn.: Greenwood Press, 1988), p.37.

기술의 발전상은 우리가 하이테크 정보시대에 깊숙이 들어가면 들어갈수록 도서관에 새로운 기회와 도전을 끊임없이 제공할 것이다. 디지털기술[55]은 도서관에 큰 영향을 미치고 있는 정보기술의 핵심으로서 일부 사람들은 도서관의 세계로 디지털기술의 도입이 인쇄기술에 의해서 유발되었던 것만큼의 큰 혁신을 가져왔다고 보고 있다. 정보가 분리되어서

---

55) 디지털 전자기술은 정량화된 전자형태(quantized electronic form-일반적으로 비트로서 알려진 0과 1들의 연속적인 형태로서)에서 정보를 포착하고 저장, 변형, 배포하기 위해서 사용되는 기술이다.

정량화되는 디지털은 정보가 연속적인 형태에서 유지되는 애널로그[56]와 비교된다.

디지털기술은 데이타의 값을 유지하는 것이 비교적 쉽기 때문에[57] 점차적으로 이 애널로그 기술을 대체하고 있는 중이다. 디지털 컴퓨터기술의 개념은 일반적으로 사서직에 그리고 특히 자료의 보존과 접근에 있어서 굉장히 중요하다. 역사적으로 종이만이 쓰여 졌던 시대에는 문헌의 기록, 저장, 접근, 배포와 이용에 대해서 똑같은 매체가 사용되었다. 따라서 문헌의 형태와 그것이 구현되는 매체를 구별할 필요성이 없었다. 단지 하나의 지배적인 매체만이 있었기 때문이다. 그러나 디지털기술의 발달로 문헌의 형태와 매체가 분리되기 시작했으며 학자들은 정보의 보존, 저장, 접근을 위한 각 매체들의 역할을 구분해서 논하기 시작하고 있다.[58] 디지털기술의 잠재력과 융통성은 무한하다. 아마도 몇십 년 내에

---

56) 전형적인 애널로그 저장 미디어는 책, 비디오테이프, 슬라이드, 축음기, 필름 등을 포함하며 애널로그 저장은 속도, 가속도, 압력, 온도, 각도 등과 같은 물리적인 값(value)을 나타낸다.

57) 디지털 검색에서 모든 물리적인 데이타는 이진수의 부호("0" 또는 "1")로 저장되기 때문에, 그 값을 유지하는 것은 비교적 쉽다. 즉 물리적인 값들이 이진수의 코드로 부호화(encode)되기 때문에, 데이타가 검색될 때는 복호(decode)화 되어야 하며, 잘못된 신호는 이 과정에서 제거될 수 있다. 따라서 디지털 코드는 컴퓨터에 의해서 오디오나 비디오와 같은 전통적인 애널로그 신호들과는 다르게 정확성을 잃지 않고 반복적으로 검색될 수 있다. 그 반면 애널로그 저장체는 물리적인 값들을 가지고 있기 때문에, 이 값은 정확치 않으며 게다가 복제의 경우에 정확한 물리적인 값을 복제한다는 것은 힘들다. 따라서 애널로그 데이타는 본래의 저장매체로부터 옮겨진 각 복제본마다 항상 질이 낮아진다. 그러나 디지털 데이타는 "0" 또는 "1"을 복제하는 것이 간단하기 때문에 계속적인 복제를 통해서도 영향을 받지 않으며 디지털 전달을 통해서 데이타, 화상 또는 음성정보들의 동일한 복제본들을 원거리에서도 쉽게 재생할 수 있다.

58) M. S. Lynn, "Preservation and Access Technology: The Relationship, between Digital and Other Media Conversion Processes," *Information Technology and Libraries*, Vol. 9, No.4(Dec. 1990), pp.309-336.

이러한 기술들은 전 도서관들의 자료들이 전자적으로 하나의 방 정도의 공간에 저장될 수 있을 만큼의 저장밀도(storage density)를 갖추게 될 것이다. 그리고 전 문헌들이 거의 동시에 전국적인 그리고 전 세계적인 데이타 네트워크들을 거쳐서 순간적으로 전송되고 또한 순간적으로 접근이 가능하게 되면서 전통적인 도서관의 개념을 배포도서관(distributed library)의 개념으로 바꾸게 될 것이다.

이렇게 컴퓨터기술과 통신기술이 미래의 정보기술의 핵심이 될 수 있는데, 나누스(B. Nanus)는 미래의 정보시스템에 대한 기술의 영향에 대해서 원거리통신과 컴퓨터의 결합을 다섯 번째의 정보혁명이라고 했으며, 이 결합은 텔레마티크(telematics)라는 새로운 용어를 낳기도 했다.[59]

베커(J. Becker)는 기술평가기구(Office of Technology Assessment)에서 시행한 최근의 전자정보기술과 시스템 예측과 평가(EIT and systems forecast and assessment)연구에서 2000개 이상의 전자정보기술을 파악하였으며 이 대부분은 특히 도서관들에 대해서 정보처리와 그리고 정보전달 과정들의 대부분의 전통적인 형태들을 상쇄할 만큼 폭발적인 성장일로에 있다고 보고하고 있다.[60]

특히 최근의 컴퓨터 시스템기술은 반도체, 신소재기술과 마이크로프로세서기술의 발전으로 시스템의 소형화, 경량화가 이루어지고 있으며, 인간과 같은 추론기능을 가진 지능형 컴퓨터를 개발하기 위한 연구가 추진 중에 있다.

이러한 기술들은 또한 전적으로 새로운 문헌 형태들, 활동성의(active) 문헌들로서 그 내용들은 음성, 데이타, 화상 등과 같은 서로 다른 매체들

---

59) B. Vickery and A. Vickery, *Information Science in Theory and Practice*(London: Butter-Worth, 1987), p.31.

60) E. C. Joseph, "Twenty-First-Century Information Literacies and Libraries," in *Twenty-First-Century Information Literacies and Libraries*, edited by V. L. P. Blake and R. Tjoumas(New York: John Wiley and Sons, 1990), p.7.

을 혼합하는 문헌들 또는 그 내용들이 시간이 지남에 따라 역동적으로 변하는 휠러(H. Wheeler)가 "대체 가능한 도서(the fungible book)"라고 부르는 활동성의 문헌 형태들에 대한 지평선을 열었다.[61]

이와 같은 다중매체에 대한 기술의 발달배경을 좀 더 살펴보면 다음과 같다. 다중매체의 등장배경은 기술적 측면, 사용자 측면으로 고찰할 수 있다. 기술적 측면으로는 지난 10여 년간 컴퓨터 시스템 하드웨어의 경우 디지털 신호처리, 고속병렬 처리용 프로세서, 고기능 워크스테이션, 고해상도 디스플레이 및 인쇄 등에서 눈부신 기술진보가 있었다. 또 소프트웨어 분야에서는 객체지향형 프로그래밍, 데이타베이스, 인간-기계 대화방식 등이 급속히 발전하였고 소자 분야는 대용량, 고기능, 고속 반도체 소자 등이 해마다 쏟아져 나왔다. 정보통신 분야는 데이타/컴퓨터 통신망의 고속, 고품질화, 새로운 교환방식의 대두, 근거리 통신망, 지역정보망, 종합정보통신망, 부가가치통신망 등의 발전 등으로 다양한 고품질 정보통신 서비스가 일반 대중에게 보급되기에 이르렀다. 망 서비스는 음성, 그래픽, 비디오, 문자를 통합한 다중매체형 서비스, 일 대 일로부터 다자간 통신서비스, 지능형 이동형서비스, 데이타베이스에 의거한 서비스 등의 특징을 갖고 있다.

사용자 측면에서 살펴보면 컴퓨터와 정보통신이 결합한 정보기술을 끊임없이 인간의 사회적, 경제적, 교육적 요구에 자연스러운 형태로 부합시키려는 노력이 있어왔다. 초기의 단순한 과학계산, 전보 서비스 등으로부터 음성통신(전자교환기, 부가서비스), 문서통신(전보, 전신, 전자우편, 데이타통신), 화상통신(팩시밀리, 사진전송, 비디오텍스, 데이타베이스), 영상통신(텔레비전, 영상전화, 영상회의) 등으로 사용자의 요구가 계속 변하고 있으며, 이 추세의 특징은 사용자가 원하는 서비스가 단일매체로부터 다중매체형으로 변한다는 것이다.[62] 최양희는 요약하여 이러한 고

---

61) Lynn, "Preservation and Access," p.310.

도의 기술성장은 3M(즉 multi-media, multi-rate, multi-point)이라는 다자간, 고속, 다중매체란 형태의 정보통신 서비스를 창출해내고 있다고 하였다. 즉 다자간에 다양한 통신접속을 성립시키고, 이 위에서 여러 가지 매체형태의 정보를 교환하는데, 이를 위해 어떠한 속도의 정보라도 쉽게 처리할 수 있는 통신방식을 사용한다는 것이다.[63]

즉 통신기술의 궁극적 목표는 4W로 "언제(When)라도", "어디에(Where)든지", "누구에게(whom)라도", "어떤 방식(What)으로도" 통신이 가능한 환경을 제공하는 데 있다. 이러한 측면에서 본다면 이제까지의 통신기술은 "언제라도", "어디에든가" 가능한 통신환경의 제공에 그 중점이 있어 왔다고 볼 수 있으나 이제부터는 통신기술의 중점이 점차 "누구에게든지", "어떠한 방식으로도" 통신할 수 있도록 하는 데 두어질 전망이다. "누구에게든지" 통신이 가능하도록 하기 위해서는 이동통신기술 및 위성통신기술의 발전이 불가피할 것으로 보이며, "어떠한 방식으로도" 통신이 가능하도록 하기 위해서는 통신망 기술이 현재의 협대역 종합정보통신망(N-ISDN)에서 광대역 종합정보통신망(B-ISDN)[64]을 거쳐 21세기에는 지적처리기능과 융합성이 더욱더 강화된 고도종합망으로 진전되어 나갈 것으로 보인다.

기술자체의 특성상, 정보기술은 발전 속도가 대단히 빨라 기초연구에서 실용화 개발에 이르는 기술의 종적인 연계가 심화되고 기술수명 적기도 급격히 단축되고 있으며, 서로 다른 기술들이 융합하거나 기술과 기

---

62) 최양희, "멀티미디어 정보통신 개요," 정보과학회지 제9권, 제3호(1991. 6), pp.5-13.

63) 최양희, "고속통신 연구의 개요," 텔레콤, 제7권, 제1호(1990. 5), pp.3-15.

64) 광대역 종합정보통신망(B-ISDN)은 현재의 협대역 종합정보통신망(N-ISDN)의 통신 속도가 최대 1.5 Mbps인 것에 비해 150 Mbps 속도의 고속으로 음성, 데이타, 화상 등 다양한 매체를 전송할 수 있어, 서로 다른 통신 속도, 통신형태의 매체를 하나의 네트워크 내에 수용할 수 있으며, 부분적으로는 이미 실용화 단계에 근접해 있다.

술의 경계영역에서 새로운 기술이 나타나고 기술시스템 내의 일부분의 변화가 다른 부분의 변화를 유발하게 되는 등 복합시스템화 현상이 두드러지고 있는데, 이에 따라 장기적 시각에 의한 체계적이고 상호 연계된 기술개발 노력과 응용이 요구되고 있다.

디제나로(R. De Gennaro)는 새로운 기술이 도서관을 소멸시키는 것이 아니라 그것이 도서관조직의 가능성을 확장시키고 활성화시키기 위해서 사용될 있다고 주장한다. 그는 앞으로의 도서관들은 그 목표를 정보화 시대에 있어서의 이용자들의 변화하는 요구를 지원할 수 있는 정보서비스기관으로 그들 스스로를 변형시키도록 목표를 세워야만 한다고 제안한다.[65] 기술은 도서관을 두 가지 다른 방법에서 영향을 미친다. 한 가지는 "도서관 자동화"에 응용되는 것으로서 이것은 데이타가 취급되는 방법에는 어떠한 영향도 미치지 않기 때문에 도서관의 근본적인 변화는 아니라고 하겠다. 그러나 두 번째 영향은 근본적인 것으로서 정보의 출판과 배포에 대한 기술의 영향이라고 하겠다. 이것은 앞으로 도서관이 무엇이며 도서관이 무엇이어야만 하는가에 대한 우리의 전체적인 개념을 바꿀 것이다. 기계가독형 정보와 원거리 통신망을 통해 그러한 자원에 접근하는 능력은 도서관이 정보를 제공할 수 있는 정보서비스의 질을 증가시키고 지리적인 민주화의 과정을 낳았으며 정보 제공의 경제성에 대한 긍정적인 측면을 가지면서 도서관의 점차적인 분해를 유발하고 있다. 즉 도서관은 전통적인 장서와 봉사에 강력한 새로운 전자적인 차원(electronic dimension)을 추가하면서 정보와 원거리 통신기술과 함께 그들 스스로를 재도구화 해야만 한다. 도서관에 있어서의 기술의 응용과 영향은 오늘날 더 한층 확대되어 결과적으로 사서들의 임무 그 자체는 재정의되고 있다. 소형의 마이크로컴퓨터, 다기능의 소프트웨어, 그리고 원거리 통신시스템

---

65) R. De Gennaro, "Library Automation & Networking Perspectives on Three Decades," *Library Journal*, Vol. 108, No.7(Apr. 1983), pp.629-635.

의 설치는 도서관 이용자들이 그들 스스로 집에서 전문 정보를 포함한 데이타베이스들을 탐색하는 것을 점차적으로 가능하게 하고 있다. 따라서 도서관은 전통적인 도서관이라는 물리적인 설비 그 자체에 국한되지 않는 더욱 포괄적인 정보 서비스를 이행할 수 있는 혁신적인 조직으로서 그 자체를 변화시켜 나가야만 할 것이다. 더욱이 기술의 영향으로 해서 앞으로 탈기관화의 과정은 급속히 가속화될 것이다.

랑카스터(F. W. Lancaster)도 "기술적인 향상은 끊임없이 물리적인 가공품을 수용하는 물리적인 설비에 대한 의존도를 줄여가고 있다"고 말하면서, 미래에는 정보에 대한 접근이 소유권을 실제적으로 대치하게 될 것이며, 당분간 도서관은 전자출판에 대한 접근을 보조하는 데 중간역할을 하겠지만 결국에는 도서관이 사라질 것이 명백하다고 주장하고 있다.66) 물론 그의 주장에 반박을 하는 사람들도 많고 책자출판이 감소하리라는 징후는 최근까지도 전혀 나타나지는 않고 있지만 비책자출판의 증가와 함께 그러한 가능성을 완전히 배제할 수만은 없다고 하겠다.

디지털기술은 오늘날 실제적이며 이 기술은 대단히 급속하게 향상 중이다. 문제는 그러한 기술들이 존재한다는 것이 아니라 그 기술들이 발전하며 영향을 미칠 정도와 그 속도라고 하겠다. 앞으로의 20년간은 급격한 변화의 시기가 될 것이다. 이 시기에 도서관들이 기술적인 혁명에 의해서 변화될 것은 분명하다. 도서관들이 이 새로운 환경에서 도서관의 역할을 이해하려고 추구함에 따라 학자들 간에 다양한 주장들이 나타났다. "종이가 없는(paperless) 사회", "전자도서관", "후기 산업사회에 있어서의 도서관들", "정보하부구조(information infrastructure)"와 같은 어구들은 도서관의 임무, 구조, 핵심적인 과정들에 대해 새로운 이해를 분명히 하려는 시도들이다.

---

66) F. W. Lancaster, "Implications for Library and Information Science Education," *Library Trends*, Vol. 32, No.3(Winter 1984), pp.337-348.

그러나 기술적, 경제적, 사회적 요인 등 많은 환경적인 요인들 때문에 디지털도서관(digital library)은 종이도서관(paper library)을 대치하지는 않을 것이다. 둘은 적어도 예측할 수 있는 미래에 대해서는 변화하는 환경 속에서 공존할 필요성이 있을 것이다. 이것은 그 자체로서 사서들에게 많은 문제점들을 제시하게 될 것이다.

한편 린치(B. P. Lynch)는 그녀의 논문에서 도서관의 환경을 연구할 때 고려하여야 할 네 가지의 중요한 요인들을 기술하고 있다. 1) 환경, 그 자체의 성격, 2) 일련의 조직들 내부의 도서관들 사이의 관련성, 3) 도서관들 사이에서 발생하는 교류의 특징들, 4) 환경이 도서관의 내부조직과 운영에 대하여 갖는 영향력 등이다. 그녀는 또한 오늘날 도서관 경영자들은 도서관조직과 관련된 조직연구의 자료들이 빈약하기 때문에 다른 조직들의 연구자료들을 또한 조사하지 않으면 안 된다고 하였다.[67]

모든 도서관은 더 큰 조직의 일부분이다. 학교도서관들은 특정 학교, 학교 지역, 그리고 정부의 관할권의 일부분이다. 대학과 대학교 도서관들은 사적으로 지원되는 기관들의 일부분이기도 하지만, 제도와 정부관할권의 일부분에 속하기도 한다. 공공도서관들은 공동체와 정부관할 영역의 일부분이 된다. 또한 특수도서관들은 기업체, 연구소, 또는 기타 조직의 일부분이다.

따라서 우리는 도서관조직을 연구하는 데 있어서 사회적 그리고 기술적인 변화에 대한 개개인과 소집단의 적응을 연구하는 외에도 거시적인 조직관점으로서 환경과 상호작용 하는 실체로서의 조직의 상황적 특성들과 기술 그리고 보다 큰 구조에 초점을 맞추어서 연구할 필요가 있다고 하겠다. 그러나 도서관에 관한 조직적인 연구는 일반 조직에 관한 연구들과 비교해보면 아주 빈약한 실정이다. 즉 조직에 관한 비교연구와 실

---

67) B. P. Lynch, "The Academic Library and Its Environment," *College and Research Libraries*, Vol. 35, No.2(Mar. 1974), p.127.

험적 연구들의 숫자는 과거 25년간 매 5년마다 2배로 증가하였지만 도서
관에 관한 조직적인 연구는 훨씬 느리게 진전되어 왔다.[68] 하지만 같은
기간 동안 축척된 지식의 증가 그리고 도서관 환경의 복잡성과 증가된
크기와 병행해 발생한 사회·경제적 변화와 함께 도서관 행정가들은 지
금 의사결정 및 문제해결을 위해 압도적으로 많은 변수들을 다루어야만
한다. 도서관에서의 조직설계와 그 궁극적인 조직의 유효성에 관한 변수
들의 영향에 관한 실제적인 데이타가 필요하다. 그리고 그러한 자료들을
얻기 위해서는 조직과 경영의 현재 이론들이 도서관들 속에서 시험되어
야만 한다.

즉 급변하는 환경의 변화 속에서 도서관이 더욱 잘 생존할 수 있도록
하기 위해서는 어떠한 조직형태를 취해야 하며, 도서관조직과 상황 변수
들과의 관계는 어떠한가에 대한 연구도 필수적이라고 하겠다. 따라서 본
연구에서는 유명한 조직학자인 스코트(W. R. Scott)가 "환경에 더욱 잘
적응하는 조직일수록 더 잘 생존할 수 있음은 진리"[69]라고 했듯이, 도서
관의 최근의 환경, 특히 기술적 환경에 적응하기 위한 도서관조직의 특
성을 연구함으로써 이러한 상황변수들과 도서관의 혁신, 조직성과와의
관계를 규명해 볼 것이다.

3.3 조직성과

상황적 접근방법을 따르는 연구에서 반드시 고려되어야 하는 것이 조

---

68) V. L. Pungitore, *Effects of Automation on the Organizational Design of
  Public and Academic Libraries: An Exploratory Study*(Ph. D. Dissertation,
  University of Pittsburgh, 1983), p.3.

69) W. R. Scott, *Organization: Rational, Natural, and Open Systems* (Englewood
  Cliffs, N. J.: Prentice-Hall. 1981). p.15.

직의 유효성 또는 성과변수이다. 상황변인에 대응하는 조직특성의 적합성 여부를 검증하기 위한 지표로서 많은 실증적 연구들이 조직성과를 포함하고 있음을 볼 수 있다. 그러나 조직성과의 개념과 측정지표 및 방법에 있어서는 아직도 많은 논란이 이루어지고 있는데, 특히 포드(J. D. Ford) 등은 기존의 연구들이 조직성과에 대한 다음 문제점들에서 일치하지 않고 있음을 지적하고 있다.[70]

첫째, 어떠한 성과지표 혹은 기준을 사용하는 것이 바람직한가?

둘째, 누가 그 성과지표를 선택하고 평가할 것인가?

셋째, 성과연구에 있어서 합당한 조직의 특성들은 무엇인가?

이러한 문제점들에 대해 코놀리(T. Connolly) 등은 조직을 중심으로 해서 관련된 모든 이해관련자들의 여러 가지 기준에 의해서, 종합된 평가로서 조직성과를 측정하는 것이 바람직하다고 주장하였다.[71] 이 접근방법은 개념상으로는 상당한 장점을 갖고 있기는 하나 현실적으로 그 측정이 불가능하다. 일반적으로 측정되고 있는 조직의 유효성을 로빈스(S. P. Robbins)는 그 접근방법에 따라 다음과 같이 분류하고 있다. 즉 조직구조적 접근법, 인적자원적 접근법, 생태학적 접근법 등이다.[72]

첫째, 조직구조적 접근법은 조직구조의 성과를 평가함으로써 조직유효성을 측정하는 개념적 접근법이다. 이 접근방법에는 목표달성 정도를 유효성 기준으로 하는 목표달성 접근법과 조직의 구조 및 과정과 같은 수

---

70) J. D. Ford and D. A. Schellenberg, "Conceptual Issues of Linkage in the Assessment of Organizational Performance," *Academy of Management Review*, Vol. 7, No.1(Jan. 1982), pp.49-58.

71) T. Connolly, E. J. Conlon, and S. J. Deutsch, "Organizational Effectiveness: A Multiple-Constituency Approach," *Academy of Management Review*, Vol. 5, No.2(Apr. 1980), pp.211-217.

72) Robbins, *Organizations Theory*, p.30.

단을 유효성 기준으로 하는 시스템적 접근법이 있다. 목표달성 접근법은 조직이란 하나 또는 그 이상의 특정한 목표를 달성하기 위해 의도적으로 만들어진 시스템이라고 정의하고 목표달성이 조직유효성의 측정기준으로서 사용되어야 한다는 접근방법이다. 이 접근법에서는 수단보다는 목표의 달성에 의해 조직의 유효성이 측정 평가되어야 한다고 주장한다. 시스템적 접근법은 조직의 유효성에 대한 평가는 투입량, 변환과정의 능률, 산출물의 유통능력 및 안정과 균형의 유지력 등으로 평가되어야 한다는 접근법으로서 특정한 목표보다는 그 목표를 달성하는 데 필요한 수단에 초점을 두고 있다.

둘째, 생태학적 접근법은 조직 전체적인 입장이나 구조적인 입장에서 유효성을 평가하는 것이 아니고, 여러 제약조건하에서 조직에 부과된 목표를 최소한도로 충족시키는 관점에서 유효성을 평가하고자 하는 것이다.

셋째, 인적자원적 접근법은 조직 내의 인적자원에 의해 조직유효성을 측정하고자 하는 것으로 인적자원모형과 조직개발모형이 있다. 조직개발모형은 조직의 문제해결 능력과 창의력에 입각하여 조직유효성을 평가하고자 하는 것이다. 즉 감독자의 관리능력을 개발하고 집단정신과 팀웍을 향상시킨다. 또한 구성원 간의 의사소통과 신뢰성을 증진시키고, 목표설정에 자율성을 부여하기 위한 경영개발에 그 초점을 두고 있다.

박종수 등은 조직평가기준을 두 가지 관점에서 분류하고 있다. 첫째, 고전적 조직이론에서는 조직의 평가기준으로 능률성의 개념이 사용되었다. 능률성은 투입량에 대한 산출량의 비로 표시된다. 이 능률성의 원칙을 확대시켜 계량적으로 측정할 수 없는 요소도 포함시켰는데 이러한 평가개념을 조직유효성이라고 한다. 이는 조직목표 달성정도를 의미하며 투입과 산출을 심의기준으로 삼되, 조직의 목적에 비추어 평가하고자 하는 것이다. 둘째, 인간관계론적 관점에서는 조직의 비공식적인 면에 중점을 두어 조직원의 욕구충족을 중요한 평가기준으로 제시하였다. 즉 조직

목표의 달성정도와 함께 조직원들의 욕구정도 즉 사회적 능률을 조직의 평가기준으로 제시하였다. 다시 말해서 조직목표의 달성정도와 함께 조직원들의 욕구만족 정도, 즉 사회적 능률을 조직의 평가준거로 설정한 것이다.[73]

장덕길은 브라운과 모버그(W. B. Brown and D. J. Moberg)의 이론[74]을 도입하여 조직평가와 관련하여 〈그림 2〉와 같은 시스템/상황적합론 모형을 제시하였다.

이 그림에서 볼 수 있는 바와 같이, 장덕길은 조직을 시스템적 관점에서 본 상황적합론적 접근을 통하여, 조직의 제 차원을 상위시스템, 시스템, 하위시스템으로 크게 구별하여 파악하고 있다. 즉 분석대상이 되는 조직을 시스템으로 보고 시스템 경계의 외부를 상위시스템, 시스템 경계의 내부를 하위시스템으로서 분석하고 있다. 이러한 시스템적 분석은 상위시스템에 조직의 환경, 시스템에 조직구조적 특성과 조직구조, 하위시스템에 조직 내부의 각 단위와 집단 및 지도성을 각각 대응시킨다. 또한 거시(매크로) 관점과 미시(마이크로) 관점으로 대비하여 볼 때에, 환경, 구조특성 등은 거시적인 접근, 하위시스템의 과정 내지 구조는 미시적인 접근의 관점에서 고찰하게 된다. 즉 시스템이 상위시스템과 관련될 때에는 거시적인 관점에서, 하위시스템과 관련될 때에는 미시적인 관점에서 분석되는 것이다. 그림의 중앙구획에는 각각의 관점에서 본 조직성공의 측정기준이 나타나 있다. 조직존속, 목표달성, 작업단위성과, 조직구성원의 유지 및 작업활동의 질 등이 그것이다. 이러한 제 평가 기준은 종래의 미시적인 관점과 거시적인 관점의 조직성과 평가기준을 분석·종합한 것으로, 조직의 제 변수, 즉 환경과 조직구조와 하위시스템의 상관관계에

---

73) 박종수, 조천제, 황의록, <u>조직관리체제진단에 관한 탐색전 연구</u>(서울: 행동과학연구소, 1977), p.6.

74) W. B. Brown and D. J. Moberg, *Organization Theory and Management: A Macro Approach*(New York: John Wiley and Sons, 1980), pp.16-17.

따른 상호작용이 상황접근법에 의하여 종합화되어 표시되고 있다.[75]

 이 밖에도 조직평가기준을 제시한 학자는 많다. 조직의 유효성에 대한 평가기준은 능률성과 같은 단일기준에서 다원화되고 있으며, 정태적 측정방법만으로는 한계성이 있다. 즉 조직유효성에 대한 초기의 접근은 단순한 것으로서 유효성이란 조직이 그 목표를 달성하는 정도라고 정의되었다.[76] 그러나 최근의 일반적 경향은 조직유효성을 정의하는 데는 여러 기준이 필요하며 각기 다른 조직기능은 그 기능에 상응하는 특성을 기준으로 하여 평가되어야 하며, 수단과 목표를 동시에 고려해야 한다는 것이다.[77] 따라서 조직의 유효성이란 조직이 환경으로부터의 영향에 대하여 적절한 적응을 취함과 동시에 스스로의 내부구조를 유지 안정시켜 구성원의 업적을 높임으로써 존속과 발전이 가능한 상태의 정도라고 할 수 있다.[78]

---

75) 장덕길, 조직의 유효성에 관한 상황적합이론적 연구(박사학위논문, 고려대학교 대학원 경영학과, 1982), p.36.

76) A. Etzicni, *Modern Organizations*(Englewood Cliffs, N. J.: Prentice-Hall, 1964), p.8.

77) Robbins, *Organizations Theory*, p.30.

78) 강응오, <u>조직개발론</u>(서울: 법경출판사, 1987), p.10.

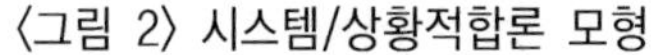

〈그림 2〉 시스템/상황적합론 모형

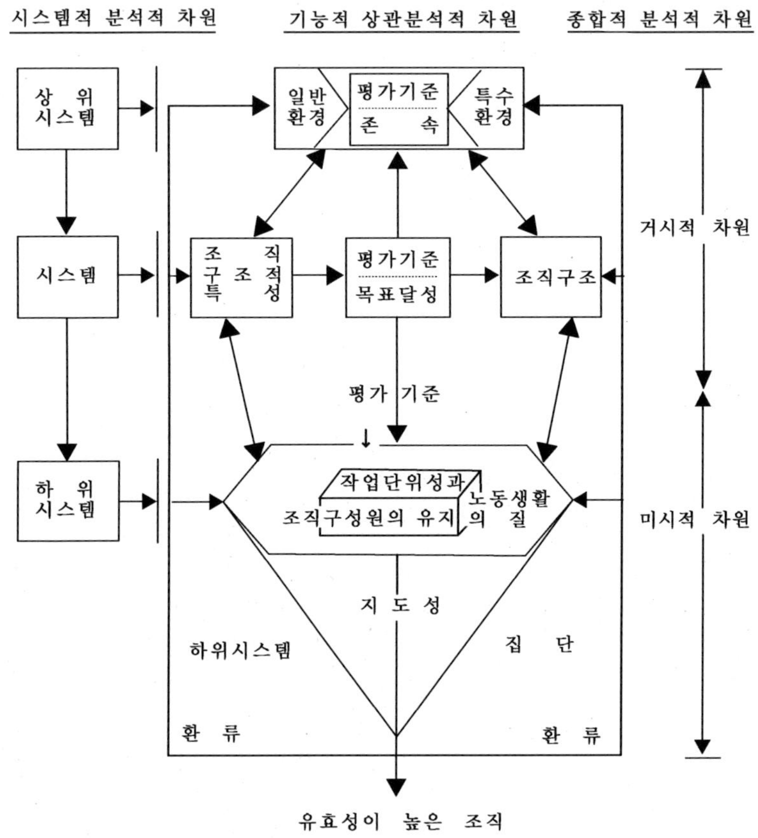

　　본 연구에서도 도서관조직의 성과(유효성)를 측정하기 위해 결과적 측면에서의 조직의 산출결과, 그리고 조직원들의 업무수행과정과 그 방식을 표출해낼 수 있는 조직의 구조, 또한 환경변화에 대한 조직의 적응능력, 즉 조직의 혁신성을 매개변수로 한 조직의 성과를 측정할 것이다.

04

주요 변수들에 대한 개념적 정의

4.1 조직구조

조직이론의 기본전제는 조직의 분화에 따르는 통합과 조정에 있으며, 이러한 통합과 조정의 형태를 표현하는 것이 조직구조이다. 조직구조가 무엇인가에 대해서는 베버가 가장 바람직한 조직으로 관료제를 주창[1]한 이래 그 개념과 특성을 규명하기 위해 많은 연구들이 행해져 왔다. 조직의 구조란 매우 추상적인 개념이지만 조직 내에 있는 모든 구성원들에게 영향을 미치고 있는 것임에는 틀림이 없다.

조직구조는 "상호 관련적인 작업활동의 양상을 만들고 조직으로 하여금 작업활동을 조정하고 통제하도록 하는 관리구조이며 작업역할의 배분"[2]이라고 정의되기도 하며, "노동을 서로 다른 과업으로 분화시키고 분화된 과업들을 조정하는 방법들의 총체"[3] 또는 "작업집단들 사이에 존재하는 유형 및 관계"[4] 등으로 정의되기도 한다. 따라서 조직구조는 조직구성원들의 유형화된 상호작용을 의미하는 것으로서 비교적 안정적이고 지속적인 형태를 지닌다고 할 수 있겠다.

---

1) M. Weber, *The Theory of Social and Economic Organization*(New York: Oxford University Press), 1947, pp.329-330.

2) J. H. Jackson and C. P. Morgan, *Organization Theory: A Macro Perspective for Management*(Englewood Cliffs, N. J.: Prentice-Hall, 1978), p.87.

3) H. Mintzberg, *The Structuring of Organizations*(Englewood Cliffs, N. J.: Prentice-Hall, 1979), p.59.

4) R. S. Blackburn, "Dimensions of Structure: A Review and Reappraisal," *Academy of Management Review*, Vol. 7, No.1(Jan. 1982), p.59.

그런데 조직구조는 다양한 특성들을 포함하고 있는 총체적인 개념이므로 많은 연구자들이 조직구조를 구성하는 특징적 차원들을 밝히려 하였다. 특히 베버는 명백히 정의된 계층제, 구체적인 규칙, 법규, 공식적으로 문서화된 행정절차 등과 같은 원칙하에 설계된 관료조직의 이념형을 제시함으로써, 구조에 대한 초기 다차원적 개념을 제공하였고, 이러한 베버의 구조특성들을 사용하여 실증적 연구를 시작한 것은 1960년대 후반부터이다.[5] 그러나 물론 조직구조의 기본이 되는 차원에 관해서 일치된 주장을 찾아볼 수는 없다. 이는 조직구조가 조직의 조직분석적 현상과 권한 및 의사소통관계의 양상을 기술하는 다차원적인 개념이기 때문이다. 조직구조의 차원에 관한 연구에서 비교적 초기에 속하는 논자들인 애스톤 그룹(Aston group)과 차일드(J. Child) 및 라이만(B. C. Reimann) 등의 연구결과도 다양하게 나타나고 있다. 퓨우(D. S. Pugh) 등을 중심으로 한 애스톤 그룹은 가장 먼저 체계적인 연구를 시작하였는데, 이들은 전문화, 표준화, 공식화, 집권화, 구성형태, 전통주의라는 여섯 가지 차원을 제시하면서 조직구조를 실증적으로 분류하는 기준으로 활동의 구조화, 권한의 집중, 업무흐름에 대한 계선의 통제, 지원부서의 상대적 규모라는 네 차원을 발견하였다.[6] 라이만은 이를 전문화, 공식화, 집권화, 관리집중도의 네 차원으로 축소하였고,[7] 이에 대한 차일드의 분석은 애스톤그룹과 세 가지(복잡성, 분권화, 공식화)는 동일하게 추출되었으나 권한의 집중이라는 요소는 추출되지 않았다.[8] 공식조직구조에 관한 문헌들

---

5) *Ibid.*

6) D. S. Pugh, et al., "Dimensions of Organization Structure," *Administrative Science Quarterly*, Vol. 13, No.1(Jun. 1968), p.46.

7) B. C. Reimann, "Dimensions of Structure in Effective Organizations: Some Empirical Evidence," *Academy of Management Journal*, Vol. 17, No.4(Dec. 1974), pp.693-708.

8) J. Child, "Organizational Structure and Strategies of Control: A Replication of the Aston Study," *Administrative Science Quarterly*, Vol. 17, No.2(Jun.

을 조사한 챔피언(D. J. Champion)은 주요한 저서와 학술지에서 사용되는 빈도에 따라서 1) 조직의 규모, 2) 복잡성, 3) 공식화, 4) 통제, 5) 경영계층의 구성요소, 6) 관료화 및 7) 권한의 수준 등을 조직구조의 차원으로 제시하고 있다.9)

한편, 캠벌(J. P. Campbell) 등은 연구의 불일치를 보이고 있는 구조의 차원을 구조적(structural) 특성과 구조화(structuring) 특성으로 구분해야 한다고 하였다. 구조적 특성이란 규모, 통제의 범위, 수평적, 수직적 계층 및 관리집중도 등과 같은 조직의 외형적, 물리적 특성을 말하며, 구조화 특성이란 전문화, 공식화, 집권화 등과 같이 조직구성원들의 행동을 규정하거나 제한하기 위한 방침이나 활동을 지칭하는 것이다.10) 또한 조직구조는 분화의 수준에 따라 그 차원들이 달라지게 되는데, 라이만은 조직 전체수준에 있어서의 구조차원으로서 분화, 공식화, 분권화를 들었고 작업집단 수준에서는 설비유지 인원의 크기, 감독자의 통제범위, 작업업무에 관한 의사결정의 분권화를 들었다.11)

이처럼 조직구조의 차원은 실로 다양한데 더욱이 근래에 와서는 상황적합론이 보급됨에 따라서 이 같은 이론적 견해에 입각하고 있는 논자들은 그 나름대로 실증적 연구에 기반하여 서로 다른 조직구조의 차원을 설명하고 있으며 그 역점을 달리하고 있다. 다시 말하면, 조직구조에 대한 종래의 연구는 언제 어디서나 바람직한, 말하자면 유일최선의 것이 있다는 전제에서 그것을 찾으려 했다. 그러나 오늘날의 연구는 상황적합

<hr>

1972), pp.163-176.

9) D. J. Champion, *The Sociology of Organizations*(New York: McGraw-Hill, 1975), pp.71-74.

10) J. P. Campbell, et al., *Managerial Behavior, Performance, and Effectiveness* (New York: McGraw-Hill, 1970), p.344.

11) B. C. Reimann, "Organization Structure and Technology in Manufacturing: System versus Work Flow Level Perspectives," *Academy of Management Journal*, Vol. 23, No.1(Mar. 1980), pp.61-77.

론의 영향을 받아 유일최선의 것은 없으며 바람직한 조직구조는 여러 개의 외재적인 변수에 의해 결정되며, 그것들은 여러 개의 내재적인 구성요소와 적합한 것이어야 한다는 전제에서 이들 양자에 대한 연구가 중심과제가 되고 있다. 따라서 "효과적인 조직구조는 내적인 제 구성요소들과 환경적응적 요소들 간의 조화를 요한다"는 가설이 등장하게 된다.[12] 즉 '조직구조변수', '조직구조차원'이라고 하는 조직의 내재적인 구성요소에는 바로 앞에서 살펴본 바와 같이 여러 가지 개념이 포함되며 많은 논자들이 공통적으로 구분해서 제시하고 있는 요소로는 1) 공식화, 2) 집권화 및 3) 복잡화 등을 들 수 있다. 한편 조직구조를 결정하거나 그 결정에 영향을 미치는 상황요인, 즉 조직의 외재적 상황요인으로 여러 가지가 제안되고 있다. 제3장에서 제시된 우드워드, 페로우 등의 연구에서는 조직의 효율성을 달성하는 데 있어서 조직의 생산기술이나 지식기술과 조직구조와의 적절한 대응이 중요하며, 번즈와 스토커, 로렌스와 로쉬 등의 연구에서는 조직구조의 결정에는 환경의 불확실성의 영향이 중요하다는 것을 보여주고 있다.[13]

오스본(R. N. Osborn) 등은 조직의 상황요인으로 1) 조직의 규모, 2) 기술 및 3) 경영철학 등을 들고 있는가 하면,[14] 밴드벤(A. H. Van de

---

12) H. Mintzberg, *Structure in 5's: Designing Effective Organizations* (Englewood Cliffs, N. J.: Prentice-Hall, 1983), pp.121-122.

13) J. Woodward, *Industrial Organizations: Theory and Practice*(London: Oxford University Press, 1965), pp.81-84.
C. B. Perrow, "A Framework for the Comparative Analysis of Organizations," *American Sociological Review*, Vol. 32, No.2(Apr. 1967), pp.194-208.
T. Burns and G. M. Stalker, *The Management of Innovation* (London: Tavistock Publ., 1961), pp.119-125.
P. R. Lawrence and J. W. Lorsch, *Organization and Management: Managing Differentiation and Integration*(Boston: Division of Research, Harvard Business School, 1967), p.8.

14) R. N. Osborn, et al., *Organization Theory: An Integrate Approach* (New

Ven)은 1) 규모, 2) 기술, 3) 소유권, 4) 위치 및 5) 시장 등을 들고 있으며,[15] 로저스(R. E. Rogers) 등은 이보다 훨씬 다양하게 1) 규모, 2) 기술, 3) 조직의 특수한 부분, 4) 시장의 특성, 5) 경쟁, 6) 경영철학 및 7) 시간 등을 들고 있고,[16] 히긴스(J. M. Higgins)도 이처럼 다양하게 1) 규모(성장), 2) 기술, 3) 환경, 4) 최고 경영자의 철학, 5) 지역적 배려, 6) 비공식 조직 및 7) 전략 등을 들고 있다.[17]

다만 여기서 유념해야 할 것은 조직구조에 관한 연구를 위해서 내재적인 구성요소와 외재적인 상황요인을 이처럼 한정하고 각각의 요소를 구분하기는 하였으나 실은 이들이 상호 의존적이라는 사실이다. 다시 말하면, 이들 차원들은 상호작용적인 형식으로 조직구조에 영향을 미치는 것들이기 때문에 제한하거나 구분하여 논할 수 없으나 구분하여 논의함은 오직 편법에 불과하다는 것이다.

본 연구에서는 이상에서 열거한 구조변수 가운데 연구자들의 사용빈도가 높고 공약수적인 그리고 연구의 목적에 비추어 적합하다고 생각되는 변수들, 즉 공식화, 집권화, 복잡성(분화, 전문화) 등을 조직구조변수로 택하였다. 그러나 이들 구조변수가 모든 조직의 구조적 변수 및 특성을 다 대변한다고는 할 수 없으며 지배적이라고 생각되는 변수들을 선정하였기 때문에 한정성을 띠고 있음을 밝혀둔다. 이들 각 구조변수에 대한 연구자들의 견해를 살펴본 다음 개념을 정립하고자 한다. 구조의 각 차원에 대한 개념적 정의는 다음과 같다.

York: John Wiley & Sons, 1980), pp.228-230.

15) A. H. Van de Ven and W. F. Joyce, *Perspectives on Organization Design and Behavior*(New York: John Wiley & Sons, 1981), p.138.

16) R. E. Rogers and R. H. McIntire, *Organization and Management Thoery*(New York: John Wiley & Sons, 1983), pp.68-70.

17) J. M. Higgins, *Organizational Policy and Strategic Management* (Hirsdale, Ill.: Dryden Press, 1979), pp.116-117.

4.1.1 공식화

공식화에 대해서 포드(J. D. Ford)와 슬로컴(J. W. Slocum)은 특정 시스템 내에서 규정과 절차가 어느 정도 상세하게 정의되어 있는가의 정도와, 이러한 규정과 절차를 어느 정도 준수해야 하는가의 정도라고 하였다.[18] 세이스(V. Sathe)는 조직 내에서 절차, 규정, 그리고 지침 등이 어느 정도 문서화되어 있는지를 직무규정 설정, 직무명확성, 엄격성, 규칙에 대한 준수, 서면의사소통 등으로 보다 세분화하여 정의하고 있다.[19] 프라이(L. W. Fry)와 슬로컴은 직무규칙 설정과 규칙준수의 정도로서, 과업이 언제 누구에 의하여 어떻게 수행되는가를 규정하는 정도와 이러한 규칙과 절차를 준수하도록 어느 정도의 통제가 행해지는가로 정의하고 있다.[20]

최근에 와서 로빈스(S. P. Robbins)도 공식화를 매우 간단히 조직 내의 직무가 표준화되어 있는 정도를 의미한다고 정의하면서 이에 관해 다음과 같이 설명하고 있다.

"……어떤 직무가 고도로 공식화되어 있다면 그 직무의 담당자는 직무를 수행함에 있어서 최소한의 재량권밖에 갖지 못한다. 왜냐하면 언제, 무엇을, 어떻게 해야 하는가에 대하여 이미 규정되어 프로그램화되어 있기 때문이다. 그래서 조직구성원들에게는 똑같은 투입물이 똑같은 방법

---

18) J. D. Ford and J. W. Slocum, "Size, Technology Environment, and the Structure of Organizations," *Academy of Management Review*, Vol. 2, No.4(Oct. 1977), p.562.

19) V. Sathe, "Institutional versus Questionnaire Measures of Organizational Structure," *Academy of Management Journal*, Vol. 21, No.2(Jun. 1978), p.228.

20) L. W. Fry and J. W. Slocum "Technology, Structure, and Workgroup Effectiveness: A Test of a Contingency Model," *Academy of Management Review*, Vol. 27, No.2(Apr. 1984), p.225.

으로 처리될 것이 기대되며 그 결과로 일관된 동일표준의 산출물이 나타
나게 된다……"21)

   이상의 정의를 종합하면 공식화란 어떤 일을 누가 어떠한 방법으로 수
행해야 하는가에 대해서, 문서화된 정도와 문서화된 규정이나 절차를 어
느 정도 지킬 것이 요구되는가로 정의될 수 있다. 본 연구에서도 위의
정의에 따라서 업무수행 방법과 절차가 문서화되어 있는 정도, 업무종사
자가 문서화된 지시에 따르는 정도, 명령·지시방법의 공식화 정도를 측
정할 것이다. 그러나 공식화 개념에서 아직도 논란이 되고 있는 것은 공
식화에 조직의 공식적인 문서(기록된 규칙) 이외에도 기록되지 않은 규
칙이나 규범을 포함시켜야 하는가 하는 점이다. 퓨우 등에 따르면 공식
화는 규칙·절차·작업지시·의사소통 등의 내용이 문서화되어 있는 정
도를 가리키므로, 공식화 정도를 측정하려면 공식적으로 문서화된 정책
및 절차편람 여부, 규칙의 수, 직무기술서의 정교성 등을 고려해야지 기
록되지 않은 것을 포함해서는 안된다는 것이다.22) 그러나 헤이지(J.
Hage) 등은 공식화에는 문서화된 규칙뿐 아니라 문서화되지 않은 규칙
이나 규범도 공식화의 범위에 들어가야 한다고 주장한다.23) 전통에 의해
형성된 불문율, 직무절차에 대한 종업원의 지각과 태도 등이 포함되어야
하는 것은 종업원은 문서화된 규칙뿐 아니라 문서화되어 있지 않은 비공
식적인 규칙·절차·조직관습에 영향을 받기 때문이라고 하였다. 이것은
그리 중요하지 않은 논쟁처럼 보이지만 기록된 것(hard data)만을 골라
공식화 정도를 측정하는 것과 기록되지 않은 것(soft data)까지 포함시

---

21) S. P. Robbins, *Organizations Theory: The Structure and Design of Organizations*(Englewood Cliffs, N. J.: Prentice-Hall, 1983), p.1.

22) Pugh, et al., "Dimensions of Organization," p.75.

23) J. Hage and R. Dewar, "Elite Values versus Organizational Structure in Predicting Innovation," *Administrative Science Quarterly*, Vol. 18, No.3 (Sep. 1973), pp.279-290.

켜 조사한 것 사이에는 서로 다른 결과를 보여주므로,[24] 이 문제는 공식화 측정에 있어 매우 중요한 문제가 될 수 있다.

4.1.2 복잡성

복잡성은 조직의 분화(differentiation) 정도를 의미한다. 분화란 조직이 하위단위로 세분화되는 과정이나 상태를 말하며, 조직의 전문화·부문화 등이 발생한다는 것을 전제로 하고 있다. 분화에는 수평적 분화, 수직적 또는 계층적 분화, 그리고 공간적 분화 등이 있다. 수평적 분화는 조직단위 간의 수평적인 분할, 즉 기능적 부문화를 의미하는 개념으로서 수평적 분화를 유발하는 대표적인 현상은 직무전문화와 부문화이다. 수직적 분화는 조직구조의 심도(深度-depth), 즉 조직계층의 수를 의미하는 계층화이다. 장소적 분산이라고 말할 수 있는 공간적 분산은 조직의 시설 및 구성원들이 흩어져 있는 정도를 의미하는 일종의 분화로서 이는 수평적 및 수직적 분화가 확대된 차원으로 볼 수 있다. 수평적 분화는 조직이 수행하는 업무를 조직구성원들이 횡적으로 분할하여 수행하는 양태를 말한다. 고도의 훈련을 받은 전문가들에게 비교적 포괄적인 업무를 수행하게 하는 분화형태도 있고 업무를 세분화시켜 비전문가도 수행할 수 있게 하는 분화형태도 있다. 일의 분화는 사람의 분화 또는 전문화와 긴밀히 연관되어 있으므로 수평적 분화는 일의 분화와 사람의 분화라는 두 가지 국면을 포괄하는 것으로 보아야 한다. 여러 논자들의 개념을 살펴보면 일, 또는 조직단위의 분화만을 대상으로 하는 사람들이 있는가 하면 사람의 분화, 즉 전문화와 조직구성원의 지식, 자격, 훈련정도에만 착안하여 수평적 분화를 논하는 사람들도 있다. 블라우와 쉰허(P. M. Blau

---

24) E. J. Walton, "The Comparison of Measures of Organization Structure, *Academy of Management Review*, Vol. 6, No.1(Jan. 1981), pp.155-160.

and R. A. Schoenherr), 퓨우 등이 전자에 속하고[25] 헤이지와 에이컨, 드워 등이 후자에 속한다.[26] 잘트만 등은 양자를 종합하는 정의를 보이고 있다.

블라우와 쉰허는 공식적 구조에 착안하여 복잡성을 조직 내에 있는 상이한 직위와 상이한 하위단위의 수라고 정의하였다.[27] 헤이지는 그의 '공리(公理)' 이론에서 복잡성을 조직 내의 전문화라고 규정하면서, 그것은 조직 내에 있는 전문직업의 수와 각 전문직업이 요구하는 훈련의 기간에 의하여 측정될 수 있다고 하였다. 직업분야의 수가 많을수록, 그리고 교육훈련의 기간이 길수록 조직은 복잡하다는 것이다.[28] 잘트만 등은 복잡성이란 조직 내에 있는 전문직의 수와 전문화 정도 및 업무구조의 분화정도라고 하였다.[29] 포드와 슬로컴은 복잡성 차원은 전문화와 유사한 개념으로서 조직 내의 차별도를 말하며 특정 시스템 내에서 구조가 차별화된 정도, 여기에는 수직적 차별도(계층의 수), 수평적 차별도(기능, 부서, 직무의 수), 지역적 차별도, 인적 차별도(전문성의 정도) 등이 포함된다고 하였다.[30] 프라이와 슬로컴은 특정 조직 내의 구성원이 어느

---

25) P. M. Blau and R. A. Schoenherr, *The Structure of Organizations* (New York: Basic Books Publ., 1971), p.16.
Pugh, et al., "Dimensions of Organization," pp.65-105.

26) J. Hage and M. Aiken, "Program Change and Organizational Properties: A Comparative Analysis," *American Journal of Sociology*, Vol. 72, No.5(Mar. 1967), pp.503-519.
R. Dewar and J. Hage, "Size, Technology, Complexity, and Structural Differentiation: Toward a Theoretical Synthesis," *Administrative Science Quarterly*, Vol. 23, No.1(Mar. 1978), pp.111-136.

27) P. M. Blau and R. A. Schoenherr, *The Structure of Organizations* (New York: Basic Books Publ., 1971), p.16.

28) Hage and Aiken, "Program Change," p.505.

29) G. Zaltman, R. Duncan, and J. Holbek, *Innovations & Organizations* (New York: John Wiley & Sons, 1973), p.134.

30) Ford and Slocum, "Size, Technology Environment," p.572.

정도 전문화된 업무를 갖고 있는가로 정의하였다.[31]

로빈스에 의하면 수평적 분화는 조직단위 간의 수평적 분할을 의미하며, 전문직들의 수와 각 전문직에 필요한 훈련의 평균기간을 계산하여 측정하고, 수직적 분화는 조직의 계층을 의미하는 개념으로서 최상의 계층과 최하위 계층 간의 계층수로서 측정한다. 또한 지역적 분산의 정도는 분산된 단위부서가 위치하고 있는 지역의 수, 이들 지역들이 모 조직과 떨어져 있는 평균거리 및 이들 단위부서에 소속된 인력과 조직 전체 인력의 비율 등을 계산하여 측정한다.[32]

본 연구에서는 복잡성을 조직의 분화와 전문화로 나누어서 측정할 것이다. 즉 분화는 조직이 하위단위로 세분화되는 과정 또는 상태로서, 최고 관리자에서부터 일선 업무종사자에 이르기까지의 계층의 수, 공간적 분화로써 측정하며, 조직의 전문화는 조직구성원의 과업전문성과 인적 전문성으로써 측정할 것이다.

4.1.3 분권화

조직구조를 형성하고 있는 대표적인 세 가지 구성요소, 즉 기본변수 중의 하나인 분권화도 역시 여러 가지 측면에서 정의되고 있다. 분권화에 대해서 포드와 슬로컴은 특정 시스템 내에서 공식적 통제와 권한의 위치가 어디에 있는가로 정의하였는데, 권한의 위치는 자율성, 권한계층, 의사결정의 참여 등을 포함한다고 하였다.[33] 왈튼(E. J. Walton)은 조직 전체에 걸쳐서 어느 정도 의사결정 권한이 분산되어 있는가로 정의하였다.[34] 프라이와 슬로컴은 특정 시스템 내에서의 공식적 권한의 분산정도

---

31) Fry and Slocum, "Technology, Structure," p.229.

32) Robbins, *Organizations Theory*, p.59.

33) Ford and Slocum, "Size, Technology Environment," p.567.

34) E. J. Walton, "The Comparison of Measures of Organization Structure,"

로서 공식적 권한체계와 의사결정에 참여하는 정도의 두 가지 측면이 있다고 하였다.[35]

이상의 정의를 종합해보면 분권화로서 조직의 권한체계를 어떻게 측정하느냐에 따라서 위의 복잡성에서의 분화와 중복되는 개념이 도출될 수 있다. 그러나 본 연구에서는 이러한 개념적 중복 없이 분권화와 분화를 구분하기 위해서 분권화에서 조직의 권한체계를 각 직급별로 의사결정에 참여하는 정도만을 포함시켰다. 즉, 본 연구에서는 분권화를 권위의 계층화와 의사결정에의 참여정도로 정의한다. 권위의 계층화는 의사결정이 조직 내의 특정한 지위에 얼마나 집중화되어 있는가에 대해 조직의 직급별로 의사결정의 참여정도를 측정하였으며, 의사결정의 참여정도는 조직 내의 의사결정 형태에 대해 조직구성원들이 참여하는 정도를 측정하였다.

4.2 조직규모와 가용자원

조직규모의 역할에 관한 대다수의 연구들은 "조직구성원의 수"를 묵시적 또는 명시적으로 규모의 지표로 삼고 있다. 그러나 구성원의 수를 규모의 지표로 삼는 이유를 설명하고 개념적 명확도를 높여보려고 노력한 사람은 아주 적은 수에 불과하다. 그런 노력을 보인 연구자들의 예로서 차일드(J. Child)와 킴버리(J. R. Kimberly)를 들 수 있다. 차일드는 인적자원이 있어야 조직이 구성된다는 점을 들어 구성원의 수를 규모의 지표로 삼는 것이 바람직하다고 하였다. 그는 영리조직의 규모의 지표가 될 수 있는 다섯 가지 요인 간의 상관관계를 검토한 결과 구성원의 수와 상관관계가 가장 높은 것은 순 자산임을 발견하였다.[36]

Academy of Management Review, Vol. 6, No.1(Jan. 1981), pp.155-160.
35) Fry and Slocum, "Technology, Structure," p.221.

구성원의 수를 규모의 지표로 삼는 연구들이 대다수이지만 연구특성에 따라서 조직의 수용능력, 고객의 수, 순 자산, 매출고 등도 규모의 지표로 쓰이고 있다. 킴버리는 이에 대해서 규모가 실제로 네 가지 요소를 가지고 있음을 제시하고 있다.

첫째, 규모요인은 조직의 물리적 수용능력 또는 물리적 규모이다. 일반적으로 조직 내 여러 활동 등에 배정된 건평 등에 의하여 조직의 물리적 규모는 측정될 수 있을 것이다.

둘째, 조직의 인원이다. 조직에는 조직의 업무를 수행하는 데 투입되는 일정수의 인력이 있으므로 이는 규모의 한 국면으로 파악될 수 있다. 이것은 킴버리에 의해 검토된 연구 중 80% 이상 사용된 것으로 가장 널리 사용되는 규모의 척도이자 개념화이다.

셋째, 조직의 산출량이다. 이러한 측면은 봉사 받는 고객이나 이용자의 수, 그리고 판매량과 같은 요인을 포함한다. 킴버리는 이러한 척도의 이용은 유사한 형태의 조직 사이에서만 한정해서 비교해야 한다고 시사하고 있다.

넷째, 조직이 이용할 수 있는 자원의 양이다. 자원은 조직의 전체적인 자신이나 혹은 순 자산 등으로 측정될 수 있다. 그러나 자원의 크기는 기술의 노동집약성이나 예산상의 독자성과 같은 요인에 의하여 영향을 받는다는 점에 주의해야 한다. 따라서 자원의 크기가 갖는 비교기준으로서의 역할은 규모의 다른 측면과는 개념적으로 구별된다.

킴버리는 이와 같은 규모의 측면들은 어떤 경우에는 서로 상관관계가 상당히 높을 수도 있으나 그들 사이의 개념적 차이는 상당하여 각기 분

---

36) J. Child, "Predicting and Understanding Organizational Structure," *Administrative Science Quarterly*, Vol. 18, No.1(Mar. 1973), pp.168-185.

96

리 취급하여야 한다고 지적한다. 즉 이들 몇몇 차원 간에 높은 상관관계가 존재한다고 하더라도 상호 교체적으로 사용될 수 있는 것은 아니며, 또한 개별 조직의 특성에 따라서 다른 결과를 보이므로 연구 간의 불일치를 낮게 하는 원인이 되고 있다고 하였다.[37]

본 연구에서는 규모를 도서관의 전임직원의 수, 운영예산, 소장장서(소장단행본, 소장연속간행물)로써 측정한다. 그러나 이 중에서도 특히 도서관의 운영예산을 대표적인 지수로 삼았으며 나머지는 참고자료로서 이용하였다. 그 이유는 규모에 관한 대부분의 연구들이 조직구성원의 총수를 사용하고 있지만 본 연구에서는 대학도서관과 전문도서관이라는 서로 다른 유형의 도서관조직들을 대상으로 하고 있고 조직 특성상 직원수에 있어서 많은 차이를 보이기 때문이다. 즉 대학도서관은 봉사대상 집단의 규모가 비교적 큰 반면 전문도서관은 도서관에 따라서 봉사대상 집단의 규모가 큰 차이를 나타내기 때문이다.

또한 혁신과 관련된 조직특성변수로서 규모와 함께 중요하게 간주되는 것이 가용자원이다. 조직의 가용자원의 중요성에 대해서 로저스는 다음과 같이 주장하고 있다.

> "모든 혁신의 실행에는 자원의 투자를 필요로 한다. 따라서 가용자원의 존재는 혁신의 채택에 있어서 본질적인 요소가 될 것이다. 가용자원은 이미 조직 내에 존재하거나 또는 그것은 의도적으로 생성된다. 어떤 한 시점에서 조직에 존재하는 가용자원의 양은 혁신의 채택 가능성에 긍정적인 영향을 미친다."[38]

---

37) J. R. Kimberly, "Organizational Size and the Structuralist Perspective: A Review, Critique, and Proposal," *Administrative Science Quarterly*, Vol. 21, No.4(Dec. 1976), pp.572-597. R. H. Hall, Organizations: Structure and Process(Englewood Cliffs, N. J.: Prentice-Hall, 1982), p.88에서 재인용.

38) E. M. Rogers and R. Agarwala-Rogers, *Communication in Organizations* (New York: The Free Press, 1976), p.161.

가용자원의 개념은 많은 조직분석가들에 의해서 사용되고 있으며 사이어트와 마치(R. M. Cyert and J. G. March), 그리고 달(R. A. Dahl) 등으로 거슬러 올라간다.[39] 그러나 가용자원을 정확하게 객관적으로 측정하기는 어렵다. 따라서 조직의 다양한 측면에 대한 접근을 통해서 측정되어야 한다. 조직 내의 가용자원의 측정방법은 다양하지만 본 연구에서는 로저스가 제시한 여러 가지 방법 중 일부를 수정하여 측정할 것이다. 다음은 로저스가 제시한 가용자원의 측정방법들이다.[40]

1) 재정적 가용자원의 측정방법:

　　장기적인 재정적인 공약(financial commitments)의 양

　　시간이 지남에 따라 변하는 예산범주들(budget categories) 간의
　　변동량

　　해마다 할당되는 자유재량의(discretionary) 기금의 양

　　예산요구액과 최종 예산 할당액 간의 차이의 양

　　전체예산 증가의 양

　　새로운 기금을 조성하는 데 있어서의 어려움의 정도

2) 인적 가용자원의 측정방법:

　　임시직 직원들의 수

　　직원들의 이동 또는 퇴직률

　　업무량의 과다 또는 과소

　　조직에서 전임직원이 아닌 전문가들의 수

3) 물리적 가용자원의 측정방법:

　　빈 공간

　　조직의 장비

---

39) R. M. Cyert and J. G. March, *A Behavioral Theory of the Firm* (Englewood Cliffs, N. J.: Prentice-Hall, 1963), pp.278-279.

40) Rogers and Agarwala-Rogers, *Communication in Organizations*, p.79

4.3 혁신유형

혁신의 분류는 다양하다. 혁신들은 비슷한 특성, 즉 모든 혁신들은 채택하려고 하는 조직에 "새로운" 것이어야 한다는 등의 특성을 가지고 있으나 그들의 유형에 따라 서로 다른 속성들을 가지고 있다. 학자들은 혁신을 하비와 밀스(E. Harvey and R. Mills), 그리고 나이트(K. E. Knight)처럼 계획적(programmed) 혁신과 비계획적(nonprogrammed) 혁신, 관례적인 (routine) 혁신과 비관례적인(non-routine) 혁신으로 나누기도 하며,[41] 달튼(G. W. Dalton) 등과 같이 기술적 혁신, 가치 중심적 혁신, 구조적 혁신, 또는 궁극적 혁신과 수단적 혁신으로 분류하기도 한다.[42]

한편 로버트슨(A. Robertson)은 지속적인 혁신과 불연속적인 혁신으로 분류하고 있고,[43] 나이트는 산출혁신, 과정혁신, 구조혁신, 인적 혁신으로 나누며,[44] 그리고 이번(W. M. Evan)과 대프트(R. L. Daft), 킴버리(J. R. Kimberly), 대먼포어(F. Damanpour) 등은 기술적인 혁신과 행정적인 혁신 등으로 분류하고 있다.[45] 이 다양한 혁신의 분류들 중에서 본 연구에서

---

41) E. Harvey and R. Mills, "Patterns of Organizational Adoption: A Political Perspective in Power," in *Organizations*, edited by M. N. Zald(Nashville, Tenn.: Vanderbilt University Press, 1970), pp.189-190.
K. E. Knight, "The Descriptive Model of the Intra-Firm Innovation," *Journal of Business*, Vol. 40, No.3(Jul. 1967), p.484.

42) G. W. Dalton, et al., *The Distribution of Authority in Formal Organization* (Cambridge, Mass.: Harvard University Press, 1968). Zaltman, Duncan, and Holbek, *Innovations & Organizations*, p.21에서 재인용.
J. B. Grossman, "The Supreme Court and Social Change," *American Behavioral Scientist*, Vol. 13, No.4(Mar. 1970), p.543.

43) A. Robertson, "Information Flow and Industrial Innovation," *Aslib Proceedings*, Vol. 25, No.4(Apr. 1973), p.15.

44) Knight, "The Descriptive Model," p.482.

45) W. M. Evan and G. Black, "Innovation in Business Organizations: Some Factors Associated With Success or Failure," *Journal of Business*, Vol. 40,

는 나이트의 혁신분류를 기초로 해서 대먼포어와 대프트 등과 같이 혁신을 기술적인 혁신과 행정적인 혁신의 두 가지 유형으로 분류하고자 한다.

일반적으로 경제학자들은 기술혁신을 기술개발과 동일한 의미로 사용하고 있다. 즉 조직이 새로운 재화나 용역을 생산하게 되거나, 새로운 생산방법이나 투입요소를 이용하여 기술변화를 가져오는 등 비교적 단기적인 사건 중심의 개념을 기술혁신으로 지칭한다. 즉 기술혁신이란 기술의 변화로 인해서 조직에 변화를 가져오는 혁신으로서 간주된다.[46]

본 연구에서 기술적인 혁신들은 대부분의 경제학자들이 사용하는 기술적인 혁신들보다 넓은 의미로서 정의되었다. 기술적인 혁신들은 한 조직의 "기술적인 시스템"에서 발생하는 혁신들이며 그 조직의 기본 업무과정과 직접적으로 관련이 있는 혁신들이다. "기술적인 시스템"이라는 용어는 조직분석에서 트리스트(E. L. Trist)에 의하여 도입된 "사회-기술 시스템(socio-technical system)"의 개념으로부터 나왔다.[47] 한 조직의 기술적인 시스템은 특정 목적들을 달성하기 위하여 조직의 과업시스템에

No.4(Oct. 1967), p.521.

R. L. Daft and S. W. Becker, *The Innovative Organization*(New York: Elsevier, 1978), p.124.

J. R. Kimberly and M. J. Evanisko, "Organizational Innovation: The Influence of Individual, Organizational, and Contextual Factors on Hospital Adoption of Technological and Administrative Innovations," *Academy of Management Journal*, Vol. 24, No.4(Dec. 1981), p.692.

F. Damanpour, *Technical versus Administrative Rates of Organi- zational Innovation: A Study of Organizational Lag*(Ph. D. Dissertation, University of Pennsylvania, 1983), p.34.

46) J. D. Goldhar, L. K. Bragaw, and J. J. Schwartz, "Information Flows, Management Styles, and Technological Innovation," *IEEE Transactions on Engineering Management*, Vol. 23, No.1(Feb. 1976), pp.51-62.

47) E. L. Trist, "The Relations of Social and Technical Systems in Coal-Mining," Paper presented to the British Psychological Society, Industrial Section, 1950. Damanpour, *Technical versus Administrative*, p.35에서 재인용.

서 사용되는 방법들, 기법들, 그리고 도구들로 구성되어 있다. 이러한 관점에서의 기술은 일정한 대상들을 포함할 뿐만 아니라 조직의 운영과 생산과정 및 방법들을 포함하고 있다.[48] 기술적인 시스템들은 어떤 특정 목적을 위한 사회적인 시스템들에 의하여 생성되고, 여러 다른 법칙들의 집합에 따라 운영된다. 이들은 어떤 의미에서 사회적인 시스템들과 독립적이나 또 다른 의미, 즉 똑같은 조직의 목표를 달성한다는 관점에서는 사회적인 시스템들과 상관관계가 있다. 기술적인 혁신들은 한 조직의 기술적 시스템의 성과를 증진시키고 변화시키는 하나의 수단이다.

행정적인 혁신들은 본 연구에서는 한 조직의 "사회적 시스템" 내에서의 변화를 야기시키는 혁신들로서 정의된다. "사회-기술시스템"의 틀에 따라, 사회적 시스템은 특정 목표나 과업을 달성하기 위하여 서로 상호작용 하는 사람들 사이의 관계를 지칭하는 것이다. 사회적 시스템은 목표달성을 위하여 사람들에 의하여 개발된 구조와 정책들을 포함하고 있다. 즉 사람들 간에 또는 사람들과 환경 사이에서의 커뮤니케이션에 사용되는 그러한 법칙들, 절차들, 그리고 구조들은 그 조직의 사회적 시스템에 속하게 된다.

사회학자들은 때때로 행정적인 혁신을 "관리상의(경영상의) 혁신" 또는 "구조적인 혁신"이라고 부른다. 달튼 등은 행정적인 혁신들을 조직의 공식적인 구조 내에서의 변화를 야기시키는 혁신들로서 간주하였다.[49] 본 연구에서는 만일 새로운 아이디어의 채택이 구조적인 변화를 야기한다면, 즉, 조직의 사회적인 시스템과 관련이 있는 정책들이나 구조의 변화를 야기한다면, 이러한 채택을 행정적인 혁신으로서 고려한다. 에번은 기술적인 혁신을 새로운 생산, 과정, 또는 서비스를 위한 아이디어의 구

---

48) T. G. Cummings and S. Srivasta, *Management of Work: A Socio-Technical Approach*(Kent, Ohio: Kent State University Press, 1977). Damanpour, Technical versus Administrative, pp.36-37에서 재인용.

49) Zaltman, Duncan, and Holbek, *Innovations & Organizations*, p.31.

현을 의미하며, 또한 행정적인 혁신은 인적 구성원과 자원의 배정, 권위, 과업의 조직화 등에 속하는 새로운 정책에 대한 아이디어의 구현을 의미한다고 정의하였다.[50] 나이트의 혁신에 대한 네 가지 분류는 행정적인 혁신과 기술적인 혁신과 매우 밀접하게 관련이 있다. 그의 네 가지 분류는 다음과 같다.[51]

1) 산물이나 또는 서비스의 혁신: 새로운 산물이나 서비스의 도입.

2) 생산과정의 혁신: 조직의 과업, 의사결정 및 정보시스템에서의 새로운 요소의 도입, 또는 조직의 물질적인 생산이나 서비스의 운영 및 기술에 있어서의 새로운 요소들의 도입.

3) 조직의 구조적 혁신: 조직에서의 변경된 과업할당, 권위관계, 커뮤니케이션 체제, 정규적인 보상제도의 도입 및 구성원들 간의 공식적인 상호 관계.

4) 인적 혁신: 인적 구성의 변경, 교육이나 심리분석 등과 같은 기법을 통한 조직구성원들의 행위나 신념의 변경.

이 중 기술적인 혁신이라 하면 위의 산물이나 서비스의 혁신과 조직의 물질적인 생산이나 서비스의 운영 및 기술에 있어서의 새로운 요소들의 도입을 합한 것이며 행정적인 혁신은 조직의 구조적 혁신, 인적 혁신과 함께 조직의 과업, 의사결정 및 정보시스템에서의 새로운 요소의 도입을 지칭한다.[52] 요약하면 기술적인 혁신이란 한 조직의 기술적인 시스템에 영향을 주는 혁신으로서, 생산물들, 서비스들을 만드는 방법이나 제공하

---

50) W. M. Evan, "Organizational Lag", in *Organizational Theory: Structure, Systems, and Environments*, edited by W. M. Evan(New York: Wiley, 1976), p.17.

51) Knight, "The Descriptive Model", p.482.

52) Evan and Black, "Innovation in Business Organizations," p.521. Damanpour, *Technical versus Administrative Rates*, p.34.

는 방법들에서의 변화를 야기시키는 새로운 아이디어의 구현이라고 하겠다. 그 반면 행정적인 혁신은 조직의 구조나 행정적인 과정들에서의 변화를 야기시키는 새로운 아이디어의 구현이다. 행정적인 혁신은 새로운 생산물이나 서비스를 제공하지는 못하지만 그것은 간접적으로 생산물이나 서비스들의 도입에 영향을 주거나 또는 생산물을 만드는 과정이나 서비스를 제공하는 과정에 영향을 준다.

4.4 조직성과

조직성과는 조직이론의 연구에 있어서 중요한 종속변수로서 다루어져 왔다. 그러나 성과라는 개념은 본질적으로 쉽게 정의할 수 없는 다차원적인 것이기 때문에 이것에 관한 개념적 정의와 측정방법에 관하여는 아직도 많은 논란이 되고 있다.[53]

도서관조직의 성과를 측정하는 방법에 대해서도 수많은 연구들이 수행되어 왔다. 그러나 많은 연구들에서 취해진 방법들은 일반적으로 단편적인 것들이었다. 즉 도서관시스템의 어떤 특정 부문이 선택되어 다른 부문들과 무관하게 평가되었다. 실제로 다수의 평가기준들을 사용해서 도서관의 성과를 평가한 연구들은 많지 않다. 도서관의 평가척도들을 고안하는데 있어서의 어려운 점은 도서관이 바로 서비스 기관이라는 점에 있다. 즉 서비스 기관들의 성과는 무형적이고 어떤 단위로 나눌 수가 없다는 특징이 있으며,[54] 따라서 이러한 성과들을 측정하고 통제하기가 더욱 어렵다.

---

53) T. Connolly, E. J. Conlon, and S. J. Deutsch, "Organizational Effectiveness: A Multiple-Constituency Approach," *Academy of Management Review*, Vol. 5, No.2(Apr. 1980), pp.211-217.
R. M. Steers, *Organizational Effectiveness: A Behavioral View*(Santa Monica, Calif.: Goodyear Publ., 1977), pp.170-175.

  도서관은 이용자들에게 다양한 서비스들을 제공한다. 각 서비스는 여러 가지 방법들로 평가될 수 있다. 예를 들면, 이용자들의 서비스 이용도, 실제 및 잠재적인 이용자들에 대한 서비스의 유용성, 접근의 용이함, 그리고 비용 등이다. 또한 도서관조직을 운용하기 위해서는 어느 정도의 비용이 드는가, 목적이 정해진 대로 달성되고 있는가, 그 조직은 이용자에게 도움이 되고 있는가 등에 따라서 1) 시스템의 경제성, 2) 시스템의 유효성, 3) 시스템의 가치 등으로 도서관조직을 평가할 수 있을 것이다. 이외에도 도서관시스템의 평가기준으로서 융통성, 신뢰성, 이용의 용이성, 유효성, 응답시간, 우선성, 적합성, 적시성, 재현성, 그리고 경제성 등을 들 수 있다. 그러나 대부분의 도서관 성과평가의 주요 문제점은 도서관 평가자들에 의하여 제시된 많은 척도와 표준들이 실증적인 연구나 또는 추적에 의한 경험적인 연구가 되어 있지 않다는 점이다.

  디프로스포(E. R. De Prospo) 등은 도서관의 평가자료로서 자료, 설비이용, 대출률, 정보조사제공 이용의 유형, 그리고 도서관 프로그램 등을 이용하였다.[55] 알레드(J. Allred)는 입력 측정(예를 들어, 이용자들에 대한 장서의 비율), 과정 측정(도서관장서에 책 한 권을 추가하는 데 부과되는 비용, 정보조사제공 질의 비용 등), 그리고 출력 측정(지역사회에서 인식되는 도서관의 영향정도, 그리고 이용자가 성공적인 서비스를 받는 정도) 등에 기초한 성과의 평가기준을 제시하였다.[56]

  에번스(E. Evans) 등은 도서관의 성과측정에 대한 약 500편의 단행본

---

54) P. K. Mills and D. J. Moberg, "Perspective on the Technology of Service Operations," *Academy of Management Review*, Vol. 7, No.3(Jul. 1982), p.470.

55) E. R. De Prospo, E. Altman, and K. E. Beasley, *Performance Measures for Public Libraries*(Chicago: American Library Association, 1973). Damanpour, *Technical versus Administrative Rates*, p.86에서 재인용.

56) J. Allred, "The Measurement of Library Services: An Appraisal of Current Problems and Possibilities," *Library Management*, Vol. 1, No.2(Apr. 1979), pp.224-241.

들, 논문 및 보고서들을 검토한 후, 다음과 같이 여섯 가지의 척도를 제
시하였다. 즉 이용의 용이성, 비용, 이용자 만족, 응답시간, 비용 대 혜택
비, 그리고 이용 등이다.[57] 그들은 도서관이 여러 서비스들을 수행하기
때문에, 여러 가지 척도로써 도서관의 복합적인 성과를 측정해야 한다고
주장한다. 또한 여러 개의 평가척도들을 적용하는 것이 가능할 때는 특
정 서비스의 평가나 전체 도서관 운영을 위한 각 평가척도의 상대적인
중요성의 문제가 결정적인 것이 된다고 하였다.

도서관시스템의 평가기준으로서 랑카스터는 평가의 세 단계를 다음과
같이 제시하였다.[58] 즉 효과평가, 비용 대 효과평가 그리고 비용 대 혜
택평가 등이다. 효과평가는 이용자 만족을 위한 평가이다. 즉 효과는 앞
에서 다루어진 출력에 비교될 수 있으며 이용자 요구를 만족시킨 정도가
효과를 측정하는 대강의 기준이 된다. 비용 대 효과평가는 효과기준들을
비용기준들과 관련시킨 것이다. 즉 하나의 정보서비스 안에서 일정 수준
의 효과를 얻는 데 들어가는 비용을 뜻한다. 이것을 산출하려면 일종의
단위비용이 필요하다. 단위비용의 예로는, 이용자에게 전달된 문헌당 비
용, 성공적으로 답변된 질문당 비용, 문헌탐색에서 검색된 적합문헌당 비
용 등을 들 수 있다. 어떤 서비스에 대하여 비용 대 효과를 증가시키려
면, 효과를 높이면서 비용은 같은 수준으로 유지하거나 혹은 비용을 줄
이면서 일정 수준의 효율성을 유지해야 한다. 비용 대 혜택연구는 한 가
지 서비스를 제공하는 데 들어간 비용으로 얻어지는 혜택을 평가하는 것
이다. 이 경우에도 앞에서와 마찬가지로 비용을 늘이지 않고 혜택을 증
가시키거나, 또는 혜택은 유지시키면서 비용을 감소시킴으로써 비용 대

---

57) E. Evans, H. Borko, and P. Ferguson, "Review of Criterion Used to Measure
  Library Effectiveness," *Bulletin of Medical Library Association*, Vol. 60,
  No.1(Jan. 1972), p.103.
58) F. W. Lancaster, 도서관서비스평가론, 장혜란 역(서울: 구미무역(주)출판
  부, 1990), pp.18-20.

혜택이 개선될 수 있다. 장기적인 관점에서의 비용 대 혜택연구는 어떤 서비스로부터 얻어진 혜택이 그 서비스에 들어간 비용보다도 가치가 있다는 것을 증명하고자 한다. 즉 서비스를 제공하는 비용과 이러한 서비스로써 얻어지는 혜택과를 결부시키려는 시도이다.

이외에도 여러 가지 과학적인 조사연구방법들이 성과연구에 이용되었다. 예를 들어, 모스(P. M. Morse)는 한 사람의 한 번의 방문에 의한 자원사용의 크기, 소장장서 대 도서 대출의 분포도, 문헌을 적시에 이용자에게 공급할 수 있는 능력의 정도, 그리고 이용자 만족도에 대한 복본의 영향과 같은 요인들을 포함하는 모형을 개발하였다.[59] 또 다른 예는 햄버그(M. Hamburg) 등의 모형으로서, 이들은 도서관의 기본 목적을 도서관 자료에 대한 이용자들의 접근이라고 보고 성과기준으로서 도서관의 입력비용당 자료의 이용가능성을 포함하였다.[60] 그러나 이들 모형들은 도서관 운용의 모든 관점들을 포함하지는 못하고 있다. 이는 도서관 평가에 대한 연구자들의 대다수가 산출물 기준에 대한 중요성을 강조하고 있지만, 모든 도서관들에 의하여 수집되고 보고된 통계들은 서비스의 산출물(대출데이타를 제외하고)보다는 입력 자원과 관계가 있다는 점에 기인한다고 하겠다. 도서관 평가의 어려운 점은 바로 여기에 있다. 일부 연구자들은 또한 이용자들의 만족에 대한 척도가 흔히 질적이기 때문에, 도서관으로부터 나오는 주 혜택이 측정될 수 없고, 도서관 성과의 평가를 위하여 사용되는 양적인 기준들이 도서관의 성과를 적절하게 나타내지 못한다고 주장한다.

그러나 어떤 평가척도나 기준도 모든 조건하에서 완벽한 것이 될 수는 없다. 성과평가는 만일 여러 척도들(입력/출력, 능률/유효성, 양/질 등)

---

59) P. M. Morse, "Measures of Library Effectiveness," *The Library Quarterly*, Vol. 42, No.1(Jan. 1972), pp.15-30.

60) M. Hamburg, et al., *Library Planning and Decision Making Systems* (Cambridge, Mass.: The MIT Press, 1974), p.102.

의 다양한 기준들이 선택되고, 그 결과들이 비교된다면 높은 정확도와 함께 수행될 수 있다. 어떠한 평가이든 현상(現象) 또는 사상(事象)의 수량화라는 것이 불가피하게 되며 사상의 수량화는 과거의 경험 또는 시스템 분석자의 주관 및 업무 등에 대한 통계 자료에 크게 의존하지 않을 수 없다.[61] 따라서 척도 선택에 대한 가정들이 명백하게 되고 불완전한 기준들도 그 한계점이 인식된다면 유용하게 사용할 수 있다. 바로 이러한 관점에서 본 연구의 평가기준들이 선택되었다.

일반적으로 성과를 측정하는 지표나 방법은 객관적 지표에 의한 성과와 주관적 지표에 의한 성과로 크게 분류하여 살펴볼 수 있다. 첫 번째 객관적 지표에 의한 성과란 1차 자료 또는 2차 자료를 기준으로 성과를 측정하는 것이다. 두 번째 주관적 지표에 의한 성과란 응답자가 그들의 조직이 얼마나 성과가 높은가를 주관적으로 인지한 정도에 의해 측정하는 것이다.[62]

조직성과에 대한 가장 이상적인 지표는 거시적인 객관적 성과지표일 것이나 현실적으로는 어려움이 많다. 왜냐하면 이와 같은 객관적 성과는 특히 본 연구에서와 같이 대상 조직이 도서관이라는 서비스 조직에서는, 그 서비스의 비용이나 이익이 무형적(無形的 - intangible)이라는 점에서 측정이 거의 불가능하기 때문이다. 따라서 본 연구에서는 인지적 측정, 즉 주관적 측정을 객관적 측정과 함께 병행할 것이다. 또한 이 방법에 의한 측정은 우리나라와 같이 일관된 통계지표가 적용되지 않는 상황, 즉 객관적인 도서관 통계의 정확성이나 또는 유용성에 관해서 비판이 많이 있는 상황에서는 더욱 유용한 방법이라고 하겠다. 일반 조직의 경우에도 객관적 성과가 정확한 조직의 성과지표를 제시해 주기가 어려울 경우 주관적 성과 측정이 특히 최근의 연구에서 많이 이용되고 있다.

---

61) 津田良成 編, <u>도서관·정보학 개론</u>, 김두홍, [외] 공역(서울: 아세아문화사, 1987), p.196.

62) 강완규, 기술혁신적 기업의 특성에 관한 실증적 연구(석사학위논문, 고려대학교 대학원 경영학과, 1991), p.86.

05

연구의 모형 및 가설

5.1 이론적 모형

앞 장에서 논의되었던 제반 조직특성변수, 조직구조변수 및 혁신과 성
과 간의 관계를 통합적 연구모형으로 제시하면 〈그림 3〉과 같이 나타낼
수 있을 것이다. 본 연구모형에서 독립변수는 조직규모, 조직 가용자원
(재정 가용자원, 인적 가용자원, 물리적 가용자원), 공식화, 분화, 전문화,
분권화, 기술속성인지도, 기술환경변화 대응도, 전문직적 활동 등이며, 종
속변수는 도서관의 혁신성과 조직의 성과이다. 도서관의 혁신성은 기술
적 혁신의 실행정도와 행정적 혁신의 실행정도의 2개 부문으로 구분하였
고 도서관의 혁신실행 유형은 혁신의 실행정도에 따라 정태적 유형, 기
술지향적 유형, 조직지향적 유형, 기술사회시스템적 유형의 4개 부문으로
구분하였다. 본 연구모형에 입각한 구체적 가설 도출에 관해서는 다음의
5.2절부터 5.7절에서 논의하기로 한다.

5.2 가 설

5.2.1 기술적 환경과 혁신

환경은 이를 어떻게 파악하고 측정하느냐에 따라서 객관적 환경과 인
지적 환경으로 분류할 수 있다. 즉 관점에 따라 환경을 실제적(real)인

것과 인지된(perceived) 것으로 구분할 수 있겠는데, 전자가 객관적인 것이라면 후자는 주관적인 것이 된다.[1] 어떤 조직이 예측 불가능하며, 동태적이라고 보는 환경을 다른 조직은 그와는 반대로 예측 가능하며 정태적이라고 볼 수도 있다. 그것은 환경이란 쉽게 보거나 알 수 있는 성질의 것도 아니고 여러 가지로 복합되어 있기 때문이며 분명히 구분될 수 있는 성질의 것도 아니기 때문이다. 쇼텔(S. M. Shortell)은 이에 관련하여 환경에 대한 이해가 어렵게 되는 이유를 환경이 다음과 같은 것들에 의해 영향을 받기 때문이라고 하였다.[2]

〈그림 3〉 연구의 모형

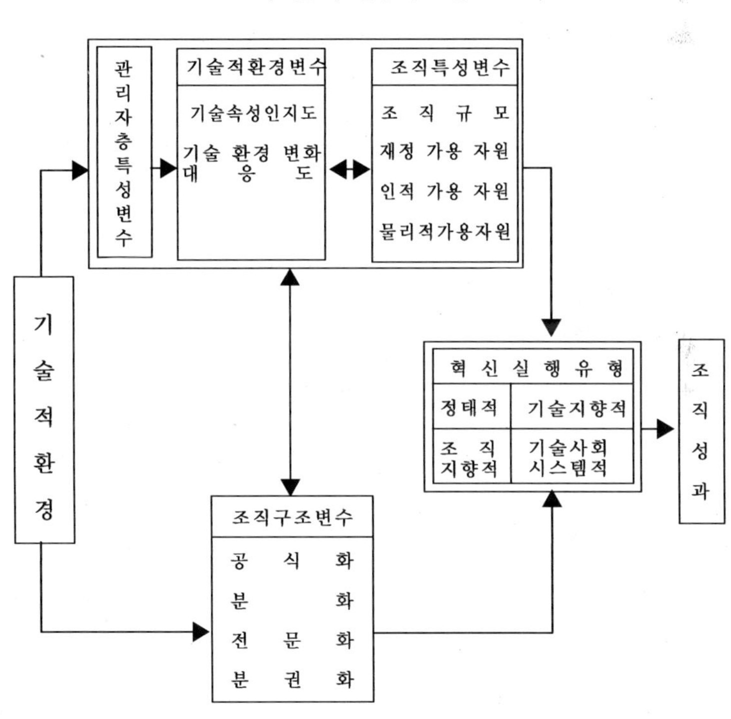

<hr>

1) 이한일, 경영조직론(서울: 형설출판사, 1987), p.343.
2) S. M. Shortell, "The Role of Environment in a Configurational Theory of Organizations," *Human Relations*, Vol. 30, No.3(Mar. 1977), pp.275-302.

1) 복잡성, 즉 환경 내의 수많은 요소

2) 다양성, 즉 환경 내 제 요소의 변화

3) 변화, 즉 시간의 흐름에 따른 환경요소의 변화의 정도

4) 불확실성, 즉 환경 내 제 요소가 예측 가능하지 않은 정도

환경론에서 "인지된 환경"을 중시하는 논자들도 많다. 일찍이 레비트 (H. J. Leavitt)도 "일반적으로 말하면 인간은 우리를 둘러싸고 있는 실제적 환경에 의해 반응해서 행동하는 것이 아니고 인지된 환경에 의해서 행동한다."고 하면서 이 같은 입장에 서 있고,[3] 캠벌(J. P. Campbell)도 "객관적인 사실이라고 모두가 동의할 수 있는 세계는 제한되며 중요한 것은 객관적인 사실이기보다는 개인적인 인지"라고 함으로써 이 같은 주장에 동의하고 있다.[4] 또한 홀(R. H. Hall)도 이 같은 관점에 서서 "환경은 조직의 경계를 넘어서서 '바깥 저기(out there)'에 있는 고정된 그런 어떤 것이라기보다는, 환경은 조직구조 내의 어떤 위치(직위)에 의하여 영향 받는 개인의 인지에 의하여 해석되고 이해되는 바의 것"이라고 한다.[5]

또한 걸로프(E. A. Gerloff)는 환경이나 기술이 조직구조에 대한 직접적인 인과관계로서가 아니라 '관리자의 의사결정'이라는 매개변수를 통하여 결정적으로 작용함을 설명하고 있다.[6]

한편 차일드(J. Child)는 조직의 특성이 관리자의 지각에 영향을 미치기 때문에 인지적 척도는 환경특성과 조직 자체의 특성을 혼합하게 된다

---

3) H. J. Leavitt, *New Perspectives in Organization Research*(New York: John Wiley & Sons, 1964), p.127.

4) J. P. Campbell, et al., *Managerial Behavior, Performance and Effbctiveness* (New York: McGraw-Hill, 1970), p.344.

5) R. H. Hall, *Organizations: Structure and Process*(Englewood Cliffs, N. J.: Prentice-Hall, 1982), pp.235-236.

6) E. A. Gerloff, *Organizational Theory and Design: A Strategic Approach to Management*(New York: McGraw-Hill, 1985), pp.27-29.

고 하면서 환경인식은 객관적 자료에 의거해야 한다고 하였으나,[7] 바이
크(K. E. Weick)는 조직은 단지 관리자의 인지에 의해서만 환경을 알게
된다고 주장하였고,[8] 마일스(R. E. Miles) 등도 조직은 지각하는 것에만
반응하며 지각되지 않는 외부의 환경특성은 조직의 의사결정이나 행위에
영향을 미치지 않는다고 하였다.[9] 부르주아(L. J. Bourgeois)는 전략형성
과정에 있어서 최고 경영자의 환경에 대한 지각이 가장 중요한 요소라고
하였다.[10]

조직에서의 인지환경은 객관적 환경을 어떻게 느끼느냐 하는 과정에서
외부 환경이라는 자극을 내부적으로 해석해가는 과정으로서 개인에 있어
서의 심리적인 인지화 과정과 같은 것이다. 일부 학자들은 객관적 환경
이 인지적 환경으로 인식되는 과정에 있어서 환경을 지각하는 사람의 특
성과 조직구조의 특성이 영향을 미친다고 주장하기도 한다.[11] 즉 인지환
경이란 의사결정자가 합리적인 판단을 함에 있어서 불완전한 정보 혹은
제한적 정보에 의해 야기되는 현상이며, 또한 조직의 입장에서는 정보
탐색능력이 객관적 환경을 인지하는 과정에 중요한 설명요인이 될 수도

---

7) J. Child, "Managerial and Organizational Factors Associated with Company Performance-Part Ⅱ," *Journal of Management Studies*, Vol. 12, No.1(Feb. 1975), pp.12-27.

8) K. E. Weick, *The Social Psychology of Organizing*(Reading, Mass.: Addison-Wesley, 1979). 허문구, 환경 전략 조직구조 간의 통합적 관계에 대한 연구(석사학위논문, 고려대학교 대학원 경영학과, 1988), p.45에서 재인용.

9) R. E. Miles, C. C. Snow, and J. Pfeffer, "Organization-Environment: Concepts and Issues," *Industrial Relations*, Vol. 13, No.2(Spring 1974), pp.244-264.

10) L. J. Bourgeois, "Strategy and Environment: A Conceptual Integration," *Academy of Management Review*, Vol. 5, No.1(Jan. 1980), pp.25-39.

11) P. Grinyer, S. Al-Bazzaz, and M. Yasai-Ardekani, "Towards a Contingency Theory of Corporate Planning: Findings in 48 U. K. Companies," *Strategic Management Journal*, Vol. 7, No.1(Jan. -Feb. 1986), pp.3-28.
H. A. Simon, *Administrative Behavior*(New York: The Free Press, 1957), p.57.

있다는 것이다.

이상의 논의를 바탕으로 해서, 본 연구는 환경특성으로서 인지적 환경을 선택하였으며, 여러 가지 환경적 요소들 중에서 특히 기술적 환경에 대한 인지도를 측정하였다. 본 연구의 기술적 환경의 인지도는 관리자층의 기술속성인지도와 기술환경변화 대응도로 나뉘어서 측정되었다. 본 연구에서 관리자가 인식하는 기술적 환경을 주된 변수로 취급하고자 하는바, 그 이유는 첫째, 객관적 환경은 그 측정상의 문제점으로 인하여 인식된 환경의 이용이 보편화되어 있는 바, 본 연구에서도 환경 그 자체보다는 관리자층의 환경에 대한 인식이 중시되어야 하며, 둘째, 불확실성에 대처하는 것이 관리과정의 본질로서, 환경이 조직에 알려지게 되는 것은 관리자의 인식을 통해서 이루어지는 경우가 많고, 셋째, 객관적인 환경 그 자체의 특성보다는, 관리자층이 환경에 대해서 인지하는 정도가 조직 내의 의사결정에 영향을 미치게 된다는 것 때문이다.

본 연구에서는 특히 기술적 환경으로서 정보기술의 발달·변화를 보았으며 정보기술의 발달과 이에 대한 기술의 속성인지도가 조직의 혁신 채택에 영향을 미친다는 관점하에서 정보기술의 속성, 즉 정보기술의 상대적 이점(relative advantage), 복잡성(complexity), 적합성(compatibility)의 인지도를 측정하였다. 많은 혁신연구자들은 혁신의 채택률은 혁신의 특성에 대한 인지에 의존하고 있다는 가정하에 혁신의 속성에 대한 연구의 필요성을 제기하고 있다. 이들은 상이한 혁신들이 이용되는 확률과 그 채택의 차이점 등을 분석하기 위해서는 혁신 그 자체의 특성을 비교해야 한다고 주장한다. 로저스(E. M. Rogers), 잘트만(G. Zaltman) 등에 따르면 비용, 투자회수율, 효율성, 위험과 불확실성, 적합성,[12) 복잡성[13)

---

12) 혁신이 채택자 측의 필요, 과거의 경험들, 그리고 기존가치 등에 일치한다고 인지되는 정도이다. 기존의 가치관과 사회의 규범에 모순되는 아이디어는 빨리 채택되지 않는다. 기존의 가치관에 모순되는 혁신을 채택하는 데는 우선 가치관의 변화가 있어야 한다. 즉 수용자(受容者)에 의해 인식되는 새로

상대적 이점,14) 관찰가능성,15) 시행성(triability)16) 등과 같은 속성들이 혁신에 대한 채택이나 거부에 영향을 미치는 것으로 알려져 있다.17) 로저스는 혁신이 수용자 측의 기존가치관이나 과거의 경험과 일치하는가의 문제가 혁신의 채택률과 관계되어 있으며 특히 채택에 결정적인 영향을 미치는 것은 전문가들의 견해가 아니고 수용자 자신들이 느끼는 혁신의 특징이라는 것이다.

　이외에도 혁신의 속성에 관해서는 많은 연구들이 수행되어져 왔으며 이들은 혁신의 속성이 채택과정에 중요한 영향을 미친다는 것을 실증적으로 입증하고 있다.18)

　운 아이디어의 적합성은 혁신의 채택률과 긍정적인 관계가 있다고 하겠다.

13) 혁신이 수용자에 의해 상대적으로 이해하거나 사용되기 어렵다고 인지되는 정도이다. 이는 수용자 측에서 볼 때 혁신을 이해하고 사용하기가 어렵다고 느끼는 정도로서 수용자에 의해 인지되는 새로운 아이디어의 복잡성은 혁신의 채택률과 부정적인 관계가 있다.

14) 혁신이 종래의 아이디어보다 좋다고 인지되는 정도이다. 혁신이 객관적으로 이익을 가져올 수 있는가 하는 것보다 결정적으로 중요한 것은 채택자가 그 혁신이 이롭다고 생각하느냐에 달려있다. 즉 수용자에 의해 인지되는 새로운 아이디어의 상대적 이익은 그 아이디어의 채택과 긍정적인 관계가 있다.

15) 혁신의 결과가 타인에게 가시적(可視的)인 정도이다. 따라서 수용자에 의해 인지되는 관찰가능성은 혁신의 채택률과 긍정적인 관계가 있다.

16) 혁신이 한정된 범위 내에서 시험될 수 있는 정도이다. 일반적으로 조금씩 시험해보면서 채택할 수 있는 혁신은 시험해볼 수 없는 혁신보다 더욱 빠르게 채택된다. 따라서 수용자에게 인지되는 혁신의 시행성이란 혁신의 채택률과 긍정적인 관계가 있다.

17) E. M. Rogers and F. F. Shoemaker, <u>개혁커뮤니케이션</u>, 서정우, 최선열 공역(서울: 박영사, 1976), pp.136-171.
　G. Zaltman, R. Duncan, and J. Holbek, *Innovations & Organizations* (New York: John Wiley & Sons, 1973), pp.32-49.

18) F. C. Fliegel and J. E. Kivlin, "Attributes of Innovations as Factors in Diffusion," *American Journal of Sociology*, Vol. 72, No.3(Nov. 1966), pp.235-248.
　K. Musmann, *The Adoption of OCLC by the California State University and Colleges: A Case Study of the Diffusion of a Technical Innovation in*

이상과 같은 논의를 근거로 하여 다음과 같은 가설들이 도출될 수 있을 것이다.

가설 1 조직의 혁신성은 관리자층의 기술적 환경에 대한 인지도(기술속성인지도, 기술환경변화 대응도)에 따라서 달라진다.

  1.1 기술속성인지도에 따라서 기술적 혁신의 실행정도가 달라진다.

  1.1.1 상대적 이점은 기술적 혁신의 실행정도와 양의 상관관계를 갖는다.

  1.1.2 복잡성은 기술적 혁신의 실행정도와 음의 상관관계를 갖는다.

  1.1.3 적합성은 기술적 혁신의 실행정도와 양의 상관관계를 갖는다.

  1.2 기술환경변화 대응도는 혁신의 실행정도와 양의 상관관계를 갖는다.

또한 규모가 큰 조직일수록 자원가용성이 크기 때문에,[19] 혁신과정에 필요한 인력, 장비, 기술 등에 대한 공급이 원활하게 된다. 이는 조직의 규모가 클수록 혁신의 실행가능성이 높아짐을 의미한다. 즉 관리자층이 기술적 환경에 대한 인지도가 높다고 하더라도 이를 실행으로 연결시키기 위해서는 조직의 인력, 장비 등이 갖추어져야 가능해진다. 따라서 조직규모와 조직의 가용자원은 기술적 환경에 대한 인지도와 기술적 혁신의 실행과의 관계를 명확하게 해주는 매개변수의 역할을 하게 된다.

---

a College Library Organization(Ph. D. Dissertation, University of Southern California, 1981), pp.137-143.

G. C. Moore, "End-User Computing and Office Automation," *INFOR*, Vol. 25, No.3(Feb. 1987), pp.214-235.

19) R. W. Zmud, "The Effectiveness of External Information Channel in Facilitating Innovation within Software Development Groups," *Management Information Systems Quarterly*, Vol. 7, No.2(Jun. 1983), pp.43-58.

위와 같은 논의에 근거해서 다음과 같은 가설을 세울 수 있다.

> 1.3 조직의 규모가 클수록 기술속성인지도, 기술환경변화 대응도와
> 혁신의 실행정도와의 상관관계는 더욱 높게 나타난다.
> 1.4 조직의 가용자원이 클수록 기술속성인지도, 기술환경변화 대응
> 도와 혁신의 실행정도와의 상관관계는 더욱 높게 나타난다.

5.2.2 조직규모와 가용자원과 혁신

조직의 규모는 많은 학자들에 의해서 조직의 혁신성에 영향을 미치는 요인으로서 주장되어 왔다.[20] 혁신연구자들이 규모를 일관되게 혁신의 영향요인으로서 간주해온 이유는 다음과 같다. 첫째, 규모는 비교적 높은 정확성을 가지고 쉽게 측정될 수 있는 변수이기 때문이다. 둘째, 규모는 혁신에 관련된 여러 차원들의 대리측정(surrogate measure)이 될 수 있기 때문이다.

한편 홀(R. H. Hall) 등은 규모 단독으로는 빈약한 영향요인이지만 그것은 많은 요인들과 연결되어 규모 변수가 포함되는 어떠한 분석에서도

---

20) L. B. Mohr, "Determinants of Innovation in Organizations," *American Political Science Review*, Vol. 63, No.1(Mar. 1969), pp.111-126.
M. Aiken and J. Hage, "The Organic Organization and Innovation," *Sociology*, Vol. 5, No.1(Jan. 1971), pp.63-82.
A. D. Kaluzny, J. E. Veney, and J. T. Gentry, "Innovation of Health Services: A Comparative Study of Hospitals and Health Departments," *Health and Society(MMFO)*, Vol. 52, No.4(Winter 1974), pp.51-82.
J. V. Baldridge and A. R. Burnham, "Organizational Innovation: Individual, Organizational, and Environmental Impacts," *Administrative Science Quarterly*, Vol. 20, No.2(Jun. 1975), pp.165-176.
J. R. Kimberly, "Organizational Size and the Structuralist Perspective: A Review, Critique, and Proposal," *Administrative Science Quarterly*, Vol. 21. No.4(Dec. 1976), pp.572-597.

대리 측정의 역할을 할 것이라고 주장한다.[21] 더 나아가 모어(L. B. Mohr)는 조직의 규모가 혁신의 동기부여 요인이라기보다는 혁신의 촉진 요인이라고 주장한다.[22]

조직규모와 혁신에 관한 연구결과들은 규모가 혁신을 제고시킨다고 보는데 이들 연구결과들을 요약하면 다음과 같이 세 가지로 나누어 볼 수 있다.

1) 규모가 큰 조직은 인원의 충원, 시설의 도입, 대외활동 등 새로운 아이디어의 도입에 필요한 인적, 물적 자원의 조달을 용이하게 할 수 있는 유리한 입장에 있다.

2) 규모가 큰 조직이 작은 조직보다 인적 구성과 업무내용에 있어 다양하다. 따라서 상이한 여러 부문들은 서로 새로운 업무의 개발, 문제해결방법의 개선 등에서 경쟁하게 되고 서로 자극제의 역할을 함으로써 조직 전체의 혁신을 촉진시키게 된다. 또한 한 부문에서 새로운 아이디어가 채택되면 이것이 타 부문에도 파급되는 효과를 가져온다.

3) 규모가 큰 조직은 설비수요가 많으므로 설비 대체가 자주 일어난다. 이에 따라 새로운 설비와 기술의 도입, 새로운 생산품 및 생산과정의 개발은 기존설비를 대체할 때에 단기간에 경제적으로 수행될 수 있다.

조직에서 혁신이란 특정한 한 개인이나 한 부서의 노력의 결과가 아니라 관련된 여러 부서의 총화(總和)로 이루어지는 것이다. 따라서 조직의 기능이 다양해지고 그 규모가 커짐에 따라 직종의 전문화와 다양화가 발생하며, 또한 조직은 그 기능에 따라 부서화되고 더 많은 혁신을 이룰 수 있다.

---

21) Hall, *Organizations*, p.120.
22) Mohr, "Determinants of Innovation," pp.112-113.

그러나 로저스는 이에 대해 다음과 같이 주장한다. 크기는 사실상 일종의 자원 측정으로서 운용될 수 있으나 자원과는 별도로 크기의 정확한 의미는 명확하지 않다. 따라서 이렇게 개념적으로 파악되지 않는 변수들은 크기와 혁신성의 관계에 있어서 기본적인 모순점을 제기한다.[23] 로저스는 특히 앞으로의 혁신연구에서는 조직의 가용자원(slack resources)이 측정되어야 한다고 주장한다. 그는 가용자원의 수준이 높을 때는 조직에서 혁신의 필요성이 유발될 수도 있으며, 조직에서 인지된 "수행차(遂行差-performance gap)"는 가용자원의 최대 활용이라는 관점에서 논의된다는 것이다.[24]

혁신연구에서 가용자원의 개념을 도입하여 실증적인 연구에 적용한 연구자들로는 모어, 에이컨과 헤이지(M. Aiken and J. Hage), 칼루즈니(A. D. Kaluzny), 대프트와 베커(R. L. Daft and S. W. Becker) 등이 있다.[25]

이 같은 논의에 근거해서 다음과 같은 가설이 도출될 수 있다.

가설 2 조직의 혁신성은 조직의 규모와 가용자원이 커질수록 상승한다.

  2.1 조직의 규모가 클수록 기술적 혁신 및 행정적 혁신의 실행정도는 더 높아진다.

---

23) E. M. Rogers and R. Agarwala-Rogers, *Communication in Organizations* (New York: The Free Press, 1976), p.175.

24) *Ibid.*, p.161.

25) Mohr, "Determinants of Innovation," pp.111-126.
Aiken and Hage, "The Organic Organization," pp.63-82.
Kaluzny, Veney, and Gentry, "Innovation of Health Services," pp.51-82.
R. L. Daft and S. W. Becker, *The Innovative Organization*(New York: Elsevier, 1978), pp.157-160.

   2.2 조직의 가용자원이 클수록 기술적 혁신 및 행정적 혁신의 실
행정도는 더 높아진다.

5.2.3 조직구조와 혁신

혁신과 관련된 조직구조로서 본 연구에서 다루고자 하는 변수들은 공
식화, 집권화, 복잡성(분화와 전문화) 등이다. 이들 각 변수들과 혁신과
의 관련성을 실증적인 연구들을 토대로 분석한 다음 이들의 관계를 가설
로 설정하고자 한다.

5.2.3.1 공식화와 혁신

공식화는 조직 내의 특정한 직무규칙과 절차들을 지칭한다. 규칙과 절
차들은 업무의 성과를 높이기 위해서 사용되는 중요한 조직상의 구성요
소들이다. 그러나 이것들이 엄격하게 시행된다면 조직의 구성원들은 대
체적인 절차의 채택이나 업무수행들을 고려하기 위한 재량권이 거의 없
어지게 된다. 따라서 다수의 규칙과 절차들의 규정화 정도와 규칙 실천
도가 높으면 높을수록, 조직의 신축성과 구성원의 창의적인 사고 및 행
동이 제약되며 새로운 아이디어를 창안하고 실용화하는 데 어려움이 나
타난다. 즉 공식화가 높은 조직에서는 규칙과 절차가 고도로 정형화, 제
도화되기 때문에 구성원들은 기존형태를 고수하는 경향이 있으며 창의적
인 문제해결을 하기가 어렵다는 것이다.[26] 따라서 엄격한 규칙이나 절차
에 대한 강조는 새로운 정보원과 혁신을 인식할 기회를 적게 만든다는
것이다.[27]

---

26) K. E. Knight, "The Descriptive Model of the Intra-Firm Innovation,"
Journal of Business, Vol. 40, No.3(Jul. 1967), p.478.

헤이지 등은 공식화와 변화 간에는 역의 상관성이 있다는 이론을 전개하였다.[28] 즉 공식화의 정도가 높으면 높을수록 계획에 의한 변혁률이 그만큼 낮아진다는 것이다. 규칙이나 규정의 수가 많으면 많을수록 조직 내에는 경직성이 그만큼 증대하게 된다. 그래서 고도의 공식화는 업무활동의 방식이나 절차의 변화를 저지하게 된다. 더욱이 높은 공식화는 조직의 안정화를 추구하는 나머지 현상 유지를 강화하게 된다.

잘트만(G. Zaltman) 등은 공식화는 한 가지 일을 수행하는 데 요구되는 구체적 규칙과 절차라고 하면서 이것은 조직의 의사결정자가 정보의 새로운 출처를 알아내는 것을 방해한다고 하였다. 그래서 의사결정자가 잠재적 혁신을 인지하거나 조직의 상황에 대한 수행차를 인지하는 기회가 줄어들게 된다고 하였다. 또한 어떤 경우에는 조직의 현 상태와 참여자가 원하는 상태 사이에 수행차가 인식되지만, 조직의 규칙과 절차가 의사결정자들의 결정을 방해하며 따라서 참여한 개인들도 역할충돌(갈등)을 경험한다는 것이다.[29]

그러나 잘트만 등은 공식화가 혁신의 착안단계에서는 불리하게 작용하지만 혁신의 실행단계에서는 유리하게 작용한다는 이론을 전개하였다. 즉, 초기단계에서 조직은 정보의 새로운 출처와 대안적 조치과정에 가능한한 융통적이고 개방적일 필요가 있는데 많은 규칙과 절차는 조직이 운용되는 데 억제가 될 수 있다는 것이다. 그러나 실행단계에서 형식화된 절차의 부족은 역할갈등과 혼미로 이끌게 되며, 이 역할갈등은 혁신의 실행에 관한 구체적인 절차의 부족으로 인해서 혁신의 실행방안이 기존

---

27) H. Kanfman, *The Limits of Organizational Change*(University, Ala.: University of Alabama Press, 1975), p.33.

28) J. Hage and M. Aiken, "Program Change and Organizational Properties: A Comparative Analysis," *American Journal of Sociology*, Vol. 72, No.5(Mar. 1967), p.511.

29) Zaltman, Duncan, and Holbek, *Innovations & Organizations*, p.139.

규칙이나 절차 등과 갈등을 유도하기 때문에 일어난다고 하였다.[30] 그러나 이 과정 접근(process approach)방법은 앞에서 언급한 대로 아이디어의 착안단계에서 필요로 하는 구조와 실천단계에서 필요로 하는 조직구조를 변경하는 것이 쉽지 않을 뿐 아니라 여러 가지 혁신적인 과업이 수행되고 있는 경우, 어느 특정한 과업의 요구에 따라 구조를 변경하는 것도 바람직하지 않기 때문에 실증적 연구를 하기에는 많은 문제점을 내포하고 있다고 하겠다.

5.2.3.2 복잡성과 혁신

조직의 분화와 전문화는 조직이 새로운 아이디어의 자극과 정보에 접할 수 있는 기회를 증대시키며 또한 전문적 지식과 활동의 정도는 조직 변화에 대응할 수 있는 능력을 구비하게 해준다. 그 결과로 조직의 복잡성은 조직이 환경의 변화요인 즉, 사회적, 경제적, 기술적 변화에 대한 인지와 이와 관련된 지식을 증가시킬 뿐 아니라 이러한 요구를 혁신으로 연결시키는 것을 가능하게 해준다. 조직 내에 전문직 집단이 많고 그들의 전문화 수준이 높을수록 전문직 집단은 이른바 전문성을 갖게 되며, 이 전문성은 조직의 업무성과를 높이려는 자세와 지식에 대한 끊임없는 탐구자세를 바탕으로 하기 때문에 조직의 혁신을 촉진시키게 된다. 즉, 조직구조의 복잡성이 증대되면 조정의 문제와 분화된 전문 영역의 전문가들 간에 갈등의 문제가 증가하고, 그리고 또 각 전문기능 분야의 전문가들은 그들의 영역에서 전문성의 진보에 뒤지지 않으려 하기 때문에, 이 같은 모든 요인들이 혁신을 위한 보다 더 큰 추진력으로 이어지게 된다는 것이다.[31]

---

30) *Ibid.*, p.141.

31) J. Hage and R. Dewar, "Elite Values versus Organizational Structure in

그러나 일부 학자들은 복잡성과 혁신과의 관계에 대해서 다른 견해를 취한다. 특히 윌슨(J. Q. Wilson)과 사폴스키(H. Sapolsky)는 복잡성은 혁신의 제안과는 긍정적인 관계가 있지만 혁신의 채택률과는 역의 관계가 있다고 주장한다.[32] 잘트만 등도 조직의 혁신과 복잡성의 관계를 설명하면서 혁신의 단계별로 복잡성이 미치는 영향은 다르다고 하였다. 즉 혁신의 착안단계에서는 복잡성이 혁신에 유리한 영향을 미치지만 실행단계에서는 복잡성이 혁신에 불리한 영향을 미친다는 것이다.[33] 이러한 견해와 일치하여 깁슨(D. V. Gibson)은 서로 다른 학문적 배경을 가진 전문가들 간의 상호작용이 높은 연구집단들에서 창의력이 높다는 것을 발견했다. 그러나 실행단계에서 고도의 복잡성은 잠정적 충돌 때문에 조직체가 혁신을 실행하는 것을 더욱 어렵게 만든다고 하였다.[34]

그 반면 로렌스와 로쉬는 복잡성이 큰 조직들은 특정한 하위시스템들을 개발시킬 수 있으며, 이 시스템들의 주요한 기능은 다양한 단위들 간의 갈등을 다루고 조정하기 위한 것으로서 조직의 혁신실행을 용이하게

Predicting Innovation," *Administrative Science Quarterly*, Vol. 18, No.3(Sep. 1973), pp.279-290.

Baldridge and Burnham, "Organizational Innovation," pp.165-176.

P. R. Lawrence and J. W. Lorsch, *Organization and Management: Managing Differentiation and Integration*(Boston: Division of Research, Harvard Business School, 1967), p.30.

L. Kim, "Organizational Innovation and Structure," *Journal of Business Research*, Vol. 8, No.2(Apr. 1989), pp.225-245.

32) J. Q. Wilson, "Innovation in Organization: Notes Toward a Theory," in *Approaches to Organizational Design*, edited by J. D. Thompson(Pittsburgh, Penn.: University of Pittsburgh Press, 1966), pp.97-105.

H. Sapolsky, "Organizational Structure and Innovation," *Journal of Business*, Vol. 40, No.4(Oct. 1967), pp.497-510.

33) Zaltman, Duncan, and Holbek, *Innovations & Organizations*, p.55.

34) D. V. Gibson, *Determinants of Organizational Structure and Process: Technological versus Cultural Explanations Concerning Innovation Management* (Ph. D. Dissertation, Stanford University, 1982), p.120.

하는 역할을 수행할 것이라고 하였다.[35] 잘트만 등도 비록 복잡한 조직이라 할지라도 다양한 집단들을 통합시키고 갈등을 줄일 수 있는 조직구조는 혁신의 실행을 용이하게 한다고 하였다.[36]

5.2.3.3 분권화와 혁신

분권화는 조직에서 조직구성원들의 의사결정에 대한 참여정도를 의미한다. 조직에서 권한이 조직의 일부 집단에 집중되어 있고(조직에서 의사결정이 높은 곳에서 일어나고) 조직구성원들의 의사결정에 참여가 적으면 적을수록, 분권화는 낮아지고 상대적으로 집권화는 커지게 된다. 일반적으로 집권화되고 관료화된 조직에서는 혁신의 아이디어가 거부되기 쉽다. 역으로 분권화가 큰 조직일수록 의사결정에 더 많은 참여가 이루어지게 되어 조직구성원들의 저항이 줄어드는 결과와 함께 장애요인들을 극복할 수 있게 된다.[37] 더욱이 조직구성원의 의사결정참여도가 높을수록 혁신과정에 새로운 통찰력과 정보출처를 가져오게 되어 새로운 프로그램에 대한 정보유통이 원활해지게 된다. 이에 따라 창의적 아이디어를 수행함에 있어 구성원 스스로가 결정한 것에 대해서 책임을 지도록 동기를 부여하게 됨으로써, 혁신의 채택뿐만이 아니라 성과도 높아진다는 것이다.

번즈와 스토커는 전술한 바와 같이, 급변하는 환경 속에서 조직의 계층화정도가 낮고 조직구성원의 의사결정 참여도가 높은 유기적 구조가 기계적 구조보다 혁신의 정도를 높게 한다는 것을 입증하였으며,[38] 헤이

---

35) Lawrence and Lorsch, *Organization and Management*, p.30.

36) Zaltman, Duncan, and Holbek, *Innovations & Organizations*, p.136.

37) *Ibid.*, p.143.

38) T. Burns and G. M. Stalker, *The Management of Innovation* (London: Tavistock Publ., 1961), pp.119-125.

지와 에이컨도 조직의 집권화의 수준이 높을수록 프로그램 변화가 어렵고 분권화가 높아질수록 프로그램 변화가 촉진된다고 주장하였다.[39] 즉 집권화된 조직에서는 상향적 의사전달에 장애가 발생하게 되어 하급계층의 전문가들이 제안하는 새로운 프로그램들을 의사결정자들이 채택하는 데 어려움이 뒤따른다는 것이다. 이에 비하여 잘트만 등은 조직에서의 계층화 정도가 낮거나 높은 의사결정 참여도는 실천단계에서 의견의 불일치, 갈등, 역할의 모호성을 초래하여 채택된 아이디어의 수행을 저해할 것이라고 주장한다. 즉 이들은 분권화의 영향은 혁신과정의 단계에 따라서 다양하다고 주장하면서 높은 분권화는 정보의 처리와 수집을 격려함으로써 혁신의 초기단계에 긍정적으로 작용하나, 혁신의 실행단계에서는 구성원들이 그들의 업무와 역할을 정확히 파악하기 위해서 높은 집중화와 명확한 권위의 계통이 더욱 중요해진다는 것이다.[40]

그러나 코흐(L. Coch)와 프렌치(J. R. French)는 의사결정 참여도는 실천단계에서 스스로 결정한 안(案)에 대해서 좀 더 자발적이고 적극적인 참여를 가져오게 되므로 오히려 긍정적인 작용을 한다고 하였다.[41]

또한 베니스(W. G. Bennis)도 "일반적인 시스템은 이용자 참여에 의해서 지지되었을 때 가장 성공적이 될 수 있다. 반면에 그러한 지지가 없는 기술적인 시스템은 대부분 실패한다"고 하였으며,[42] 보노마 등도 이에 의견을 같이하여, "혁신이 강력하고 광범위한 몰입을 필요로 할 경우 그 같은 혁신은 분권화된 의사결정을 할 경우보다 더 효과적이고 성공적이 된다"[43]고 하였다.

---

39) Hage and Aiken, "Program Change and Organizational," pp.503-519.

40) Zaltman, Duncan, and Holbek, *Innovations & Organizations*, p.143.

41) L. Coch and J. R. French, "Overcoming Resistance to Change," in *Group Dynamics*, edited by C. Zander, 2nd ed.(New York: Harper, 1962). pp.319-341.

42) W. G. Bennis, *The Planning of Change*, 3rd ed.(New York: Holt, Rinehart and Winston, 1976), p.226.

이상과 같은 논의를 근거로 하여 조직구조와 혁신 간에 다음과 같은 가설들이 도출될 수 있을 것이다.

가설 3 조직의 혁신성은 혁신적인 대안들을 개발하고 채택을 가능하게 하는 조직구조의 유기성이 증가함에 따라 상승한다.

    3.1 조직의 공식화가 낮을수록 기술적 혁신 및 행정적 혁신의 실행정도는 더 높다.

    3.2 조직의 분화가 클수록 기술적 혁신 및 행정적 혁신의 실행정도는 더 높다.

    3.3 조직의 전문화가 클수록 기술적 혁신 및 행정적 혁신의 실행정도는 더 높다.

    3.4 조직의 분권화가 클수록 기술적 혁신 및 행정적 혁신의 실행정도는 더 높다.

또한 전술한 바와 같이 규모가 크고 가용자원이 풍부한 조직일수록,[44] 혁신과정에 필요한 인원의 충원, 시설의 도입, 대외활동 등 새로운 아이디어의 도입에 필요한 인적, 물적 자원의 조달을 용이하게 할 수 있다. 즉 조직의 규모가 크고 가용자원이 많을수록 규모가 작은 조직보다 인적 구성과 업무내용에 있어 다양하며, 혁신의 실행가능성이 높아진다는 것이다. 따라서 조직의 분권화가 높고 조직의 복잡성이 크다 하더라고 이를 혁신의 실행으로 연결시키기 위해서는 조직의 규모가 크고 가용자원이 풍부해야 한다. 따라서 조직규모와 조직의 가용자원은 조직구조와 실행의 관계를 명확하게 해주는 매개변수의 역할을 하게 된다.

---

43) T. V. Bonoma and G. Zaltman, *Psychology for Management* (Boston: Kent Publ., 1981), pp.118-121.

44) Zmud, "The Effectiveness of External Information," pp.43-58.

위와 같은 논의에 근거해서 다음과 같은 가설을 세울 수 있다.

   3.5 조직의 규모가 클수록 조직구조의 유기성과 조직의 혁신실행
      정도와의 상관관계는 더욱 높게 나타난다.
   3.6 조직의 가용자원이 클수록 조직구조의 유기성과 조직의 혁신
      실행 정도와의 상관관계는 더욱 높게 나타난다.

5.2.4 관리자특성과 혁신

조직에서의 혁신과정은 두 가지로 분류될 수 있다. 즉 상향적 혁신과 하향적 혁신이다. 이들은 조직혁신의 이중핵심모형(dual-core model)이 되며 어느 모형에서건 조직의 관리층들(최고 관리층, 중간 관리층, 하급 관리층)은 조직과 그 환경 간에 중요한 중추적인 역할을 하게 된다. 하향적 혁신에 있어서 관리층은 외부세계와의 빈번한 접촉을 통해 새로운 아이디어들을 조직에 투입시키게 되며, 상향적 혁신의 경우에는 조직구성원들의 혁신적인 아이디어들이 조직에 들어가고 순환될 수 있도록 혁신적인 목표들을 정하고 혁신적인 아이디어들과 창의성을 격려하게 된다.[45]

즉 조직에서의 관리자들의 위치는 외부세계의 정보전달자들이라고 볼 수 있으며 이들은 외부세계와의 빈번한 접촉을 통해 새로운 아이디어들을 조직에 투입하게 되는 것이다. 관리자들은 일반적으로 외부매체로서 전문협회나 학회, 학술적인 회의나 워크샵 등의 참여와 학술지, 전문도서의 구독, 논문이나 저서 등의 발표, 특정 연구과제의 참여 등을 통해 조직 내부의 커뮤니케이션에 중요하게 영향을 미치면서 통제하는 기능을

---

45) Y. P. Huo, *Organizational Boundaries and the Diffusion of Technological Innovations: An Empirical Study of Microprocessors in the Personal Computer Industry*, (Ph. D. Dissertation, University of California at Berkeley, 1987), p.18.

수행한다. 즉 외부정보에 대한 수신자이면서 전달자로서 정보의 수집, 처리, 배포자, 혁신자로서의 역할을 하며 외부와의 많은 접촉을 통해 의사결정에 영향을 미치게 된다. 이들은 일반적으로 커뮤니케이션 유통망에서 노드(node), 연결자 역할을 하며 외부, 내부와 연결이 잘 되어있어 외부정보를 수집해서 조직 내부에 배포하는 역할을 하게 되는 것이다.[46]

또한 로저스는 혁신에서 관리자들의 게이트키퍼로서의 역할이 중요하며 조직에서 관리자들의 외부세계와의 폭넓은 접촉은 시스템에 대한 자원인 동시에 조직이 환경에 대처할 수 있도록 하기 위해서 필수적인 요소라고 하였다. 즉 환경에서 미래의 변화를 예측하는 능력은 조직의 생존을 위해서 중요하다는 것이다.[47]

이에 대해 칼루즈니(A. D. Kaluzny)는 혁신의 채택률은 최고 행정가들의 외향성(外向性)과 관련이 있다는 실증적인 연구결과를 제시하고 있다.[48] 모어도 의료기관들에서 혁신적인 프로그램들의 채택에 영향을 미치는 영향요인으로서 자원의 유용성, 행정가들의 혁신에 대한 동기, 혁신 채택의 장애요인, 기관의 규모 등을 측정한 결과, 혁신의 빈도수는 행정가들의 혁신하고자 하는 동기와 관련이 있다는 것을 밝히고 있다.[49] 조르드(P. Jorde)도 교육학 분야의 논문에서 조직의 혁신성의 수준은 관리자들의 교육수준이 높고 외부의 전문직적 활동에 참여하는 수준이 높은 조직에서 더 크게 될 것이라고 하였다.[50]

---

46) 이혜정, 기술혁신과정에 있어서의 기술정보유통에 관한 연구(석사학위논문, 이화여자대학교 대학원 도서관학과, 1985), pp.38-52.

47) Rogers, *Communication in Organizations*, p.140.

48) Kaluzny, Veney, and Gentry, "Innovation of Health Services," pp.51-82.

49) Mohr, "Determinants of Innovation in Organizations," pp.111-126.

50) P. Jorde, *Change and Innovation in Early Childhood Education: The Relationship between Selected Personal Characteristics of Administrators and Willingness to Adopt Computer Technology*(Ph. D. Dissertation, Stanford University, 1985), pp.94-96.

위와 같은 논의에 근거해서 다음과 같은 가설들을 설정하고자 한다.

가설 4 조직의 혁신성은 혁신적인 대안들을 개발하고 채택을 가능하게
하는 관리자층의 특성이 증가할 때 상승한다.
  4.1 관리자층의 연령과 교육 수준, 그리고 도서관 경력년수는 관리자층
의 전문직적 활동에 영향을 미치며, 관리자층의 전문직적 활동이
활발할수록 기술적 혁신 및 행정적 혁신의 실행정도는 더 높다.
(전문직적 활동: 전문협회 및 학회활동, 학술연구 활동)
  4.2 관리자층의 연령, 교육수준, 도서관 경력년수와 전문직적 활동
은 관리자층의 기술적 환경에 대한 인지도에 영향을 미친다.
(기술적 환경에 대한 인지도: 기술속성인지도, 기술환경변화
대응도)

5.2.5 혁신과 조직성과

혁신연구에서 큰 단점으로 지적되는 것은 혁신연구의 대부분이 혁신
그 자체를 단순히 종속변수로 보고 그 결과에 대한 분석은 소홀히 했다
는 점이다. 결과란 혁신을 채택하거나 혹은 거부함으로써 조직 내에 발
생하는 변화이다. 이것은 창안과 채택 다음에 발생하는 조직변화의 주요
한 하부과정이다. 그러나 혁신의 결과는 그 중요성에도 불구하고 혁신연
구자들에 의해서 관심을 적게 받아왔다.

로저스는 혁신의 확산연구들을 분석한 한 논문에서 약 1,500편의 연구
들 중에서 불과 38편의 연구에서 혁신의 결과를 조사하고 있다고 밝히고
있다.[51] 로저스는 혁신성과에 대한 연구가 적은 이유를 다음과 같이 설
명하고 있다.

---

51) Rogers, *Communication in Organizations*, pp.320-322.

1) 연구자들이 혁신의 결과는 대체로 긍정적일 것이라고 가정하고 혁신의 채택에 대한 연구에만 너무 큰 비중을 두고 있다. 전형적으로 연구자들은 수용자(受容者)의 사회경제적 내지 개인적인 특성이나 그들의 커뮤니케이션 행태 등과 같은 채택의 선행요인에만 큰 관심을 쏟고 있다. 그러나 혁신의 채택은 반드시 성공적일 것이라는 가정은 타당하지 않다.

2) 일상적인 조사연구방법은 혁신결과를 조사하는 데 적합하지 못한 측면이 있다. 혁신결과는 장기간 동안의 관찰이 좀 더 유용할 수도 있으며, 심층적인 사례연구 접근방법으로 해서 좀 더 정확한 통찰력이 제시될 수도 있다. 즉 결과가 시간을 통해 나타나면서 분석될 수 있는 장기적 연구접근방법이 취해져야 하며 그렇지 않고는 혁신의 결과는 적절히 평가되고 예측되기 어렵다.

3) 결과는 측정하기가 퍽 어렵다. 결과에 관한 판단은 거의 주관적이며 가치관이 실려 있다. 혁신의 결과, 즉 혁신의 기능성과 역기능성에 대한 판단은 거의 개인적인 경험, 교육적 배경, 철학적인 관점 등에 의해서 영향을 받기 때문이다.

그러나 보다 포괄적인 관심변수는 혁신을 매개변수로 한 혁신의 결과이다. 조직의 예를 들면 조직의 성과가 되는 것이다. 조직은 동시에 여러 가지 요구들을 충족시키려고 시도하는 시스템이다. 적응 또는 변화, 조정, 통합, 유지 등은 끊임없이 변하며 이러한 모든 것들을 만족시키는 문제는 어렵다. 다만 그것들이 동시에 어떤 시점에서 충족되어지는 정도가 그 시점에서의 운영시스템으로서의 조직성과이다. 따라서 혁신연구에서 혁신을 조직성과의 궁극적인 변수로 연결되는 매개변수로 보는 관점은 중요하다. 조직에서의 혁신은 그 자체가 중요한 것이 아니라 조직성과의 목표를 위한 수단으로서 중요하기 때문이다. 그러나 혁신과 성과의 관계에 대한 실증적 연구는 혁신과 성과의 시간 차이, 혁신과 관련된 성과범위의 불일치 등으로 인해 많은 연구가 이루어지지 않고 있다.

혁신연구에서 조직성과에 대한 혁신의 영향력을 실증적으로 제시하고 있는 연구로서는 맨스필드(E. Mansfield), 아머와 티스(H. O. Armour and D. J. Teece), 킴버리와 에바니스코(J. R. Kimberly and M. J. Evanisko),[52] 피터스와 워터맨(T. J. Peters and R. H. Waterman), 대면포어(F. Damanpour) 등의 연구가 있다.

맨스필드에 의하면 강철과 석유산업 내에서 혁신적 기업들은 그렇지 않은 기업들보다 훨씬 빠른 성장을 한다고 보고하였다.[53] 석유산업을 대상으로 한 아머와 티스는 조직이 혁신을 하는 궁극적 이유가 성과를 향상시키기 위해서라고 제시하였으며, 중요한 조직적인 혁신을 실행한 조직들이 혁신을 하지 않은 조직들보다 더 높은 투자수익률을 달성하는 것으로 밝히고 있다.[54] 또한 피터스와 워터맨도 혁신적 기업은 자산 성장률, 자본금 증가율과 같은 성장률과 총자본 수익률, 매출액 수익률과 같은 수익률이 높다고 하였다.[55] 한편 대면포어는 공공도서관을 대상으로 하여 조직혁신과 성과 간의 관계에 대해 실증적 연구를 하였다. 그는 조직에서 기술적인 혁신들의 채택률과 행정적인 혁신들의 채택률 사이의 차이를 "조직적인 지연(lag)" 즉, 기술적인 혁신들과 행정적인 혁신들이

---

52) J. R. Kimberly and M. J. Evanisko, "Organizational Innovation: The Influence of Individual, Organizational, and Contextual Factors on Hospital Adoption of Technological and Administrative Innovations," *Academy of Management Journal*, Vol. 24, No.4(Dec. 1981), pp.689-713.

53) E. Mansfield, *Industrial Research and Technological Innovation: An Econometric Analysis*(New York: W. W. Norton, 1968), pp.210-215.

54) H. O. Armour and D. J. Teece, "Organizational Structure and Economic Performance: A Test of the Multidivisional Hypothesis," *The Bell Journal of Economics*, Vol. 9, No.1(Spring 1978), pp.106-122.

55) T. J. Peters and R. H. Waterman, *In Search of Excellence*(New York: Harper & Row, 1982), p.167.

이행되는 정도에 있어서의 차이라는 개념으로 설정했으며 이 조직적인 지연이 조직의 성과에 대해 역의 관계가 있다는 것을 밝혀냈다.[56]

본 연구에서는 혁신을 기술적인 혁신실행차원과 행정적인 혁신실행차원으로 나누어 이들 차원을 기준으로 하여 도서관들의 네 가지 혁신실행유형을 분류할 것이다. 이들 유형은 정태적 유형, 기술지향적 유형, 조직지향적 유형, 기술사회시스템적 유형 등으로서 이들 각각의 유형이 각 도서관의 성과에 미치는 영향을 분석할 것이다.

본 연구에서 특히 혁신유형을 네 가지로 나누어 분석하는 것은 조직분석에서 트리스트(E. L. Trist)에 의하여 도입된 "사회-기술시스템"의 개념으로부터 기인된 것이다. 트리스트가 사회-기술시스템이라는 개념을 도입하기 이전에는 이러한 시스템들, 즉 사회적인 시스템과 기술적인 시스템들은 인간관계론과 과학적 관리론을 주장하는 학파들에 의하여 각기 따로 연구되는 경향이 있었다. 트리스트는 "문제는 단순하게 인간들을 기술에 적응시키지 못하거나 기술을 인간들에게 맞추지 못하는 데 있는 것이 아니고, 기술과 인간 간의 최대한의 조화가 이루어질 수 있도록 하기 위하여 연계(連繫-interface)를 구성하는 데 있다"라고 주장하였다.[57] 사회-기술시스템은 단지 총체적인 시스템으로서 운영될 때 효과적으로 활용될 수 있다. 즉, 예를 들어, 기술시스템에서의 필요한 변화 없이 단지 사회시스템에서의 변경은 전체 조직에 대해서 제한된 결과만을 가져올 뿐이다. 사회-기술시스템은 주요한 작업 집단들과 연계되는 부 시스템들뿐만이 아니라 환경과 관련된 전체로서의 조직을 포함한다. 조직의 사회적인 시스템과 기술적인 시스템들은 만일 전체로서의 조직이 효과적으로 운영되려면 조화 있게 기능되어야 한다. 즉 최선의 적합성은 두 시스템들 사이

---

56) Damanpour, *Technical versus Administrative Rates*, pp.164-170.

57) E. L. Trist, "A Socio-Technical Critique of Scientific Management," Paper presented to the Edinburgh Conference on the Impact of Science and Technology(May 1970), p.13.

에서 얻어져야 한다. 에머리(F. E. Emery)는 이 조화과정을 사회적인 시스템과 기술적인 시스템들의 "공동 최적화(joint optimization)"로서 공식화 하였다.[58] 그는 사회적인 시스템과 기술적인 시스템들이 상호 균형을 이루어야 하기 때문에 다른 시스템에 대한 고려 없이 한 시스템만을 최적화하려는 시도는 결국은 전체적인 시스템의 성과를 낮게 할 것이라고 하였다. 기술적인 시스템들과 사회적인 시스템들 간의 필요조건 사이에 일 대 일 관계가 없기 때문에 행정적인 혁신 및 기술적인 혁신들의 채택률 사이에 일 대 일 관계가 있을 필요는 없다. 그러나 양쪽 시스템들의 최적 수행을 위하여, 이들 시스템들의 필요조건 사이에 균형을 유지하도록 행정적인 혁신 및 기술적인 혁신들의 일정한 채택비율을 유지해야 할 것이다. 만일 행정적인 혁신들과 기술적인 혁신들 사이의 지연(lag)의 정도가 임계값에 도달한다면, 이는 사회적인 시스템 및 기술적인 시스템들 사이의 부 최적화 조건을 야기시키기 때문에 그 조직의 성과에 영향을 미치게 될 것이다.

위와 같은 논의를 근거로 하여 다음과 같은 가설이 도출될 수 있을 것이다.

가설 5. 조직의 성과는 조직의 혁신성과 혁신실행 유형에 따라서 달라진다.

  5.1 혁신의 실행정도가 높을수록 조직의 성과는 더 높아진다.

  5.2 혁신실행 유형에 따라서 조직의 변수들은 달라진다.

  5.3 혁신실행 유형에 따라서 조직의 성과가 다를 것이다.

  5.4 조직의 규모에 따라 혁신실행 유형이 조직성과에 미치는 영향이 다를 것이다.

---

58) Damanpour, *Technical versus Administrative Rates*, p.49.

이제까지는 기존 이론들을 근거로 하여 본 연구의 가설도출을 시도하였다. 제6장에서는 이들 가설들의 검증을 위한 실증적 연구방법을 논할 것이다.

06

실증적 연구

6.1 표본의 추출 및 자료수집

조사대상 도서관의 선정은 국립대학도서관협의회 발행 〈국립대학도서관보, 1992〉,[1] 전국사립대학교협의회 발행 〈전국사립대학교 도서관현황 및 Directory, 1992〉,[2] 연구단지정보관리협의회 발행 〈연구단지정보관리총람, 1992〉,[3] 그리고 한국도서관협회편인 〈한국도서관통계, 1991〉[4]를 기준자료로 삼았다.

설문서 조사는 위의 자료들을 참고로 해서 대학도서관은 1991년 12월 31일을 기준으로 국립대학도서관협의회에 가입한 21개의 종합대학교 도서관 전체와, 1992년 3월 1일을 기준으로 전국사립대학도서관협의회에 가입한 51개의 사립대학교 도서관 전체 등 72개의 대학도서관들을 대상으로 하였다. 전문도서관은 연구단지정보관리협의회에 가입되어 있는 30개의 전문도서관 전체와 이외에 〈한국도서관통계〉를 참고로 하여 도서관 규모나 조직에 있어서 연구단지정보관리협의회에 가입되어 있는 도서관들과 비슷하거나 더 큰 규모의 전문도서관들 8개관을 선정하여 도합 38

---

1) 국립대학도서관협의회 편, 국립대학도서관보, 제10집(서울: 국립대학도서관협의회, 1992).

2) 전국사립대학교협의회 편, 전국사립대학교 도서관 현황 및 Directory(서울: 전국사립대학교협의회, 1992).

3) 연구단지정보관리협의회 기술위원회 편, 연구단지정보관리총람(서울: 연구단지정보관리협의회, 1992).

4) 한국도서관협회 편, 한국도서관통계(서울: 한국도서관협회, 1991).

개의 전문도서관들을 대상으로 하였다. 전문도서관들 중에서 특히 연구단지정보관리협의회에 가입되어 있는 전문도서관들을 주 대상으로 한 것은 이 협회가 정부출연연구기관, 정부투자기관연구소, 민간기업연구소 및 특수 교육기관 소속 정보관리부서들 간의 협력기구로서 현재 전문도서관들의 주요한 협회로서 활동하고 있기 때문이다. 그러나 이 협회가 자연과학 분야의 전문도서관들로 주축이 되어 있기 때문에 〈한국도서관통계, 1991〉을 참고로 하여 인문사회과학 분야의 도서관들 중에서 규모(장서와 직원수 등) 면에서 연구단지정보관리협의회에 가입되어 있는 도서관들과 같은 수준이거나 더 큰 규모의 도서관 10개관을 선정하였다. 그 다음 10개관을 대상으로 본 연구의 취지를 설명하고 협조를 요청한 결과 8개관에서 이에 협조할 뜻을 밝혀, 이 8개관을 조사대상 전문도서관들에 추가시켰다. 그러나 본 연구는 표본추출상에 있어서 대학도서관의 경우는 종합대학교 도서관들을 위주로 하였으며 전문도서관의 경우도 연구단지협의회 소속 도서관들과 기타 규모가 큰 전문도서관들만을 대상으로 하였고, 또한 도서관들의 관종별 대상도 대학도서관과 전문도서관만으로 제한하는 등, 표본추출상에서의 여러 가지 편중으로 인하여 이러한 변수들이 포함되어 있는 조사분석 결과는 신중하게 해석되어야 할 것이다.

본 연구의 조사방법은 다음과 같은 몇 단계를 거쳐 수행되었다.

첫째, 선정된 110개 표본도서관 중에서 7개의 도서관을 골라 예비조사를 수행하였다. 이 과정에서 외국의 문헌고찰과 우리나라 도서관 연구를 바탕으로 개발된 설문서의 타당성을 조사하여 부분적인 수정이 이루어졌다. 본 연구에서 사용된 설문서는 모두 세 가지 종류로서 도서관의 객관적 자료에 대한 설문서와 도서관장과 과장 및 실장용 설문서 등으로 구성되어 있다. 총 110개 도서관 중 대학도서관에는 도서관용 설문서 1부, 도서관장용 설문서 1부, 사서장 및 과장용 설문서 2부 등 총 4부로 설문조사를 했으며 전문도서관에는 도서관용 설문서 1부, 실장 및 과장용 설문서 1부, 선임연구원 및 계장용 설문서 1부 등 총 3부로 설문조사를 했다. 이들 세 가지 설문서는 부록에 제시되어 있다.

둘째, 이렇게 수정된 설문서를 사용하여 표본도서관들을 대상으로 조사에 착수하였다. 설문서는 각 도서관들에 우송되었으며 도서관들에 전화문의를 아울러 병행하였다.

셋째, 설문서에서 수집되지 못한 자료나 혹은 수집되었더라도 확인을 요하는 자료를 위해서 다른 여러 자료들을 통한 조사를 사후적으로 실시하였다. 이때 이용된 2차 자료원은 〈국립대학도서관보, 1992〉, 〈전국사립대학교 도서관현황 및 Directory, 1992〉, 〈연구단지정보관리총람, 1992〉, 〈한국도서관통계, 1991〉 등이다.

6.2 변수의 조작적 정의 및 측정방법

6.2.1 독립변수(상황변수)

1) 조직의 규모

본 연구에서 규모는 도서관의 운영예산(인건비를 제외한 예산)으로써 측정한다. 이외에 포함되는 규모변수로는 전임직원의 수, 소장장서(소장단행본, 소장연속간행물) 등이다. 그러나 이 중에서 특히 도서관의 운영예산을 대표적인 지표로 삼았으며 나머지는 참고자료로서 이용하였다. 그 이유는 본 연구가 대학도서관과 전문도서관이라는 서로 다른 유형의 도서관조직들을 대상으로 하고 있고 이들이 직원수에 있어서 큰 차이를 보이기 때문이다. 또한 운영예산에 의한 측정치가 규모에 관한 다른 측정치들과 매우 높은 상관관계를 보이기 때문에 규모의 대표적인 지표로서 운영예산을 삼았다. 해당 설문문항은 도서관용 설문서의 Ⅰ-7, Ⅰ-10,

Ⅰ-11, 및 Ⅰ-13 문항이다.

2) 조직의 가용자원

조직의 가용자원은 로저스의 연구[5]를 기초로 하고 이를 부분적으로 수정한 3개 항목, 재정적 가용자원, 인적 가용자원, 물리적 가용자원 등을 설문서와 한국도서관협회에서 발간되는 〈한국도서관통계〉를 기준으로 측정하였다. 재정적 가용자원은 지난 3년 동안의 예산범주들 간의 변동의 양, 또한 지난 3년 동안 해마다 증가된 운영예산의 양을 〈한국도서관통계, 1989〉, 〈한국도서관통계, 1990년〉, 〈한국도서관통계, 1991년〉의 자료로써 측정하고 〈국립대학도서관보〉, 〈전국사립대학교 도서관현황 및 Directory〉, 〈연구단지정보관리총람〉 등을 이의 보조자료로써 사용하였으며 이들의 합산평균치를 측정지표로 설정하였다. 인적 가용자원은 임시직원의 수를 측정하고 이를 측정지표로 이용하였다. 해당 설문문항은 도서관용 설문서의 Ⅰ-7 문항이다. 물리적 가용자원은 조직의 장비를 측정지표로서 설정하였으며 해당 설문문항은 도서관용 설문서의 Ⅲ-8-1부터 Ⅲ-8-9까지의 문항이다.

3) 공식화

공식화 개념은 작업수행방법과 절차가 규정화되어 있는 정도로 정의하였으며 본 연구에서는 업무수행방법과 절차가 문서화되어 있는 정도, 조직의 구성원이 문서화된 지시에 따르는 정도, 명령·지시방법의 공식화 정도를 5점 척도로 측정하고 이의 산술평균치를 측정지표로서 설정하였다. 해당 설문문항은 도서관용 설문서의 Ⅱ-4, Ⅱ-5 및 Ⅱ-9부터 Ⅱ-11까지의 문항이다.

---

5) E. M. Rogers and R. Agarwala-Rogers, *Communication in Organizations* (New York: The Free Press, 1976), pp.161-163.

138

4) 분 화

분화는 최고 관리자에서부터 일반 직원에 이르기까지의 수직적인 계층의 수, 직원들이 수평적으로 분산되어 있는 정도(부서의 수)와 공간적으로 분산되어 있는 정도(분관 등에 배치되어 있는 비율)를 5점 척도로 측정하고 이의 산술평균치를 이용하였다. 해당 설문문항은 도서관용 설문서의 I-9, II-12, II-14 문항이다.

5) 전문화

전문화는 직원들의 과업전문성으로서 전문분야의 교육 실시 정도, 전체 직원에서 사서직의 비율, 전임직원 중에서 전문직의 비율을 5점 척도로 측정하고 이의 산술평균치를 측정자료로 설정하였으며 해당 설문문항은 도서관용 설문서의 I-7, I-15 및 I-16 문항이다. 인적 전문성은 직원들의 교육배경을 측정지표로서 이용하였다. 해당 설문문항으로는 도서관용 설문서의 I-8 문항이 이용되었다.

6) 분권화

분권화는 권위의 계층화와 의사결정에의 참여정도를 측정지표로 이용하였다. 권위의 계층화는 의사결정이 조직 내의 특정한 지위에 얼마나 집중화되어 있는가를 파악하기 위해 조직 내의 권한의 분산도에 대한 5점 척도 산술평균치를 측정지표로 설정하였으며, 의사결정의 참여도는 조직 내의 의사결정 형태에 대해 일반 직원이 참여하는 정도를 5점 척도로 측정하고 이의 산술평균치를 이용하였다. 해당 설문문항은 도서관용 설문서의 II-1-1부터 II-1-3까지의 3개 문항과 II-2-1부터 II-2-11까지의 11개 문항이다.

7) 관리자특성

관리자특성은 연령, 교육수준, 도서관 경력년수와 전문직적 활동으로써 전문협회(학회)활동, 학술연구 활동 등을 측정하고 있다. 연령, 교육수준, 도서관 경력년수의 해당 설문문항은 도서관장용 설문서 2번, 3번 문항과 과장용 설문서 I-3부터 I-5까지의 문항이다. 전문직적 활동은 문헌에 나타나고 있는 전문성 지향의 특정한 요소들을 기준으로 해서 5개 항목으로 측정된다. 즉 교육적 배경, 전문직 학회나 협회의 가입여부, 학회나 협회에 참여하는 정도와 횟수, 정기적으로 보는 학술지의 수, 연구 프로그램에 참여하는 정도, 저술활동 정도 등의 항목들에 대하여 5점 척도로 측정하고 이의 산술평균치를 이용하였다. 해당 설문문항은 과장용 설문서 I-7부터 I-11까지의 문항이다.

8) 기술적 환경인지도

본 연구에서는 특히 기술적 환경으로서 정보기술의 발달·변화를 보았으며 정보기술의 발달과 이에 대한 기술의 속성인지도가 조직의 혁신 채택에 영향을 미친다는 관점하에서 정보기술의 속성, 즉 정보기술의 상대적 이점, 복잡성, 적합성의 인지도를 측정하였다. 특히 조직에서 관리자층이 정보기술의 속성을 잘 인지하느냐의 여부에 따라서 조직의 혁신성이 높아진다는 가정하에, 관리자층의 기술속성인지도와 기술환경변화 대응도를 측정했다.

기술속성인지도는 정보기술의 상대적 이점, 복잡성 및 적합성을 측정하였다. 정보기술은 수작업시스템 방식에 비해서 다음과 같은 상대적인 이점이 있다고 가정되었다. (1) 업무처리속도 증가, (2) 단순 업무시간감축, (3) 다양한 정보 제공, (4) 정확한 정보 제공, (5) 새로운 서비스의 증가, (6) 직원만족 증가, (7) 회계감사와 예산통제의 체계화, (8) 의사결정과 관리업무의 질 향상 등이다. 따라서 정보기술의 상대적 이점은 이들 8개 항목으로 설정하고 이에 대한 5점 척도 측정값의 산술평균치를 기술속성인지도의 상대적 이점에 대한 측정지표로 설정하였다. 해당 설문문항으로는 도서관장용 설문서의 4-1부터 4-9의 9개 문항과 5-1부터 5-4의 4개 문항이며, 과장용 설문서의 Ⅱ-1-1부터 Ⅱ-1-9의 9개 문항과 Ⅱ-2-1부터 Ⅱ-2-4의 4개 문항이다. 복잡성은 (1) 작업수행의 어려움, (2) 업무량의 증가, (3) 작업수행 시 스트레스 증가, (4) 작업자의 업무통제 불가능, (5) 사서의 역할 축소, (6) 작업수행 시 혼란가중 등의 5개 항목이 설정되었고 이 5개 항목에 대한 5점 척도 산술평균치를 복잡성의 측정지표로 이용하였다. 해당 설문문항은 도서관장용 설문서의 4-5부터 4-13의 9개 문항이며, 과장용 설문서의 Ⅱ-2-5부터 Ⅱ-2-13의 9개 문항이다. 한편 적합성은 기존의 가치관 혹은 조직의 분위기로 측정할 수도 있지만 본 연구에서는 조직의 필요성을 기준으로 측정하기로 한다. 즉, 예를 들면 정보기술을 도입하게 되는 주된 원인은 기존의 수작업시스템이 이용자의 업무요구를 제대로 소화할 수 없기 때문이라고 하겠다. 따라서 본 연구에서의 적합성은 (1) 이용자 요구의 처리 불가능, (2) 새로운 매체의 수용 불가능, (3) 급증하는 정보량에 대처 불가능 등의 항목을 설정하고 이에 대한 5점 척도 측정값의 산술평균치를 적합성의 측정지표로 설정하였다. 해당 설문문항은 도서관장용 설문서의 4-14부터 4-16까지의 3개 문항이며, 과장용 설문서의 Ⅱ-2-14부터 Ⅱ-2-16까지의 3개 문항이다.

기술환경변화 대응도는 (1) 기술의 발달에 대응한 도서관변화에 대한 인식도, (2) 기술적 환경의 불확실성에 대한 인지도, (3) 기술적 환경의 불확실성에 대한 대응도 등의 3개 항목을 설정하고 이에 대한 5점 척도 산술평균치를 기술환경변화 대응도의 측정지표로 이용하였다. 해당 설문문항은 도서관장용 설문서의 4-17부터 4-29까지의 13개 문항이며, 과장용 설문서의 Ⅱ-2-17부터 Ⅱ-2-29까지의 13개 문항이다.

9) 시스템개발운용

본 연구에서는 시스템개발 운용변수를 가설에 설정하지 않고 탐색적인 분석에 이용하였다. 즉 혁신실행 유형 간에 이 변수들의 차이를 살펴보았다. 시스템개발 운용변수는 기술적인 혁신과 밀접한 상관관계가 있는데 본 연구에서는 이 변수를 통하여 각 도서관들의 기술적인 혁신의 채택방식과 개발운용방식을 살펴보고자 하였다. 그러나 이 변수는 본 연구와 같이 조직의 포괄적인 혁신성을 다루는 연구가 아닌 개개의 혁신과 성과 간의 관계를 분석할 때는, 시스템개발운용 방식에 따른 개별적인 혁신성과를 분석하는 데 있어서 중요한 변수가 될 것이다. 시스템개발 운용변수는 시스템개발 능력수준과 시스템운용 참여수준으로써 측정된다. 시스템개발 능력수준은 기술적인 혁신 중에서도 특히 전산화 시스템의 자체개발의 정도를 나타내는 변수이다. 해당 설문문항은 도서관용 설문서의 Ⅲ-9-1부터 Ⅲ-9-13까지의 13개 문항이다. 시스템운용 참여수준은 시스템의 선택과 개발, 운용에 도서관 책임자와 직원들의 참여도가 어느 정도인가를 측정하기 위한 것이다. 해당 설문문항은 Ⅲ-10-1, Ⅲ-10-2 문항이다.

〈표 6〉에는 이상의 독립변수들에 대한 조작적 정의 및 측정방법들이 요약 정리되어 있다.

6.2.2 혁신실행 유형

혁신실행 유형은 혁신실행의 두 가지 차원, 즉 기술적 혁신차원과 행정적 혁신차원에 의해 분류되므로 본 혁신실행 유형을 결정하기 위해서는 이 두 가지 차원의 조작적 정의 및 측정방법이 제시되어야 할 것이다.

혁신의 분류는 매우 다양한 편이나 본 연구에서는 제4장에서 논의된 바와 같이 나이트가 제시한 산물이나 서비스의 혁신, 생산과정혁신, 인적 혁신, 구조적 혁신 등[6]을 기초로 해서 에번스, 대프트 및 대면포어 등의 분류와 같이 기술적 혁신과 행정적 혁신의 두 가지 차원으로 분류하고자 한다.[7]

1) 기술적 혁신: 기술적인 혁신은 한 조직의 기술적인 시스템에 영향을 주는 서비스, 산출물들을 만드는 방법이나 서비스들을 제공하는 방법들에서의 변화를 야기시키는 새로운 아이디어의 구현이다. 따라서 본 연구에서는 (1) 기술의 변화에 의해서 도입된 도서관의 기본적인 과업활동과 직접적으로 관련된 프로그램들(예, CD-ROM, 마이크로 형태 자료 등), (2) 도서관의 기술적인 서비스, 대공중 서비스에 관련된 모든 프로그램들을 기술적인 혁신으로 분류한다. 기술적 혁신의 측정은 이와 같은 정의에 입각하여 명목척도(nominal scale)로써 측정하고 모든 항목에 대하여 합산한 값을 기술적 혁신의 측정지표로 삼는다. 해당 설문문항은 도서관용 설문서의 Ⅲ-1-4, Ⅲ-1-5와 Ⅲ-2-1부터 Ⅲ-2-6까지, Ⅲ-2-7-1부터 Ⅲ-2-7-7까지, 그리고 Ⅲ-3-11-1부터 Ⅲ-3-11-5까지의 도합 20개 문항이다.

2) 행정적 혁신: 행정적인 혁신은 조직의 구조나 행정적인 과정(예산, 관리시스템, 기획 등)들에서의 변화를 야기시키는 새로운 아이디어

---

6) K. E. Knight, "The Descriptive Model of the Intra-Firm Innovation," *Journal of Business*, Vol. 40, No.3(Jul. 1967), p.478.

7) W. M. Evan and G. Black, "Innovation in Business Organizations: Some Factors Associated with Success or Failure," *Journal of Business*, Vol. 40, No.4(Oct. 1967), pp.519-530.
R. L. Daft and S. W. Becker, *The Innovative Organization*(New York: Elsevier, 1978), p.124.
F. Damanpour, *Technical versus Administrative Rates of Organizational Innovation: A Study of Organizational Lag*, (Ph. D. Dissertation, University of Pennsylvania, 1983), p.34.

의 구현이다. 행정적인 혁신은 새로운 생산물이나 서비스를 제공하지는 못하지만 그것은 간접적으로 산출물이나 서비스의 도입에 영향을 주거나 또는 산출물을 만드는 과정이나 서비스를 제공하는 과정에 영향을 준다. 따라서 본 연구에서는 도서관의 사회적인 시스템에 영향을 미치는 다음과 같은 모든 행정적인 프로그램들을 행정적인 혁신으로 간주한다. (1) 도서관의 구조나 또는 행정적인 절차들에 변화를 가져오는 프로그램들, (2) 조직구성원들에게 직접적으로 영향을 미치는 프로그램들, (3) 기술의 도입을 통한 행정적인 프로그램들(전산화된 회계시스템 등)이다. 일반적으로 도서관의 주요한 기능이 아닌 모든 새로운 프로그램들은 행정적 혁신들로 구분된다. 행정적 혁신은 명목척도로써 측정하고 모든 항목에 대하여 합산한 값을 행정적 혁신의 측정지표로 삼는다. 해당 설문문항은 도서관용 설문서의 Ⅲ-1-1부터 Ⅲ-1-3까지와 Ⅲ-1-6, Ⅲ-2-7-8, Ⅲ-2-7-9와 Ⅲ-3-1부터 Ⅲ-3-10까지, 그리고 Ⅲ-3-11-6과 Ⅲ-3-11-7까지의 도합 18개 문항이다.

<표 6> 변수의 조작적 정의 및 측정지표

주요변수	세부변수	조작적 정의	측정지표	설문항목
조직규모		운영 예산	5점 척도	도-1-13
조직가용 자원	재정 가용자원	지난 3년 동안의 예산범주들 간의 변동의 양 지난 3년 동안의 운영예산의 증가의 양	5점 척도에 의한 산술평균치	
	인적 가용자원	임시직원의 수 전문직이면서 임시직으로 근무하는 직원수	5점 척도에 의한 산술평균치	도-Ⅰ-7
	물리적 가용 자원	장비	5점 척도	도-Ⅲ-8-1부터 Ⅲ-8-9
공식화	업무의 규정화	업무수행방법과 절차가 문서화되어 있는 정도	5점 척도에 의한 산술평균치	도-Ⅲ-4 도-Ⅱ-11
	규정의 준수도	조직의 구성원이 문서화된 지시에 따르는 정도	5점 척도	도-Ⅱ-5
	지시·명령의 공식화	명령·지시방법의 공식화 정도	5점 척도에 의한 산술평균치	도-Ⅱ-9 도-Ⅱ-10
분 화	계층적 수준	최고 관리자로부터 일반직원에 이르기 까지의 계층의 수	5점 척도	도-Ⅱ-12
	분산화 수준	직원들이 공간적으로 분산되어 있는 정도	5점 척도에 의한 산술평균치	도-Ⅱ-13 도-Ⅱ-14
전문화	과업 전문성	전문분야의 교육실시정도 전체 직원에서 전문직(사서직, 비사서직)의 비율	5점 척도에 의한 산술평균치	도-Ⅰ-7 도-Ⅰ-15 도-Ⅰ-16
	인적 전문성	직원들의 교육 배경	5점 척도	도-Ⅰ-8

주요변수	세부변수	조작적 정의	측정지표	설문항목
분권화	의사결정 참여도	조직 내의 의사결정에 대해 일반 직원이 참여하는 정도	5점 척도에 의한 산술평균치	도-Ⅱ-2-1 부터 Ⅱ-2-11
	권위의 계층화	의사결정이 조직 내의 특정한 지위에 집중화되어 있는 정도	5점 척도에 의한 산술평균치	도-Ⅱ-1-1 부터 Ⅱ-1-3
기술속성 인지도	상대적 이점	업무처리속도 증가 단순 업무시간 감축 다양한 정보 제공 정확한 정보 제공 새로운 서비스의 증가 직원만족 증가 회계감사와 예산통제의 체계화 의사결정과 관리업무의 질향상	5점 척도에 의한 산출합산치	과-Ⅱ-1-1 부터 과-Ⅱ-1-9 까지 관-4-1부터 관-4-9까지
	복잡성	작업 수행의 어려움 업무량의 증가 작업수행 시 스트레스 증가 작업자의 업무통제 어려움 사서의 역할 축소 작업수행 시 혼란 가중	5점 척도에 의한 산출합산치	과-Ⅱ-2-5 부터 과-Ⅱ-2-13 까지 관-4-5부터 관-4-13까지
기술속성 인지도	적합성	이용자 요구의 처리 불가능 새로운 매체의 수용 불가능 급증하는 정보량에 대처 불가능	5점 척도에 의한 산출합산치	과-Ⅱ-2-14 부터 과-Ⅱ-2-16 까지 관-4-14부터 관-4-16까지

주요변수	세부변수	조작적 정의	측정지표	설문항목
기술환경 변화 대응도		기술의 발달에 대응한 도서관 변화에 대한 인지도 기술적 환경의 불확실성에 대한 인지도 기술적 환경의 불확실성에 대한 대응도	5점 척도에 의한 산술합산치	과-Ⅱ-2-17 부터 과-Ⅱ-2-29 까지 관-4-17부터 관-4-29까지
관리자층 특성		연령 교육수준 도서관 경력년수	5점 척도 3점 척도 5점 척도	과-Ⅰ-3 과-Ⅰ-4 과-Ⅰ-5
전문직적 활동	전문협회 (학회) 활동	전문직 협회나 학회에 가입여부 전문직 협회나 학회에 참여하는 정도와 횟수	5점 척도에 의한 산술합산치	과-Ⅰ-7부터 과-Ⅰ-9까지
	학술연구 활동	정기적으로 보는 학술지의 수 연구프로그램에 참여하는 정도 저술 활동 정도	5점 척도에 의한 산술합산치	과-Ⅰ-10부터 과-Ⅰ-14까지
시스템 개발운용	시스템 개발 능력수준	전산화 시스템 자체 개발의 정도	명목척도	도-Ⅲ-9-1 부터 도-Ⅲ-9-13 까지
	시스템 운용 참여수준	시스템 운용에 도서관 직원이 참여하는 정도	명목척도	도-Ⅲ-10-1 도-Ⅲ-10-2

(주) 1) 도: 도서관용 설문서
　　　 과: 사서장 및 과장용 설문서, 실장 및 과장용 설문서, 선임연구원 및 계장용 설문서
　　　 관: 도서관용 설문서
　　2) 조직 가용자원, 공식화, 분화, 전문화, 분권화, 전문직적 활동, 시스템 개발 운용은 세부변수들의 측정 후 이를 합산

이상과 같은 두 혁신차원에 대한 측정지표의 평균값을 기준으로 다음과 같이 네 가지 혁신실행 유형을 분류하였다. 즉, 기술적 혁신차원, 행정적 혁신차원이 모두 평균값 미만인 경우를 정태적 도서관, 기술적 혁신차원은 평균값 이상이나 행정적 혁신차원은 평균값 미만인 경우를 기술지향적 도서관, 기술적 혁신차원은 평균값 미만이나 행정적 혁신차원은 평균값 이상인 경우를 조직지향적 도서관, 기술적 혁신차원, 행정적 혁신차원 모두 평균값 이상인 경우를 기술사회시스템적 도서관으로 분류하였다.

6.2.3 조직성과

본 연구에서는 객관적 지표와 함께 주관적 지표에 의해 도서관의 성과를 측정하였다. 본 연구에서의 표본도서관들은 대학도서관들과 전문도서관들을 포함하고 있다. 따라서 측정기준들은 다양한 목적들을 가진 다양한 도서관들에 적용할 수 있는 일반적인 측정방법들이 이용되었다. 객관적인 측정지표들은 설문서와 국립대학도서관협의회 발행 〈국립대학도서관보, 1992〉, 전국사립대학교협의회 발행 〈전국사립대학교 도서관현황 및 Directory, 1992〉, 연구단지정보관리협의회 발행 〈연구단지정보관리총람, 1992〉, 한국도서관협회편인 〈한국도서관통계, 1991〉를 기준자료로 삼았다.

객관적인 도서관 통계들의 정확성이나 또는 유용성에 관해서 비판이 많이 있기는 하지만, 이들은 비교학적인 연구나 또는 추적조사의 연구접근방법에 있어서 성과평가에 대한 주요한 자료들이다. 본 연구의 객관적인 평가지표들은 대면포어의 도서관조직의 평가기준[8]을 일부 수정해서 사용하였다. 또한 본 연구의 경우 혁신과 성과와의 관계에 있어서 혁신에 대한 성과가 나타나는 것이 장기간이며 그 정도도 명확하게 나타나지

---

8) Damanpour, *Technical versus Administrative*, pp.119-124.

않기 때문에 주관적 측정이 유용하리라 생각된다. 따라서 본 연구에서는 업무의 성과, 서비스의 정도, 서비스의 질 등을 관리자층의 설문서에 의한 다항목척도로 측정하였다.

11개의 성과지표들을 분류하면 다음과 같다.

1) 효율 측정
   ① 회전율: 연간이용책수/장서수
   ② 연간이용책수/운영예산
   ③ 연간이용책수/전체 직원수

모든 효율 측정들은 출력/입력 측정들이다. 첫 번째 지표는 장서이용에 대한 효율 측정이다. 즉 도서관 장서가 얼마나 활용되는가에 대한 것이다. 두 번째 지표는 이용된 재정자원당 출력을 나타내는 비용 대 혜택 측정이다. 세 번째 지표는 이용된 자원당 이용된 서비스를 보여준다. 이들은 모든 도서관들의 주요한 목적(예, 최대한의 이용)과 관련된 전체적인 생산성의 측정으로서 간주될 수 있다. 그러나 이 지표의 단점으로는 산출물의 지표로 연간이용책수 하나만이 쓰여졌다는 점이다. 산출물의 보다 폭넓은 측정을 위해서는 수행된 문헌탐색건수, 또는 참고질문에 대한 응답수 등과 같은 다른 변수들이 포함되어야 할 것이다.

2) 서비스 측정
   ① 직원수/연간이용자수
   ② 장서수/연간이용자수
   ③ 운영예산/연간이용자수

서비스 측정에서 사용된 지표는 도서관에서 이용자들에게 서비스를 제공하기 위한 노력의 지표라고 할 수 있다. 즉, 이 지표는 이용자들에 대한 도서관 봉사의 대리측정치라고 하겠다.

3) 산출물 측정
　　① 연간이용자수/봉사대상자수
　　② 연간이용책수/봉사대상자수

이 지표는 본 연구에서 산출물 측정으로서 사용된다. 비록 이 지표가 다차원적인 산출물 측정으로서 간주될 수는 없지만 이 지표는 도서관이 모체기관에 어느 정도 봉사하고 있는가에 대한 지표라고 하겠다.

4) 주관적 측정
　　① 도서관시스템의 성과
　　② 서비스의 정도
　　③ 서비스의 질

이 지표들은 도서관 관리층의 주관적인 평가에 기초한다. 첫 번째 지표는 전체적인 도서관의 성과를 평가한다. 두 번째 지표는 도서관이 이용자들이 필요로 하거나 또는 요구하는 모든 서비스들을 어느 정도 제공할 수 있는가에 대한 것이다. 세 번째 지표는 도서관에 의해서 제공되는 서비스들의 질을 나타내는 것이다. 위의 평가측정 목록에서 빠진 중요한 변수는 도서관 이용자들의 만족도이다. 이용자들의 만족도는 직접적으로 이용자들을 조사함으로써 측정될 수 있는 폭넓은 지표이기 때문에 본 연구에서와 같이 많은 도서관들을 표본으로 삼는 경우에는 측정하기가 어려운 지표라고 하겠다.

주관적 지표는 도서관시스템의 성과, 서비스의 정도, 서비스의 질을 5점 척도로써 측정하고 이의 합산평균치를 주관적 측정지표로 삼기로 한다. 해당 설문문항은 과장용 설문서의 Ⅲ-1부터 Ⅲ-3과 도서관장용 설문서의 6-1부터 6-3까지의 문항들이다.

전체적인 성과지표는 위의 효율지표, 서비스지표, 산출물지표, 주관적 지표를 각 5점 척도로 측정하고 이의 산술평균치를 합산해서 이를 성과지표로 이용하였다.

6.3 설문자료의 수집

설문서는 1992년 10월 7일에 1차로 발송했으며, 발송 2주일 뒤의 회수율은 약 43%였다. 이에 다시 2차로 협조 전화와 협조문을 발송한 결과 발송한 지 2주일 만에 응답률은 69%가 되었다. 이에 본 연구자는 본 연구가 국내 도서관조직들을 대상으로 하는 최초의 혁신연구라는 점을 감안하여, 통계결과의 신뢰성 차원에서 표본수를 더 늘리기 위해 미회수 도서관들을 직접 방문하거나 또는 전화로 본 연구의 취지를 설명하고 협조를 구하였다. 최종적으로 설문서를 발송한 지 약 2개월 뒤인 12월 9일을 기준으로 총 319부(도서관장용설문서: 45부, 도서관용설문서: 88부, 사서장 및 과장용설문서 등: 186부)가 회수되었는데 회수율은 전체 설문서 부수인 402부(도서관장용설문서: 72부, 도서관용설문서: 110부, 사서장 및 과장용설문서 등: 220부)의 약 79%에 해당된다. 이 중에서 도서관용설문서 1부와 과장용 및 실장용설문서 2부는 설문서 응답의 미비 등으로 사용할 수 없었으며 따라서 이 3부를 제외한 총 316부의 설문서가 본 연구의 통계분석에 이용되었다.

07

실증적 연구에 대한 분석

7.1 측정변수의 신뢰도 및 타당도 검증

본 연구에 포함된 주요한 변수들과 세부변수들의 서술적 통계량 (descriptive statistics)들을 요약하여 나타내면 다음의 〈표 7〉과 〈표 8〉에 나타난 바와 같다. 이들 도표상의 서술적 통계량의 기초자료로서 주요 변수별 빈도분석결과는 부록에 별도로 수록하였다.

7.1.1 신뢰도 검증

변수측정에 있어서 자료수집 시 사전조사와 설문응답을 병행하였으며 특히 다항목 척도를 이용한 측정지표에 대해서는 신뢰도 검증을 하였다. 신뢰도란 첫째, 어떤 대상을 여러 번 반복하여 측정하여도 같은 결과가 나오고 둘째, 측정방법이 정확하여 믿을 만하고 셋째, 예측 가능성이 있으며 넷째, 어떤 지표를 구성하는 항목들 간에 일관성이 있는가 하는 것을 의미한다.[1] 본 연구에서는 다항목척도로 측정된 기술속성인지도, 기술환경변화 대응도, 조직구조변수 등에 대해서 신뢰도 검증을 실시하였다.

다항목척도를 사용한 측정변수의 신뢰도를 검증하기 위해서는 항목분석을 사용하는데, 이는 척도들의 동질성을 증진시키기 위한 기법으로서 동질성이 약한 항목들을 순차적으로 제거하여 항목들 간의 내적 일관성을 유지시키기 위해 사용된다.

---

1) F. N. Kerlinger, *Foundations of Behavioral Research*, 3rd ed.(New York: Holt, Rinehart and Winston, 1986), p.37.

〈표 7〉 주요 변수의 서술적 통계량

변 수	평균값	표준편차	최소값	최대값
조직규모	2.70	1.3743	1.00	5.00
조직 가용자원	9.20	2.4457	5.00	14.00
공식화	9.29	1.9121	5.50	14.00
분 화	3.36	0.7643	2.00	5.50
전문화	8.06	1.3678	5.00	10.00
분권화	5.98	1.0129	4.18	8.81
기술속성인지도	66.20	6.1657	41.50	82.83
기술환경 변화 대응도	48.02	4.0347	36.00	55.00
전문직적 활동	14.73	3.7091	8.00	31.00
시스템 개발운용	5.71	5.9976	0.00	23.00
기술적 혁신	7.49	4.9174	0.00	19.00
행정적 지원	6.76	3.3969	1.00	14.00
조직성과	12.52	2.2647	6.00	17.66

〈표 8〉 세부변수의 서술적 통계량

변 수		평균값	표준편차	최소값	최대값
조직규모	운영예산	3.04285	1.31254	1.00000	5.00000
	전임직원	2.70454	1.37430	1.00000	5.00000
	소장도서	3.58024	1.32159	1.00000	5.00000
	소장연속간행물	2.92500	1.38504	1.00000	5.00000
조 직 가 용 자 원	재정 가용자원	3.04054	1.10340	1.00000	5.00000
	인적 가용자원	2.76363	1.18577	1.00000	5.00000
	물리적 가용자원	3.16666	1.51961	1.00000	5.00000
공식화	업무의 규정화	3.20349	1.01859	1.50000	5.00000
	규정의 준수도	2.93103	.67846	2.00000	5.00000
	지시·명령의 공식화	3.26056	.83497	1.00000	5.00000
분 화	계층적 수준	2.05000	.47468	1.00000	3.00000
	분산화 수준	1.32099	.50193	1.00000	3.00000
전문화	과업 전문성	4.00568	.82523	1.50000	5.00000
	인적 전문성	4.05747	.86745	2.00000	5.00000

변 수		평균값	표준편차	최소값	최대값
분권화	의사결정참여도	2.96179	.71961	1.90909	5.00000
	권위의 계층화	2.97917	.54950	1.66667	4.33333
기 술 속 성 인지도	상대적 이점	33.39844	3.14583	22.50000	40.00000
	복잡성	19.90757	3.32285	9.00000	28.33000
	적합성	12.95395	1.41463	10.00000	15.00000
전문직 적활동	전문협회 (학회)활동	9.28289	2.21861	4.00000	18.00000
	학술연구 활동	5.34568	2.08812	3.00000	13.00000
시스템 개 발 운 용	시스템 개발 능력수준	3.44318	5.24318	0.00000	22.00000
	시스템 운용 참여수준	2.27273	1.82402	0.00000	6.00000

신뢰도를 측정하는 방법으로서는 스피어맨-브라운 예측 공식(Spearman-Brown prophecy formula)과 크론바하 알파(Cronbach alpha)테스트 등이 있는데 본 연구에서는 크론바하 알파계수에 의해 신뢰도를 측정하였다. 이 크론바하 알파 테스트에서 임의의 측정에 의하여 생기는 오차(error)의 크기는 항목간의 값과 전체 측정에 적응된 크론바하 알파테스트에 의하여 결정된다.[2] 크론바하 알파의 공식은 다음과 같다.

$$\text{alpha} = k * rij/[1+(k-1) * rij]$$

alpha = 크론바하 알파(신뢰도 계수)

   k = 측정도구에 있는 항목들의 수

   rij = 항목들 간의 평균 상관관계

본 연구에서 각 변수를 측정하기 위해 당초 설정된 설문문항들의 크론바하 알파계수는 〈표 9〉에서 보는 바와 같이 모두 0.6 이상의 수준으로

---

2) B. Ives, M. H. Olson, and J. J. Baroudi, "The Measurement of User Information Satisfaction," *Communications of the ACM*, Vol. 26, No.10 (Oct. 1983), pp.785-793.

나타났다. 또한 각 해당변수들의 설문문항들을 항목분석을 통해 제거 시에도 크론바하 알파계수값을 증가시키는 문항이 없으므로 모든 문항을 추후 분석에 사용하기로 한다. 측정도구가 신뢰성을 인정받기 위한 절대적 기준은 없으나 일반적으로 크론바하 알파계수 수준으로는 0.8 이상이 그 기준이 되고 있다. 브라운(F. G. Brown)은 개인의 태도나 가치관들을 재는 분석들을 위하여 0.8이라는 최소값을 제안하였다.[3] 그러나 분석단위가 조직수준인 경우에는 크론바하 알파계수가 0.6 이상이면 적당한 수준으로 인정한다.[4] 따라서 본 연구에서 사용한 변수들의 신뢰도는〈표 9〉에서 나타난 바와 같이 대체적으로 합당한 수준이라고 하겠다.

〈표 9〉 다항목척도 변수들의 크론바하 알파계수

변 수	사용문항수	크론바하 알파계수
상대적 이점	13	0.819397
복잡성	9	0.760838
적합성	3	0.702673
기술환경변화 대응도	13	0.844743
공식화	5	0.726239
분 화	3	0.611005
전문화	3	0.607203
분권화	14	0.899783

7.1.2. 타당도 검증

타당도란 측정도구가 측정하고자 하는 것을 제대로 측정할 수 있는가 하는 정도를 나타내며 그 유형은 내용적 타당도, 개념적 타당도, 예측적

---

3) F. G. Brown, *Principles of Educational and Psychological Testing*(New York: Holt, Rinehart and Winston, 1983).

4) A. H. Van de Ven and D. L. Ferry, *Measuring and Assessing Organizations*(New York: Wiley-Interscience, 1980), p.70.

타당도 및 동시적 타당도의 네 가지가 있다. 본 연구에서는 타당도 검증으로서 개념적 타당도 검증방법을 실시하였는데 이 검증의 두 가지 방법은 표면타당도와 요인분석이다. 표면타당도는 측정도구가 합리적이며 적절한지에 대해 주관적인 판단을 필요로 한다. 두 번째 방법인 요인분석은 공통 요인분석 중 직각 회전방식을 해서 0.50보다 적은 요인부하치(要因負荷値-factor loadings)를 갖는 항목들을 제거하는 기준을 사용한다.[5]

표면타당도를 위하여 해당변수들(기술속성인지도, 기술환경변화 대응도, 조직구조변수 등)의 항목들은 선행연구들에 의해서 또는 사전조사에 의하여 검증되었다. 기존 연구들에서 이미 개발된 측정도구가 있으나 연구들 간에 개념적인 차이를 보이고 있는 구조변수들인 조직의 공식화, 분화, 전문화, 분권화 등의 네 변수의 측정도구에 대해서는 요인분석을 실시하였다. 헤어(J. F. Hair) 등은 요인분석을 하기 위한 조건으로서 분석 항목수의 4-5배에 이르는 표본이 있어야 된다는 것을 제시하였는데 본 연구에서는 이 조건을 만족시키기 때문에 요인분석을 실시할 수 있었다.[6] 본 연구에서 사용한 조직구조변수에 관한 요인분석의 결과가 〈표 10〉에 나와 있다. 이 표에서는 조직구조변수의 설문문항들이 공식화, 분화, 전문화, 분권화 등의 네 가지 차원으로 각각 분리되어 측정 설문문항들 간의 수렴적 타당도와 판별적 타당도를 잘 보여주고 있다. 즉 이들 구조변수들의 각 요인을 측정하기 위해 측정도구로서 사용된 설문문항들의 요인부하치가 해당 요인별로 모두 높게 나타나서, 개념적으로 도출한 조직구조변수들인 공식화, 분권화, 분화, 전문화 등의 네 변수가 명확히 구분됨을 알 수 있다.

---

5) Ives, Olson and Baroudi, "The Measurement of User," pp.785-793.

6) J. F. Hair, et al., *Multivariate Data Analysis: With Readings*(Tulsa, Okla.: Petroleum Publ., 1979), p.219.

7.2 가설의 검증

7.2.1 가설의 통계적 검증방법

〈표 10〉 조직구조변수 측정지표에 대한 요인분석결과

설문문항	요인(Ⅰ) (공식화)	요인(Ⅱ) (전문화)	요인(Ⅲ) (분권화)	요인(Ⅳ) (분화)
도 Ⅰ-4(전문화 1)	0.07695	0.31852	-0.04135	0.16621
도 Ⅰ-5(전문화 2)	-0.17594	0.84110	0.13749	-0.08228
도 Ⅰ-9(분 화 1)	0.10960	0.05957	0.44043	-0.56628
도 Ⅱ-1(분권화 1)	-0.06452	0.05697	0.66763	-0.06662
도 Ⅱ-2(분권화 2)	0.01209	-0.16731	0.80020	0.07019
도 Ⅱ-4(공식화 1)	0.61708	0.27611	0.34845	0.17914
도 Ⅱ-5(공식화 2)	-0.42047	-0.17018	0.35599	-0.35274
도 Ⅱ-9(공식화 3)	-0.84540	0.11862	-0.04709	-0.06414
도 Ⅱ-10(공식화 4)	-0.69422	0.00814	-0.20922	-0.31180
도 Ⅱ-11(공식화 5)	0.78912	0.14703	-0.04732	0.29767
도 Ⅱ-12(분 화 2)	-0.17122	-0.09677	0.43544	0.59063
도 Ⅱ-14(분 화 3)	0.16364	0.19323	-0.00188	0.66215
도 Ⅱ-15(전문화 3)	0.21289	0.43146	-0.19749	-0.15919
도 Ⅱ-16(전문화 4)	0.24838	0.80626	-0.05195	0.17156
고유치	2.88	1.88	1.75	1.31
분산 설명 비율(%)	20.59	13.47	12.53	9.43
누적비율(%)	20.59	34.06	46.59	56.01

(주) 도: 도서관용 설문서

본 연구에서는 도서관조직의 혁신영향요인들을 파악한 다음 기술적 혁
신과 행정적 혁신에 따른 도서관 혁신실행 유형을 나누어 각 유형별로의
도서관특성을 살펴보고자 한다. 또한 도서관 혁신실행 유형에 따른 도서

관조직의 성과를 분석하고 상황변수에 따른 혁신실행 유형과 도서관조직의 성과 간의 관계를 규명하고자 한다. 그 방법론에 있어서,

첫째, 조직특성변수, 관리자특성변수, 조직구조변수 등의 독립변수들과 기술적 혁신, 행정적 혁신 등의 종속변수들 간의 상관관계를 알아보기 위하여 피어슨 상관계수(Pearson correlation coefficient)를 구하였다.

둘째, 관리자특성변수와 기술적 환경인지도, 혁신실행 유형 집단과 독립변수들 간의 관계, 혁신실행 유형과 성과 간의 관계분석 시에는 일원적 분산분석(ANOVA)을 실시하였다. 각 집단 간의 차이를 검증하기 위해서 사용되는 일원적 분산분석은 집단 내 분산이 정규분포를 따른다는 가정하에서 이루어지는 분석기법으로 각 집단 내 표본수가 충분하기 때문에 이러한 가정을 충족시킬 수 있다고 본다.

셋째, 상관관계는 다만 두 변수들 간의 변화방향과 관계의 정도만을 제시해줄 뿐, 그 자체로 각 독립변수의 영향력을 규명해낼 수 없기 때문에 다중회귀분석 및 단계별 다중회귀분석을 하여 각 변수 간의 영향력 서열, 결정계수(R^2)를 구하였다.

이상의 통계적 분석에는 SAS(Statistical Analysis System) 프로그램을 이용하였다.

7.2.2 조직의 혁신성과 기술적 환경 인지도 간의 관계분석

제5장의 가설 1에 의하면 조직의 혁신성은 관리자층의 기술적 환경에 대한 인지도(기술속성인지도, 기술환경변화 대응도)에 따라서 달라진다고 하였다. 이를 검증하기 위해 상대적 이점, 복잡성, 적합성, 기술환경변화 대응도 등과 기술적 혁신 및 행정적 혁신과의 관계를 〈표 11〉에서 보는 바와 같이 피어슨 상관계수를 산출하여 분석하였다.

<표 11> 기술적 환경인지도와 혁신실행 정도와의 상관관계
-피어슨 상관계수-

독립변수 \ 종속변수		기술적 혁신	행정적 혁신
기술적 환경 인지 도	상대적 이점	.4536*** (.0002)	.3041* (.017)
	복잡성	-.6065*** (.0001)	-.2564* (.0309)
	적합성	.2741* (.0189)	.1140 (.3365)
	기술속성 인지도	.6196*** (.0001)	.2808* (.0312)
	기술환경 변화 대응도	.1553 (.1893)	.3103** (.0075)

(주) *: P〈.05
  **: P〈.01
 ***: P〈.001
 ( ): P(유의수준)

〈표 11〉에서 나타난 바와 같이, 상대적 이점, 적합성 등의 기술속성인지도는 기술적 혁신의 실행정도와 유의한 정(正)의 상관관계를 보였으며, 복잡성은 기술적 혁신의 실행정도와 부(負)의 유의한 상관관계를 나타내고 있다. 또한 이들 세 변수들을 합한 기술속성인지도(세 변수 중 복잡성은 척도를 역으로 계산하여 합산하였음)도 정의 상관관계를 보이고 있어 기술속성인지도에 따라서 기술적 혁신의 실행정도가 달라진다는 가설 1.1을 입증하고 있다. 즉 기술의 속성 중 상대적 이점과 적합성에 대해서 높이 인식하면 인식할수록 기술적 혁신의 실행정도는 높아지며, 그 반면 복잡성에 대해서 높이 인식하면 할수록 기술적 혁신의 실행정도는 낮아지는 것을 알 수 있으며 이것은 다음과 같이 해석될 수 있다.

기술적 혁신(예, 정보기술의 도입)이 현재의 수작업시스템보다 단순 업무시간을 감축시키고 업무의 처리 속도를 증가시켜 생산성을 높일 수 있으며, 다양하고 정확한 정보, 새로운 서비스를 제공함으로써, 이용자들의 요구에 신속히 대응할 수 있다는 상대적 이점 등에 대해서 높이 인식할수록 기술적 혁신의 실행정도는 커진다. 기술적 혁신을 현재의 업무방식과 비교해서 현재의 업무방식으로는 새로운 정보매체의 수용이 불가능하고, 급증하는 정보량에 대처하는 것이 불가능하며, 이용자 요구의 처리도 점차 불가능해지므로 혁신의 채택이 적합하다고 인식하게 되면 혁신의 실행정도는 높아지게 된다. 그러나 기술적 혁신을 함으로써 업무수행이 어려워지고 업무량이 증가되며, 작업수행 시 피로와 스트레스가 증가되고 작업자의 업무통제가 점차 불가능해지며, 작업수행 시 혼란이 가중되고 사서의 역할이 축소·대치될 것이라는 등의 혁신의 인식을 어렵고 부정적으로 생각하는 경향이 높게 되면 혁신의 실행정도는 낮아지게 된다.

로저스는 혁신의 채택에 영향을 미치는 것은 혁신이 수용자(受容者) 측의 기존가치관이나 과거의 경험과 일치하는가의 문제와 수용자 자신들이 주관적으로 인지하는 혁신의 특성이라고 했으며,[7] 이외에도 혁신의 속성에 대해서는 많은 학자들의 다양한 분류가 있어 왔다. 혁신의 속성 중 많은 학자들이 들고 있는 것은 비용효율성, 복잡성, 적합성, 시행성(triability), 관찰성(observability), 의사소통, 호환성, 종단성(terminality), 전도성(reversibility), 그리고 인적관계 등이다. 이 연구에서는 혁신의 상대적 이점, 복잡성, 적합성 등이 측정되었으나, 폭넓은 혁신의 속성에 대한 측정은 상이한 혁신들이 이용되는 확률과 그 채택의 차이점 등을 밝히는 데 많은 도움이 될 것이다. 또한 추적조사 등을 통해 혁신의 각 단계별로 영향을 미치는 혁신의 속성에 대한 연구도 가능할 것이다. 로저스와 슈메이커(E. M. Rogers and F. F. Shoemaker)는 지식단계에선 혁

---

7) E. M. Rogers and F. F. Shoemaker, 개혁커뮤니케이션론, 서정우, 최선열, 공역(서울: 박영사, 1976), p.58.

신의 복잡성과 적합성이 가장 중요하며 설득단계에선 혁신의 상대적 이점과 관찰가능성이 중요한 영향을 미치며 결정단계에선 혁신의 시행성이 중요하다고 하였다.[8]

또한 본 연구에서 가설을 설정하지는 않았지만 이들 기술속성인지도 변수와 행정적 혁신과의 관계를 탐색적으로 분석해 보기 위하여 〈표 11〉과 같이 피어슨 상관계수들을 산출해 보았다. 분석결과는 적합성을 제외한 이들 변수들이 대체적으로 행정적인 혁신과 유의한 정의 상관관계를 보이고 있어서 기술속성인지도는 기술적인 혁신뿐만 아니라 행정적인 혁신에도 영향을 미침을 알 수 있다. 즉 기술속성인지도가 높을수록 행정적인 혁신도 높아지는 것을 알 수 있는데 이러한 결과는 행정적인 혁신과 기술적인 혁신과의 상관관계에 기인하는 것으로 해석된다. 본 연구의 기술적인 혁신과 행정적인 혁신 간의 상관관계를 분석하기 위하여 피어슨 상관계수를 산출하였는데 이들 혁신들 간에 높은 정의 상관관계가 나타나고 있다($r = .58$, $P < .001$). 이러한 관계는 예상할 수 있는 결과이기는 하나 만일 한 도서관이 한 유형의 혁신을 실행한다면 역시 다른 유형의 혁신들도 실행할 경향이 높다는 것을 나타내고 있다는 점에서 중요하다.

〈표 11〉에 의하면 기술환경변화 대응도는 기술적 혁신의 실행정도와 유의한 관계가 나타나지 않은 반면 행정적 혁신과는 통계적으로 유의한 관계가 나타나 기술환경변화 대응도는 혁신의 실행정도와 양의 상관관계를 갖는다는 가설 1.2를 부분적으로 지지하고 있다.

한편 관리자층의 기술적 환경변화에 대한 인지도가 높다고 하더라도 다른 조직의 상황변수에 따라서 기술적 혁신의 실행정도가 달라질 수도 있음을 가정해 볼 수 있다. 그러나 앞의 가설 1.1과 가설 1.2는 기술적 환경인지도와 기술적 혁신 및 행정적 혁신 간의 관계를 어떠한 상황변수도 고려하지 않은 채 비교한 결과였다. 따라서 이번에는 조직의 규모와

---

8) *Ibid.*, p.59.

조직의 가용자원을 상황변수로 설정한 가설 1.3과 가설 1.4를 분석하기 위해 〈표 12〉와 〈표 13〉에서와 같이 피어슨 상관계수들을 산출하였다. 가설 1.3은 조직의 규모가 클수록 기술속성인지도, 기술환경변화 대응도와 기술적 혁신의 실행정도와의 상관관계는 더욱 높게 나타난다는 것이며, 가설 1.4는 조직의 가용자원이 클수록 기술속성인지도, 기술환경변화 대응도와 기술적 혁신의 실행정도와의 상관관계는 더욱 높게 나타난다는 것으로 제시되어 있다.

〈표 12〉와 〈표 13〉에서 나타나듯이 조직의 규모가 크고 가용자원이 클수록 기술속성인지도와 기술적 혁신의 실행정도 간의 상관관계가 높아지는 경향이 있음을 알 수 있다. 즉 관리자층의 기술속성인지도가 높고 기술환경변화 대응도가 높다고 하더라도 조직 내 인력이나 가용자원 등이 부족하다면 혁신의 실행정도는 낮아지게 된다. 그러나 조직의 규모가 크고 가용자원의 수준이 높으면 기술적 속성에 대한 인식은 바로 높은 혁신의 실행으로 연결되게 된다. 따라서 조직규모와 조직의 가용자원은 속성과 실행의 관계를 명확하게 해주는 매개변수의 역할을 하게 된다.

〈표 14〉는 독립변수들과 기술적 혁신의 실행정도와의 단계별 회귀분석 결과를 보여주고 있는데 이들 변수들 중에서 기술적 혁신에 가장 큰 영향을 미치는 것은 기술속성인지도로서 전체 변량의 33%(R^2=.33)를 설명할 수 있는 것으로 나타났다(F=7.00, P<.05). 이는 기술속성인지도와 기술적 혁신실행 정도와의 높은 상관관계 결과(r=.61, P<.001)를 뒷받침해주고 있으며 기술속성인지도가 기술적 혁신의 실행정도를 예측할 수 있는 강한 영향력을 지닌 예측변수라는 사실을 나타내주고 있다. 반면 기술환경변화 대응도는 기술적 혁신과의 피어슨 상관관계에서도 유의한 상관관계가 나타나지 않았고 단계별 회귀분석에서도 영향력 있는 변수로 나타나지 않고 있다. 또한 기술환경변화 대응도를 회귀방정식에 제1단계로 투입한 2차적인 회귀분석결과에서도 기술환경변화 대응도는 전체 변

량의 단지 2%를 설명하는 것으로 나타나 이 변수가 기술적인 혁신의 실행정도를 설명할 수 있는 예측변수가 되지 못함을 알 수 있다.

〈표 12〉 조직규모에 따른 기술적 환경에 대한 인지도와 혁신의
실행정도와의 상관관계
－피어슨 상관계수－

변 수		기술적 혁신	행정적 혁신
조직규모(작은경우)	상대적 이점	.1857 (.3171)	.2984 (.1030)
	복잡성	-.6177*** (.0001)	-.1545 (.3753)
	적합성	.0125 (.9403)	.1178 (.4811)
	기술속성 인지도	.5497** (.0020)	.3411 (.0701)
	기술환경변화 대응도	-.1672 (.3296)	.2070 (.2257)
조직규모(큰경우)	상대적 이점	.6114*** (.0003)	.2867 (.1244)
	복잡성	-.6408*** (.0001)	-.3953* (.0170)
	적합성	.4538** (.0062)	.0606 (.7291)
	기술속성 인지도	.6849*** (.0001)	.2856 (.1260)
	기술환경변화 대응도	.4098* (.0118)	.3432* (.0375)

(주) *: P〈.05
　**: P〈.01
　***: P〈.001
　( ): P(유의수준)

〈표 13〉 조직 가용자원에 따른 기술적 환경에 대한 인지도와
혁신의 실행정도와의 상관관계
- 피어슨 상관계수 -

변 수		기술적 혁신	행정적 혁신
조직가용자원(작은경우)	상대적 이점	.5076** (.0049)	.4535* (.0135)
	복잡성	-.3999* (.0285)	.2260 (.2298)
	적합성	.3571* (.0485)	.0376 (.8408)
	기술속성 인지도	.5662** (.0021)	.3453 (.0777)
	기술환경변화 대응도	.3220 (.0947)	.2584 (.1842)
조직가용자원(큰경우)	상대적 이점	.5782** (.0076)	.2294 (.3305)
	복잡성	-.6910*** (.0001)	-.0349 (.8655)
	적합성	.2024 (.3017)	.2228 (.2544)
	기술속성 인지도	.6950*** (.0007)	.1510 (.5250)
	기술환경변화 대응도	-.0027 (.9882)	.2448 (.1768)

(주) *: P〈.05
 **: P〈.01
 ***: P〈.001
 ( ): P(유의수준)

〈표 14〉 기술적 혁신에 대한 독립변수들의 단계별 다변인 회귀분석결과

변 수	b	R^2	F	P
기술속성인지도	.16	.33	7.00	.0144
조직 가용자원	.46	.42	3.06	.0433
전문직적 활동	.38	.55	6.96	.0147
F: 9.41			P: .003	

그러나 〈표 15〉의 단계별 회귀분석을 보면 행정적 혁신의 실행정도에 영향을 미치는 중요한 기여요인으로서 기술환경변화 대응도가 세 번째로 나타나 있는 것을 볼 수 있다. 이는 전체 변량의 10%(R^2=.10)를 설명할 수 있는 것으로 나타나(F=5.21, P〈.05), 기술환경변화 대응도와 행정적 혁신실행 정도와의 상관관계 결과(r=.31, P〈.01)를 뒷받침해주고 있다.

〈표 15〉 행정적 혁신에 대한 독립변수들의 단계별 다변인 회귀분석결과

변 수	b	R^2	F	P
조직 가용자원	.34	.22	5.27	.0300
분 화	.82	.40	8.81	.0063
기술환경변화 대응도	.24	.50	5.21	.0210
F: 8.70			P: .004	

7.2.3 조직의 혁신성과 조직의 규모와 가용자원 간의 관계분석

조직의 혁신성은 조직의 규모와 가용자원이 커질수록 상승한다는 가설 2의 통계적 검증도 앞서 실시한 바와 같은 피어슨 상관계수의 산출에 의하였다.

〈표 16〉에 의하면 조직의 규모는 기술적 혁신 및 행정적 혁신과 유의한 정의 상관관계를 보이고 있으며 조직의 가용자원도 기술적 혁신 및 행정적 혁신과정의 상관관계가 유의하게 나타나고 있다.

이 이변량(二變量 - bivariate) 분석으로부터 조직의 규모가 클수록 혁신의 실행정도가 더 높다는 가설 2.1과 조직의 가용자원이 클수록 혁신의 실행정도가 더 높아진다는 가설 2.2는 전부 채택되었다. 표본수가 충분치 않아 결과분석에는 신중을 기해야 하겠으나 조직규모와 가용자원, 그리고 혁신의 실행정도와는 어떤 일정한 경향이 존재하고 있다는 잠정적인 결론이 도출될 수 있다. 즉 조직의 규모가 클수록 조직의 가용자원이 커지게 되며 조직의 가용자원이 커질수록 혁신의 실행정도가 커지는 경향이 있다는 것이다. 이는 조직의 규모가 큰 조직은 인원의 충원, 시설의 도입, 대외활동 등 새로운 아이디어의 도입에 필요한 인적, 물적 가용자원의 조달을 용이하게 할 수 있어 혁신의 실행정도가 더 높아진다는 것을 의미한다. 본 연구결과는 이에 관한 많은 연구자들의 주장을 뒷받침하고 있다.[9]

---

9) L. B. Mohr, "Determinants of Innovation in Organizations," *American Political Science Review*, Vol. 63, No.1(Mar. 1969), pp.111-126.

M. Aiken and J. Hage, "The Organic Organization and Innovation," *Sociology*, Vol. 5, No.1(Jan. 1971), pp.63-82.

J. V. Baldridge and A. R. Burnham "Organizational Innovation: Individual, Organizational, and Environmental Impacts," *Administrative Science Quarterly*, Vol. 20, No.2(Jun. 1975), pp.165-176.

H. O. Armour and D. J. Teece, "Organizational Structure and Economic Performance: A Test of the Multidivisional Hypothesis," *The Bell Journal of Economics*, Vol. 9, No.1(Spring 1978), pp.106-122.

J. R. Kimberly, "Organizational Size and the Structuralist Perspective: A Review, Critique, and Proposal," *Administrative Science Quarterly*, Vol. 21, No.4(Dec. 1976), pp.572-597.

K. Musmann, *The Adoption of OCLC by the California State University and Colleges: A Case Study of the Diffusion of a Technical Innovation in a College Library Organization*, (Ph. D. Dissertation, University of Southern

〈표 16〉 조직규모 및 조직 가용자원 변수와 혁신실행 정도와의 상관관계
－피어슨 상관계수－

독립변수＼종속변수	기술적 혁신	행정적 혁신
조직규모	.2709* (.0121)	.2945** (.0062)
조직 가용자원	.4759*** (.0001)	.5414*** (.0001)

(주) *: P〈.05
　　 **: P〈.01
　 ***: P〈.001
　　( ): P(유의수준)

참고로 조직규모의 보조지표로 이용한 전임직원, 소장단행본, 소장연속 간행물과 기술적 혁신 및 행정적 혁신과 어떠한 관계가 있는지를 규명하기 위하여 〈표 17〉에서 보는 바와 같이 피어슨 상관계수를 산출하여 분석하였다.

〈표 17〉에서 나타난 바와 같이, 소장단행본과 소장연속간행물은 기술적 혁신이나 행정적 혁신 중 어느 변수와도 유의한 관계를 보이지 않고 있으며 전임직원만이 행정적 혁신과 유의한 정의 상관관계를 보이고 있다.

조직 가용자원의 하부지표인 재정 가용자원, 인적 가용자원, 물리적 가용자원과 기술적 혁신 및 행정적 혁신과의 상관관계의 분석도 앞서 실시한 바와 같은 피어슨 상관계수의 산출에 의하였다. 〈표 17〉에 의하면 재정 가능자원과 인적 가용자원은 기술적 혁신 및 행정적 혁신과 유의한 상관관계를 보이지 않았으며 물리적 가용자원은 기술적 혁신 및 행정적 혁신과 유의한 정의 상관관계를 나타내고 있다.

〈표 14〉와 〈표 15〉는 기술적인 혁신 및 행정적인 혁신에 영향을 미치

California, 1981).

는 독립변수들의 단계별 다변인 회귀분석결과를 보여주고 있다. 〈표 14〉
에서는 조직의 가용자원이 기술적인 혁신의 실행정도에 두 번째로 많은
영향력을 가진 변수로서 나타났는데, 이는 피어슨 상관관계에서 조직의
가용자원이 기술적 혁신의 실행정도와 높은 정의 상관관계를 보이고 있
는 것(r=.47, P〈.001)과 일치되는 결과라고 하겠다. 또한 조직의 가용자
원은 행정적인 혁신의 실행정도에 가장 큰 영향을 미치는 변수로 나타나
피어슨 상관관계 분석의 결과를 뒷받침해주고 있다(r=.54, P〈.001).

　〈표 14〉와 〈표 15〉에서 보면 조직의 규모는 단계별 회귀분석에서 기술
적인 혁신이나 행정적인 혁신의 실행정도에 영향을 미치는 중요한 기여
변수로 나타나지 않았다. 그러나 피어슨 상관관계 분석에서는 조직의 규
모와 기술적인 혁신 및 행정적인 혁신의 실행정도 간에 유의한 정의 상
관관계가 나와 2차적인 분석을 할 필요가 있다. 즉 조직규모변수를 기술
적인 혁신 및 행정적인 혁신에 대한 회귀방정식의 제1단계에 투입했을
때 조직규모변수는 기술적인 혁신에 대해서는 전체 변량의 7%(R^2=.07)
를 설명할 수 있는 것으로 나타났으며(F=6.57, P〈.05), 행정적인 혁신
에 대해서는 9%(R^2=.09)를 설명할 수 있는 것으로 나타났다(F=2.10,
P〈.05). 이는 조직의 규모가 행정적인 혁신의 실행정도에 대해 전혀 영
향을 미치지 못하는 변수가 아니라 단계별 회귀분석에서 다른 변수들의
영향력에 의해서 그 영향력의 일부가 상쇄되었을 가능성도 있다는 것을
보여주고 있다. 결과적으로 조직규모변수는 모든 변수들이 단계별 회귀
분석에서 분석될 때는 기술적인 혁신 및 행정적인 혁신에 중요한 영향력
을 미치는 변수로 나타나지 않지만 조직규모변수만으로 분석될 때는 기
술적인 혁신에 대해 7% 정도, 행정적인 혁신에 대해서는 9% 정도를 설
명할 수 있는 예측변수라고 할 수 있겠다.

〈표 17〉 조직규모 및 조직 가용자원 세부변수와 혁신실행 정도와의 상관관계
－피어슨 상관계수－

독립변수 \ 종속변수		기술적 혁신	행정적 혁신
조직규모	운영예산	.2709* (.0121)	.2945** (.0062)
	전임직원	-.0104 (.9242)	.3663*** (.0006)
	소장 단행본	-.0310 (.7780)	.0832 (.4488)
	소장연속 간행물	.1956 (.0727)	.1926 (.0774)
조직가용자원	재정가용 자원	-.0295 (.8066)	.1901 (.1122)
	인적가용 자원	.1681 (.1239)	.1710 (.1175)
	물리적 가용자원	.5802*** (.0001)	.5545*** (.0001)

(주) *: P〈.05
　　**: P〈.01
　***: P〈.001
　( ): P(유의수준)

7.2.4 조직의 혁신성과 조직구조 간의 관계분석

가설 2는 조직의 혁신성은 혁신적인 대안들을 개발하고 채택을 가능하게 하는 조직구조의 유기성이 증가함에 따라 상승한다는 것이었다. 즉 조직의 분권화와 전문화가 높고 분화가 클수록 조직의 혁신성은 증가한다는 것이다. 〈표 18〉은 가설 2의 검증결과를 보여주고 있다. 〈표 19〉는 조직구조 세부변수들과 기술적 혁신 및 행정적 혁신과의 상관관계 결과를 보여주고 있다.

〈표 18〉에 의하면 조직의 분권화와 조직의 분화는 기술적 혁신 및 행

정적 혁신과 유의한 정의 상관관계를 나타내는 반면 조직의 전문화와 공식화는 기술적 혁신 및 행정적 혁신과 유의한 관계를 보이지 않고 있다.

　따라서 조직의 분권화와 분화가 클수록 기술적 혁신 및 행정적 혁신의 실행정도는 더 높다는 가설 3.1과 가설 3.3은 지지된 반면 조직의 전문화가 높을수록 기술적 혁신 및 행정적 혁신의 실행정도는 더 높다는 가설 3.1과 조직의 공식화가 낮을수록 기술적 혁신 및 행정적 혁신의 실행정도는 더 높다는 가설 3.4는 채택되지 못하였다. 조직의 분권화가 높을수록 기술적 혁신 및 행정적 혁신과 비교적 높은 정의 상관관계를 나타내고 있는 것은 조직이 분권화되어 있을수록 의사결정에 더 많은 참여가 이루어지며 혁신과정에 새로운 통찰력과 새로운 정보출처를 가져오게 되어 저항이 줄어드는 결과와 함께 혁신의 장애요인들을 극복할 수 있다는 점에 기인하는 것으로 볼 수 있다. 즉 조직구성원들의 의사결정참여도가 높을수록 새로운 프로그램에 대한 정보소통이 원활해지고 혁신에 대한 인식이 높아지게 되어 혁신의 채택률도 높아지는 것으로 해석된다. 이 연구결과는 기존의 많은 연구들[10]의 결과와 일치하고 있다.

---

10) L. Coch and J. R. French, "Overcoming Resistance to Change," in *Group Dynamics*, edited by C. Zander, 2nd ed.(New York: Harper, 1962). pp.319-341.

J. Hage and M. Aiken, "Program Change and Organizational Properties: A Comparative Analysis," *American Journal of Sociology*, Vol. 72, No.5(Mar. 1967), pp.510-511.

T. V. Bonoma and G. Zaltman, *Psychology for Management* (Boston: Kent Publ., 1981), pp.118-121.

J. N. Olsgard, *The Relationship between Administrative Style and Use of Computer-Based Systems: An Attitudinal Study of Academic Library Professions*(Ph. D. Dissertation, University of Illinois at Urbana-Champaign, 1984).

P. E. Connor and L. K. Lake, *Managing Organizational Change* (New York: Praeger Publ., 1988), pp.65-66.

P. Johnson, *Automation and Organizational Change in Libraries* (Boston: G. K. Hall & Co., 1911), pp.95-97.

〈표 18〉 조직구조변수와 혁신실행 정도와의 상관관계
- 피어슨 상관계수 -

독립변수 \ 종속변수		기술적 혁신	행정적 혁신
조직구조	공식화	-.0286 (.8046)	.2125 (.0635)
	분 화	.4832*** (.0001)	.6723*** (.0001)
	전문화	.0545*** (.6221)	-.0218 (.8436)
	분권화	.5336*** (.0001)	.4770*** (.0001)

(주) ***: P〈.001
( ): P(유의수준)

로저스(E. M. Rogers) 등은 조직구성원들의 혁신결정에 대한 참여도가 혁신결정에 대한 만족도와 긍정적인 관계가 있다고 주장하면서 그 이유를 다음과 같이 설명하고 있다.[11]

1) 결정과정에의 참여를 통해서 구성원들은 체제의 다른 구성원들도 그 결정에 따른다는 것을 알게 된다. 참여는 개인에게 집단동의(集團同意)와 언질(言質-commitment)의 정도를 나타내는 수단이다.
2) 구성원들이 혁신결정에 참여하게 되면 그 결정을 채택하느냐의 여부는 구성원들의 필요에 보다 적합하게 된다.
3) 조직구성원들의 폭넓은 참여는 그 조직의 의견선도자(意見先導者)들이 결정을 함에 있어서 주요 부분에 대해 책임을 지도록 하게 한다. 이런 점에서 의견 선도자들의 위치는 재강화되고 구성원들은 그 결정에 따라 준수토록 권유되며 결정에 대해 보다 만족하게 된다.

---

11) Rogers and Shoemaker, 개혁커뮤니케이션론 pp.281-282.

그는 또한 동일한 논리로서 조직구성원들의 혁신결정 과정에의 참여도
와 혁신채택과 긍정적인 관계가 있으며 조직구성원들의 결정과정 참여도
가 높을수록 혁신채택도도 높아진다고 주장한다. 즉 조직에서 혁신에 대
해 잠정적인 결정을 내린 뒤에는 실제적으로 그 결정을 수락하느냐의 여
부는 조직구성원들에게 달려있다는 것이다. 따라서 구성원들의 혁신결정
과정에의 참여로 혁신결정에 대한 만족도가 높아지게 되면 조직의 혁신
채택 정도도 높아진다는 것이다.

<표 19> 조직구조세부변수와 혁신실행 정도와의 상관관계
－피어슨상관계수－

독립변수 \ 종속변수		기술적 혁신	행정적 혁신
공식화	업무의 규정화	.1137 (.3061)	.3324** (.0021)
	규정의 준수도	.0975 (.3774)	.0786 (.4773)
	지시·명령의 공식화	-.0414 (.7150)	.1187 (.2940)
분화	계층적 수준	.3423** (.0023)	.5292*** (.0001)
	분산화수준	.2834* (.0119)	.4585*** (.0001)
전문화	과업 전문성	-.0065 (.9523)	.0556 (.6127)
	인적 전문성	.0919 (.4054)	-.0880 (.4256)
분권화	의사결정 참여도	.5116*** (.0004)	.4211*** (.0004)
	권위의계층화	.1003 (.3821)	.0158 (.8902)

(주) *: P〈.05
   **: P〈.01
  ***: P〈.001
  ( ): P(유의수준)

〈표 18〉에 의하면 조직의 분화도 기술적 혁신 및 행정적 혁신과 정의 상관관계가 유의하게 나타나 조직의 분화수준이 높을수록 조직의 변화가 큰 경향이 있음을 알 수 있다. 즉 조직의 수직적 계층수준이 높고 공간적 분산정도가 높아질수록 혁신의 실행정도가 커진다는 것이다. 이는 조직이 상대적으로 복잡하고 많은 부서 및 단위부서들이 의사결정에 가담하고 있으면, 조직 내의 가치관, 경험 및 욕구에 있어서의 잠재적인 변화가 그만큼 더 크기 때문에, 이 다양한 집단들을 통합시키고 갈등을 줄이는 구조가 조직의 혁신을 촉진시킨다고 볼 수 있다.

조직의 전문화가 기술적 혁신 및 행정적 혁신과 유의한 관계를 보이지 않고 있는 것은 본 연구의 표본추출상에서의 편향(偏向)에 기인하는 측면도 있을 것이다. 즉 표본추출상에 있어서 대학도서관의 경우는 종합대학교 도서관 위주로 이루어 졌으며 전문도서관의 경우도 연구단지협의회 소속 도서관들과 기타 규모가 큰 전문도서관들을 대상으로 이루어져 도서관의 전문화가 높은 쪽으로 편중되어 있어서 이러한 변수들이 포함되어 있는 통계분석결과는 신중하게 해석되어야 할 것이다. 이 결과는 또한 도서관의 관리자층과 직원들이 도서관에 미치는 영향 중 관리자층에 비해서 직원들이 미치는 영향이 상대적으로 적다는 것에도 기인한다. 가설 4의 관리자층의 특성이 혁신의 실행정도에 미치는 영향과 비교해서 이 부분은 다시 설명될 수 있을 것이다. 이 결과는 하워드(H. A. Howard)의 논문에서 전문직 훈련과 혁신은 상호 관련되어 있으나 전문성은 단지 혁신과의 상관관계가 약하다는 결과[12]와 부분적으로 일치한다. 반면 헤이지와 에어컨(J. Hage and M. Aiken)의 사회복지기관에 대한 논문에서는 전문성과 전문직 활동이 혁신과 가장 상관관계가 높은 전문화의 두 가지 요소로 나타났다.[13] 이것은 일반 조직체는 다양한 전문직 학위와

---

12) H. A. Howard, *The Relationship between Certain Organizational Variables and the Rate of Innovation in Selected University Libraries*(Ph. D. Dissertation, Rutgers University, 1977), pp.140-145.

다양한 기술을 가진 전문가들로 구성되어 있어 그들의 업무 명칭만으로
도 전문성을 쉽게 측정할 수 있으나 도서관에서는 업무 전문화에 대한
측정이 다른 조직체들처럼 쉽지 않다는 것에 기인한다고 하겠다. 도서관
에서는 사서들이 그들을 특정업무의 전문가라기보다는 일반적인 사서업
무를 포괄적으로 하는 일반직으로 생각하는 경향을 보이고 있어서 전문
성의 측정에 어려움이 있다. 그러나 사서들의 업무가 세분화되고 특정화
되어 가는 추세에 있으며 도서관에서의 전문가들의 계층도 다양해지고
있으므로 앞으로의 연구에서는 도서관들의 다양한 규모, 유형을 표본대
상으로 삼아 보다 포괄적인 연구가 이루어질 수 있으리라고 본다.

조직의 공식화도 기술적 혁신 및 행정적 혁신과 유의한 관계를 보여
주지 않고 있는데 이러한 결과는 공식화가 혁신의 초기단계와 실행단계
에서 각각 다른 역할을 하는 데 기인하는 것으로 해석된다. 잘트만 등은
공식화가 혁신의 착안단계에서는 불리하게 작용하지만 혁신의 실행단계
에서는 유리하게 작용한다고 주장하였다. 즉 혁신의 초기단계에서 조직
은 정보의 새로운 출처와 대안적(代案的) 변화과정에 가능한 한 융통적
이고 개방적일 필요가 있는데 많은 규칙과 절차는 억제가 될 수 있다는
것이다. 그러나 실행단계에서는 이 규칙과 절차의 부족이 조직 내의 구
성원들의 역할갈등을 불러일으킬 수 있으며, 이 역할갈등은 혁신이 어떻
게 실행될 것인지에 관해 기존 업무와의 갈등을 유도하기 때문에 더 심
화된다고 하였다.14) 즉 이러한 접근방법은 혁신과 조직구조와의 관계를
연구하기 위한 접근방법 중 과정 접근(process approach)방법으로 분류
해 볼 수 있겠다. 그러나 이와 같은 혁신의 단계별에 따른 과정 접근방
법은 혁신의 착안단계에서 필요로 하는 구조와 실천단계에서 필요로 하

---

13) Hage and Aiken, "Program Change," pp.503-591.

14) G. Zaltman, R. Duncan, and J. Holbek, *Innovations & Organizations* (New York: John Wiley & Sons, 1973), pp.138-139.

는 조직구조를 변경하는 것이 쉽지 않을 뿐더러 여러 가지 혁신적인 업무가 수행되고 있는 경우, 어느 특정한 업무의 요구에 따라 구조를 변경하는 것도 바람직하지 않기 때문에 실증적 연구를 하기에는 많은 문제점을 내포하고 있다고 하겠다. 그러나 특정한 혁신을 대상으로 추적(追跡 -longitudinal) 데이타에 의한 시계열 분석(時系列分析)연구를 행한다면 공식화와 혁신과의 유의한 결과가 입증될 수도 있을 것이다.

조직변수와 기술적 혁신 및 행정적 혁신과의 상관관계에 있어서 조직규모와 조직의 가용자원을 상황변수로 설정한 가설 3.5와 가설 3.6을 통계적으로 규명하기 위해 피어슨 상관계수를 산출하였다. 분석결과는 〈표 20〉, 〈표 21〉에서 보는 바와 같이, 조직의 규모 및 조직의 가용자원이 클수록 조직의 분화, 조직의 분권화와 기술적 혁신 및 행정적 혁신의 실행정도와의 상관관계가 상당히 높아지는 것으로 나타났다. 이는 조직의 분권화와 조직의 분화로 혁신을 채택할 수 있는 조직구조가 이루어졌다고 하더라도 혁신의 채택으로 연결되기 위해서는 조직의 규모가 커야 하며 이와 함께 가용자원의 존재가 필수적이라는 것을 의미한다. 따라서 조직의 규모와 가용자원이 클수록 조직구조의 유기성과 조직의 혁신실행 정도와의 상관관계는 더욱 높게 나타난다는 가설 3.5와 가설 3.6은 지지되고 있다.

한편 〈표 14〉의 단계별 회귀분석결과를 보면 조직구조변수들이 기술적인 혁신의 실행정도를 예측할 수 있는 영향력 있는 변수들로 나타나지 않았다. 이는 조직구조변수들과 기술적인 혁신의 실행정도 간의 상관관계로 비추어 볼 때, 조직구조변수가 혁신의 실행정도에 대해 전혀 영향력이 없는 변수는 아니며 단지 단계별 회귀분석에서 이 변수들의 영향력이 다른 변수들에 의해서 일부 상쇄되었을 가능성도 있음을 보여준다고 하겠다. 조직구조변수들을 회귀방정식의 제1단계에 다변인일괄투입법(多變因一括投入法)을 적용하여 투입한 결과는 이 가정을 뒷받침해준다. 즉

2차 분석결과 조직의 분권화는 기술적인 혁신의 실행정도에 대해 전체 변량의 28%(R^2=.28)를 설명할 수 있으며(F=23.33, P<.001), 조직의 분화는 기술적인 혁신에 대해 전체 변량의 23%(R^2=.23)를 설명할 수 있는 것으로 나타났다(F=21.02, P<.001). 즉 조직의 분권화와 분화변수는 모든 변수들이 단계별 회귀분석에서 분석될 때는 독립변수 상호간에 공선성(共線性-collinearity)의 문제 등으로 해서 기술적인 혁신에 중요한 영향력을 미치는 변수로 나타나지 않지만 조직의 분권화나 또는 조직의 분화변수만으로 분석될 때는 각각 기술적인 혁신에 대해 전체 변량의 28%와 23% 정도를 설명할 수 있는 중요한 예측변수라고 할 수 있겠다.

<표 20> 조직규모에 따른 조직구조변수와 혁신실행 정도와의 상관관계
－피어슨상관계수－

변　수		기술적 혁신	행정적 혁신
조직규모(작은 경우)	공식화	-.0390 (.8060)	.1902 (.2275)
	분　화	.1941 (.2566)	.5237** (.0010)
	전문화	-.0444 (.7826)	.0039 (.9802)
	분권화	.6630*** (.0003)	.1752 (.4020)
조직규모(큰 경우)	공식화	-.0219 (.9003)	.2381 (.1684)
	분　화	.6205*** (.0001)	.7328*** (.0001)
	전문화	.1402 (.3696)	-.0441 (.7788)
	분권화	.4774** (.0037)	.6255*** (.0001)

(주) **: P<.01
　　***: P<.001
　( ): P(유의수준)

〈표 21〉 조직 가용자원에 따른 조직구조변수와 혁신실행 정도와의 상관관계
－피어슨상관계수 －

변 수		기술적 혁신	행정적 혁신
조직 가용자원(작은 경우)	공식화	-.0077 (.9665)	.1850 (.3106)
	분 화	.3505 (.0532)	.4887** (.0053)
	전문화	.0854 (.6309)	.2167 (.2182)
	분권화	.3657 (.0556)	.5752* (.0014)
조직 가용자원(큰 경우)	공식화	-.1607 (.4049)	.3673* (.0499)
	분 화	.4757* (.0105)	.6563*** (.0001)
	전문화	.1588 (.3696)	-.0478 (.7781)
	분권화	.6190** (.0021)	.4522* (.0346)

(주) *: P〈.05
  **: P〈.01
 ***: P〈.001
  ( ): P(유의수준)

　〈표 15〉의 단계별 회귀분석결과를 보면 조직구조변수들 중 조직의 분화변수가 행정적인 혁신에 두 번째로 중요한 영향력을 미치는 기여변수로 나타나 조직의 분화와 행정적인 혁신 간의 높은 상관관계(r＝.67, P〈.001)와 일치하는 결과를 보여주고 있다. 그러나 조직의 전문화와 공식화는 피어슨 상관관계에서도 기술적인 혁신 및 행정적인 혁신과 통계적으로 유의한 결과가 나오지 않았으며 이 변수들을 각각 회귀방정식의 제1단계에 투입한 2차적인 분석에서도 전혀 설명력이 없는 것으로 나타나 전문화와 공식화 변수들이 혁신의 실행정도를 설명할 수 있는 예측변수

가 되지 못함을 할 수 있다.

7.2.5 조직의 혁신성과 관리자층의 특성 간의 관계분석

가설 4는 조직의 혁신성은 혁신적인 대안들을 개발하고 채택을 가능하게 하는 관리자층의 특성이 증가할 때 상승한다는 것이었다. 일원적 분산분석을 통해 관리자층의 특성(관리자층의 연령과 교육수준 그리고 도서관 경력년수)과 전문협회(학회)활동과의 관계를 보면 〈표 22〉에서 보는 바와 같이 관리자층의 연령과 경력년수별로는 전문협회(학회)활동 간에 유의한 차이가 나타나지 않았고 교육수준에 따라 유의한 분산 차이를 보였다. 전문협회(학회)활동 간에 있어서 교육수준 간의 차이를 분석하기 위해 0.05 미만의 유의수준에 의한 튜키(Tukey) 다중비교검증[15] 결과 〈표 23〉에서 보는 바와 같이 전문협회(학회)활동의 평균치가 대학원졸 집단이 대졸 집단보다 평균치가 높은 것으로 나와 대학원졸 출신의 관리층 집단이 대졸출신의 관리층 집단보다 전문협회(학회)활동이 활발한 경향이 있음을 알 수 있다.

또한 〈표 24〉에서 보는 바와 같이 관리자층의 도서관 경력년수와 교육수준에 따른 학술연구 활동도 유의한 차이를 보였는데 학술연구 활동별 평균치에 있어서 교육수준 간의 차이를 분석한 결과는 〈표 25〉와 같다. 이 표에 의하면 학술연구 활동의 평균치가 대학원졸 집단이 대졸 집단보다

---

15) 일원적 분산분석은 두개 이상의 평균치 간의 차이가 한 독립변인의 각각 다른 상태(level)의 결과로 일어날 것인지 그 유의도를 검증하는 데 사용되는 통계방법이다. 그러나 분산분석 검증은 평균치들 간의 차이에 대한 전체적인 가설만을 검증하기 때문에 각 개별평균들 간의 검증이 필요하다. 이때 사용되는 검증을 사후검증(follow-up test)이라 한다. 이러한 검증에 자주 사용되는 통계기법은 튜키(Tukey)의 다중비교 검증법, 셰프(Scheffe)의 검증법, 덩컨(Duncan)의 다중범위검증법, 하틀리(Hartley)의 검증법 등이 있다. 본 연구에서는 이들 사후 검증법들 중 튜키 다중비교 검증법으로 일원적 분산분석의 사후검증, 즉 각 개별평균들 간의 검증을 실시하였다.

평균치가 높은 것으로 나와 대학원졸 출신의 관리층 집단이 대졸출신의 관리층 집단보다 학술연구 활동이 활발해지는 경향이 있음을 알 수 있다.

<표 22> 관리자특성변수와 전문협회(학회)활동과의 일원적 분산분석

변 수	자승합(SS)	자유도(df)	평균자승(MS)	F
연 령	21.35	2	10.67	2.22(.1137)
교육수준	62.77	1	62.77	13.78(.0003)***
경력년수	39.66	4	9.11	2.04(.0930)

(주) ***: P < .001
　　( ): P(유의수준)

또한 학술연구 활동에 있어서 도서관 경력년수 간에 차이를 분석하기 위해 0.05 미만의 유의수준에 의한 튜키 다중비교 검증결과 <표 26>에서 보는 바와 같이 집단 Ⅱ(1년 이상-3년 미만)와 집단 Ⅴ(10년 이상) 간에 통계적으로 유의한 차이를 보이고 있으며 집단 Ⅲ(3년 이상-6년 미만)과 집단 Ⅴ(10년 이상)와도 유의한 차이가 있는 것으로 나타난 반면 나머지 집단들 간에는 학술연구 활동의 평균치에 있어서 통계적으로 유의한 차이가 나타나지 않았다. 학술연구 활동의 평균치 차이를 보면 집단 Ⅴ, 집단 Ⅱ, 집단 Ⅲ의 순으로 평균치가 높아지는 것으로 나타나 도서관 경력년수가 보통 수준인 관리자층의 집단이 도서관 경력년수가 아주 많은 관리자층의 집단보다 학술연구 활동이 활발함을 알 수 있다.

<표 23> 교육수준별 전문협회(학회)의 평균치

변 수 ＼ 교육수준	대 졸	대학원졸
전문협회(학회)	8.851 (저)	10.378 (고)

(주) ( ): 튜키 다중비교 검증결과

〈표 24〉 관리자특성변수와 학술연구 활동과의 일원적 분산분석

변　수	자승합(SS)	자유도(df)	평균자승(MS)	F
연　령	11.62	2	5.81	1.36(.2612)
교육수준	17.53	1	17.53	4.17(.0434)*
경력년수	71.93	4	17.98	4.77(.0013)**

(주) *: P〈.05
　　 **: P〈.01
　( ): P(유의수준)

〈표 25〉 교육수준별 학술연구 활동의 평균치

변　수　＼교육수준	대　졸	대학원졸
학술연구 활동	4.986 (저)	5.783 (고)

(주) ( ): 튜키 다중비교 검증결과

〈표 26〉 경력년수별 학술연구 활동의 평균치

변　수　＼경력년수	집단 Ⅰ	집단 Ⅱ	집단 Ⅲ	집단 Ⅳ	집단 Ⅴ
학술연구 활동	1.2000 (-)	1.5000 (고)	1.5714 (고)	1.3478 (-)	1.1100 (저)

(주) 집단 Ⅰ: 1년 미만
　　 집단 Ⅱ: 1년 이상-3년 미만
　　 집단 Ⅲ: 3년 이상-6년 미만
　　 집단 Ⅳ: 6년 이상-10년 미만
　　 집단 Ⅴ: 10년 이상
　　　( ): 튜키 다중비교 검증결과(-: 유의한 차이 없음)

　관리자층의 전문직적 활동과 기술적 혁신 및 행정적 혁신과의 상관관계를 분석하기 위하여 〈표 27〉과 같이 피어슨 상관계수를 산출하였다.

이 표에 의하면 관리자층의 전문협회(학회)활동과 기술적 혁신 및 행정적 혁신 간에 유의한 정의 상관관계가 있는 것으로 나타났으며 관리자층의 학술연구 활동과 기술적 혁신 및 행정적 혁신과도 높은 정의 상관관계를 보이고 있다. 따라서 관리자층의 연령과 교육 수준 그리고 도서관 경력년수는 관리자층의 전문직적 활동에 영향을 미치며, 관리자층의 전문직적 활동이 활발할수록 기술적 혁신 및 행정적 혁신의 실행정도는 더 높다는 가설 4.1은 대체적으로 지지되고 있음을 알 수 있다. 이 분석결과는 보이드(D. A. Boyd), 홀(J. A. Hall), 그리고 조르드(P. Jorde) 등의 연구결과들과 일치하는 결과를 보여주고 있다. 보이드는 전문직적 활동이 증가됨에 따라 보다 사려 깊은 지도력의 유형이 나타나게 되며 변화에 대해서 긍정적인 경향을 보이는 것으로 결론짓고 있다.[16]

〈표 27〉 전문직적 활동과 혁신실행 정도와의 상관관계
- 피어슨 상관계수 -

독립변수 \ 종속변수	기술적 혁신	행정적 혁신
전문협회(학회)활동	.4413*** (.0001)	.2525* (.0311)
학술연구 활동	.4762*** (.0001)	.3308** (.0031)
전문직적 활동	.5725*** (.0001)	.3459*** (.0003)

(주) *: P〈.05
  **: P〈.01
 ***: P〈.001
  ( ): P(유의수준)

---

16) D. A. Boyd, *Leadership, Organizational Dynamics and Rate of Change in Selected Public Libraries in the Northeastern United States*, (Ph. D. Dissertation, Rutgers University. 1979), p.124.

홀도 전문직학회의 참가, 출판활동, 연구활동 등이 지도력이나 관리적 특성, 개방적 태도, 변화 주창자로서의 혁신담당자 특성에 미치는 영향이 크며 따라서 혁신과도 상호 관련성이 큰 것으로 결론내렸다.[17] 조르드는 교육학 분야의 논문에서 조직의 혁신성의 수준은 관리자들의 교육수준이 높고 외부의 전문직적 활동에 참여하는 수준이 높으며 다른 교육적인 혁신을 이행하는 데 있어서 긍정적인 경험을 가졌던 관리자들이 있는 조직에서 더 크게 될 것이라고 하였다.[18]

맥클루어(C. R. McClure)는 도서관의 관리자층의 지도력이 변화를 위한 환경을 결정한다고 강조한다. 그는 관리자들이 관련문제에 적절히 대처해 나갈 수 있는 전문직적 능력을 소유하고, 프로그램과 서비스의 변화에 있어서 혁신담당자의 역할을 맡는 그러한 관리자들이 필요하다고 강조한다.[19]

〈표 14〉는 독립변수들과 기술적 혁신의 실행정도와의 단계별 회귀분석 결과를 보여주고 있는데 이들 변수들 중에서 전문직적 활동이 기술적 혁신에 세 번째로 큰 영향을 미치는 변수로서 전체 변량의 13%($R^2 = .13$)를 설명할 수 있는 것으로 나타났다($F = 6.96$, $P < .05$). 이는 전문직적 활동과 기술적 혁신의 실행정도와의 높은 상관관계 결과($r = .57$, $P < .001$)를 뒷받침해 주고 있으며 전문직적 활동이 기술적 혁신의 실행정도를 예측할 수 있는 예측변수라는 사실을 나타내주고 있다. 그 반면 전문직적 활동은 〈표 15〉에서 보는 바와 같이 행정적 혁신과의 단계별 회귀분석에서는 영향력 있는 변수로 나타나지 않고 있다. 그러나 전문직적 활동은

---

17) Hall, *The Relationship between Innovative*, pp.194-200.

18) P. Jorde, *Change and Innovation in Early Childhood Education: The Relationship between Selected Personal Characteristics of Administrators and Willingness to Adopt Computer Technology*(Ph. D. Dissertation, Stanford University, 1985), pp.94-96.

19) C. R. McClure, "The Planning Process: Strategies for Action," *College and Research Libraries*, Vol. 39, No.6(Nov. 1978), pp.445-456.

행정적인 혁신과의 상관관계에서는 정의 상관관계가 유의하게 나와(r =.34, P〈.001), 전문직적 활동을 회귀방정식에 제1단계로 투입한 2차적인 회귀분석을 시도해 보았다. 분석결과 전문직적 활동은 행정적인 혁신의 실행정도에 대해서 9%(R^2=.09) 정도의 설명력을 갖고 있는 것으로 나타나(F=4.784, P〈.05), 결과적 활동은 행정적인 혁신에 관한 모든 변수들의 단계별 회귀분석에서는 주요한 기여요인으로 나타나지 않지만 전문직적 활동만으로 분석될 때는 행정적인 혁신에 대한 예측변수가 될 수 있음을 알 수 있다.

가설 4.2는 관리자층의 연령, 교육수준, 도서관 경력년수와 전문직적 활동은 관리자층의 기술적 환경에 대한 인지도에 영향을 미친다는 것이었다. 〈표 28〉부터 〈표 31〉에서는 관리자층의 특성(연령, 교육수준, 도서관 경력년수, 전문협회 및 학회활동, 학술연구 활동)에 따른 기술적 환경인지도(기술속성인지도와 기술환경변화 대응도) 간의 차이를 분석하기 위해 연령, 교육수준, 도서관 경력년수, 전문협회(학회)활동, 학술연구 활동 등 다섯 가지 관리자특성변수에 대하여 일원적 분산분석을 실시한 결과를 보여주고 있다.

이 분석결과는 제시된 가설이 대체적으로 입증되고 있음을 보여주고 있다. 기술의 속성 중에서 상대적 이점과 복잡성은 연령층 간에 유의한 분산 차이를 보이는 것으로 나타났는데, 튜키 다중비교 검증결과 집단별로 상대적 이점의 평균치 차이가 통계적으로 유의한 것으로 나타난 것은 〈표 32〉에서 보는 바와 같이 집단 Ⅰ(31세-40세)과 집단 Ⅲ(51세-60세) 간의 차이였다. 〈표 33〉도 이와 비슷한 결과로서 복잡성의 평균치 차이가 통계적으로 유의한 것으로 나타난 것은 집단 Ⅰ(31세-40세)과 집단 Ⅲ(51세-60세) 간의 차이였으며 집단 Ⅱ(41세-50세)와 집단 Ⅲ(51세-60세) 간에도 유의한 차이를 보이는 것으로 나타났다. 즉 집단별로 상대적 이점과 복잡성의 평균치 차이를 보면 집단 Ⅲ(51세-60세), 집단

184

Ⅱ(41세-50세), 집단 Ⅰ(31세-40세)의 순으로 평균치가 높아지는 것으로 나와, 연령이 낮을수록 기술속성인지도가 높아지는 경향이 있다는 것을 알 수 있으나 연령별로 모든 기술속성에 유의한 차이를 나타내지는 않고 있어 이 결과를 연령별에 따른 기술속성인지도 전체로 확산해서 해석하기에는 어려움이 있다.

〈표 28〉 관리자특성변수와 상대적 이점과의 일원적 분산분석

변　수	자승합 (SS)	자유도 (df)	평균자승 (MS)	F
연　령	70.90	2	35.45	3.22(.0431)*
교육수준	34.00	1	34.00	3.04(.0839)
경력년수	23.29	4	5.82	.50(.7330)
전문협회(학회)활동	45.29	2	22.64	2.09(.1280)
학술연구 활동	88.18	2	44.09	3.97(.0214)*

(주) *: P〈.05
　( )：P(유의수준)

〈표 29〉 관리자특성변수와 복잡성과의 일원적 분산분석

변　수	자승합 (SS)	자유도 (df)	평균자승 (MS)	F
연　령	119.01	2	59.50	5.14(.0070)**
교육수준	25.54	1	25.54	2.22(.1388)
경력년수	186.72	4	46.68	4.17(.0032)**
전문협회(학회)활동	148.29	2	74.14	7.03(.0013)**
학술연구 활동	97.71	2	48.85	4.20(.0619)*

(주) *: P〈.05
　**: P〈.01
　( )：P(유의수준)

〈표 30〉 관리자특성변수와 적합성과의 일원적 분산분석

변 수	자승합 (SS)	자유도 (df)	평균자승 (MS)	F
연 령	13.21	2	6.60	3.00(.0529)
교육수준	3.28	1	3.28	1.48(.2255)
경력년수	18.81	4	4.70	2.14(.0785)
전문협회(학회)활동	45.29	2	21.64	2.09(.1280)
학술연구 활동	9.70	2	4.85	2.11(.1253)

(주) ( ): P(유의수준)

〈표 31〉 관리자특성변수와 기술환경변화 대응도와의 일원적 분산분석

변 수	자승합 (SS)	자유도 (df)	평균자승 (MS)	F
연 령	26.86	2	13.43	.65(.5219)
교육수준	9.36	1	9.36	.46(.5008)
경력년수	81.15	4	20.28	.99(.4172)
전문협회(학회)활동	32.31	2	16.15	.79(.4578)
학술연구 활동	24.26	2	12.13	.59(.5556)

(주) ( ): P(유의수준)

〈표 32〉 연령별 상대적 이점의 평균치

변 수 \ 연 령	집단 I	집단 II	집단 III
상대적 이점	34.1086 (고)	33.8819 (-)	32.2647 (저)

(주) 집단 I : 31-40세
　　　집단 II : 41-50세
　　　집단 III : 51-60세
　　　( ): 튜키 다중비교 검증결과(- : 유의한 자료 없음)

<table>
<tr><td align="center"><표 33> 연령별 복잡성의 평균치</td></tr>
</table>

변 수 ＼ 연 령	집단 Ⅰ	집단 Ⅱ	집단 Ⅲ
복잡성	20.7634 (고)	20.3153 (고)	18.4583 (저)

(주) 집단 Ⅰ： 31-40세
　　집단 Ⅱ： 41-50세
　　집단 Ⅲ： 51-60세
　　（　）： 튜키 다중비교 검증결과

　교육수준에 따른 기술속성인지도 간에는 유의한 차이가 나타나지 않았으며 도서관 경력년수에 따른 기술속성인지도 간에는 부분적으로 유의한 차이가 나타났다. 기술속성 중 복잡성은 도서관 경력년수에 따라 유의한 차이가 나타났는데 튜키 다중비교 검증에 따르면 〈표 34〉에서와 같이 집단 Ⅲ(3년 이상-6년 미만)과 집단 Ⅴ(10년 이상) 간의 차이가 통계적으로 유의한 것으로 나타났다. 두 집단 간의 복잡성의 평균치 차이를 보면 집단 Ⅲ이 집단 Ⅴ보다 평균치가 높은 것으로 나와 도서관 경력년수가 보통 수준의 관리자들이 도서관 경력년수가 많은 관리층보다 기술에 대해서 더 긍정적으로 인식하는 경향이 있음을 할 수 있으나 혁신의 속성 중 복잡성만이 유의한 차이를 보이고 있어서 분석결과는 보다 신중하게 받아들여져야 할 것이다.

<표 34> 경력년수별 복잡성의 평균치

변 수 ＼ 경력년수	집단 I	집단 II	집단 III	집단 IV	집단 V
복잡성	18.2666 (-)	22.6666 (-)	22.2051 (고)	20.5396 (-)	19.3097(저)

(주) 집단 I : 1년 미만
　　집단 II : 1년 이상-3년 미만
　　집단 III : 3년 이상-6년 미만
　　집단 IV : 6년 이상-10년 미만
　　집단 V : 10년 이상
　　　( ) : 튜키 다중비교 검증결과(- : 유의한 차이 없음)

　그러나 교육학 분야의 일부 논문들은 교사들의 경력년수와 혁신성 사이에 일정한 곡선의 관련성이 있다고 주장한다.[20] 즉 보통경력을 가진 교육자들이 가장 자주 혁신하며 그 다음은 거의 경력이 없는 교육자들, 그리고 교육경력이 많은 교육자들은 혁신의 빈도수가 가장 적다는 것이다. 교육 경력년수가 많은 교육자들은 그들 자신의 가치를 변화시키기가 어렵고 혁신적인 아이디어를 이용하기 위한 정력이나 기술이 부족한 것일지도 모른다. 그리피스(D. Griffiths)는 채택된 혁신의 건수는 관리자의 재직기간에 반비례하며 관리자가 한 위치에 오래 있을수록 점점 더 새로운 변화를 도입하기가 힘들어진다고 주장한다.[21] 마일스(M. Miles)는 이것은 바로 운영을 위한 모든 구조들이 상당기간 동안 정착되어졌고, 환류 경로(feedback channel)들도 세워졌으며, 하부조직들도 구조화되고 상대적으로 독립되어 있기 때문이라는 것이다. 즉 변화는 하부조직들 간

---

20) M. Chesler and H. Barakat, *The Innovation and Sharing of Teaching Practices: A Study of Profesional Roles and Social Structures in Schools*(Ann Arbor, Mich.: Institute for Social Research, University of Michigan, 1967). Jorde, *Chang and Innovation*, p.38에서 재인용.

21) D. Griffiths, "Administrative Theory and Change in Organizationa," in *Innovation in Education*, edited by M. Miles(New York: Columbia University, 1964). Jorde, *Change and Innovation*, p.39에서 재인용.

의 상호작용의 빈도수가 줄어들고 효과적인 커뮤니케이션에 대한 기회들이 감소되기 때문에 더욱 어려워진다고 주장한다.[22]

전문협회(학회)활동에 따른 기술속성인지도 간의 차이를 분석하기 위해 일원적 분산분석을 실시한 결과 복잡성이 전문협회(학회)활동에 따라 유의한 차이가 있는 것으로 나타났다. 튜키 다중비교 검증결과 통계적으로 유의한 차이가 나타난 것은 〈표 35〉에서 보는 바와 같이 집단 Ⅲ(전문협회활동수준이 상대적으로 上인 집단)과 집단 Ⅱ(전문협회활동수준이 상대적으로 中인 집단) 그리고 집단 Ⅲ과 집단 Ⅰ(전문협회활동수준이 상대적으로 下인 집단)의 차이였다. 세 집단 간의 복잡성의 평균치 차이를 보면 집단 Ⅰ, 집단 Ⅱ, 집단 Ⅲ순으로 평균치가 높아지는 것으로 나와 전문협회(학회)활동이 활발할수록 기술속성에 대한 인지도가 높아지는 것을 알 수 있다.

학술연구 활동에 따른 기술속성인지도 간의 차이를 분석한 결과 기술의 속성 중 상대적 이점과 복잡성이 학술연구 활동에 따라 유의한 차이가 있는 것으로 나타났다. 상대적 이점의 평균치에 있어서 학술연구 활동 집단 간에 차이를 분석하기 위해 튜키 다중비교 검증을 실시하였는데 평균치 차이가 유의한 것으로 나타난 것은 〈표 36〉에서 보는 바와 같이 집단 Ⅲ(전문협회활동수준이 상대적으로 上인 집단)과 집단 Ⅰ(전문협회활동수준이 상대적으로 下인 집단)의 차이였으며, 또한 복잡성의 평균치에 있어서도 〈표 37〉에서와 같이 집단 Ⅲ과 집단 Ⅰ의 두 집단 간에 평균치 차이가 유의한 것으로 나타났다.

---

22) M. Miles, *Innovation in Education* (New York: Columbia University, 1964). Jorde, *Change and Innovation*, p. 39에서 재인용.

<표 35> 전문협회(학회)활동별 복잡성의 평균치

전문협회(학회)활동 변 수	집단 Ⅰ	집단 Ⅱ	집단 Ⅲ
복잡성	18.9298 (저)	20.1884 (저)	23.8095 (고)

(주) 집단 Ⅰ: 전문협회(학회)활동수준이 상대적으로 下인 집단
　　　집단 Ⅱ: 전문협회(학회)활동수준이 상대적으로 中인 집단
　　　집단 Ⅲ: 전문협회(학회)활동수준이 상대적으로 上인 집단
　　　( ): 튜키 다중비교 검증결과

상대적 이점의 평균치 차이를 보면 집단 Ⅰ, 집단 Ⅱ, 집단 Ⅲ의 순으로 평균치가 높아지는 것으로 나왔으며 복잡성의 평균치 차이에서도 집단 Ⅰ, 집단 Ⅱ, 집단 Ⅲ의 순으로 평균치가 높아지는 것으로 나와 학술연구 활동이 활발할수록 기술속성에 대한 인지도가 높아지는 것을 알 수 있다. 결과적으로 <표 36>과 <표 37>에서 보는 바와 같이 전문협회(학회)활동이 활발하고 학술연구 활동이 활발하게 되면 기술에 대한 태도가 더욱 더 긍정적이 되는 것으로 해석된다. 이 연구 결과는 다음과 같은 기존의 연구들과 일치하고 있다. 야마이(N. S. Yaghmai)는 혁신에 대한 지식이 없는 사서들이 혁신에 대한 지식을 갖춘 사서들보다 더욱 더 저항적이라는 가설을 세우고 혁신에 대한 지식은 혁신에 대한 태도를 결정짓는 중요한 요인이라는 것을 실증적 연구를 통해서 밝히고 있다. 이 논문에서 그는 도서관조직에서 네트워크의 도입과 이용을 혁신으로 보고, 사서들이 네트워크에 관한 전문자료들을 구독하고, 워크샵, 학술회의 등에 참석하고 그리고 훈련기간 등을 거치게 되면 혁신적인 서비스(네트워크)에 대한 그들의 참여수준이나 태도에 더 긍정적인 영향을 미친다고 밝히고 있다. 그는 또한 혁신(네트워크를 통한 자원공유 등)의 도입 시에는 이 혁신이 심리학적인 과정으로서 간주되어야만 한다고 주장한다.

즉 네트워크 개발을 하는 전문가들과 계획가들은 조직변화에 영향을 미
치는 직원들의 심리적인 상태를 분석하는 중요성에 대해서도 잘 인식하
고 있어야 한다는 것이다. 그는 연구결과로서 도서관에서 네트워크를 통
한 자원공유를 이행하기 위해서는 계획자들은 다음과 같은 사항을 염두
에 두어야 한다고 제시한다.

〈표 36〉 학술연구 활동별 상대적이점의 평균치

학술연구 활동 변　수	집단 Ⅰ	집단 Ⅱ	집단 Ⅲ
상대적이점	33.2020 （저）	34.0952 （-）	37.7500 （고）

（주） 집단 Ⅰ: 학술연구 활동수준이 상대적으로 下인 집단
　　　집단 Ⅱ: 학술연구 활동수준이 상대적으로 中인 집단
　　　집단 Ⅲ: 학술연구 활동수준이 상대적으로 上인 집단
　　（　）: 튜키 다중비교 검증결과(- : 유의한 차이 없음)

〈표 37〉 학술연구 활동별 복잡성의 평균치

학술연구 활동 변　수	집단 Ⅰ	집단 Ⅱ	집단 Ⅲ
복잡성	19.5652 （저）	20.8194 （-）	23.9166 （고）

（주） 집단 Ⅰ: 학술연구 활동수준이 상대적으로 下인 집단
　　　집단 Ⅱ: 학술연구 활동수준이 상대적으로 中인 집단
　　　집단 Ⅲ: 학술연구 활동수준이 상대적으로 上인 집단
　　（　）: 튜키 다중비교 검증결과(- : 유의한 차이 없음)

　첫째, 시스템 가치를 인식시키며, 그리고 구성원들의 태도에 미칠 영향
을 고려해야 하고, 둘째, 지식과 기술을 향상시켜야 하며, 마지막으로 비
용조건을 맞추어야 한다는 것이다.[23]

리(L. T. Lee)는 자동화에 대한 사서와 도서관장들의 특성과 자동화
에 대한 지식, 그리고 자동화에 대한 태도 간에 어떠한 관계가 있는가를
조사한 결과 전산화에 대한 도서관장과 사서들의 교육수준이 전산화에
대한 태도에 영향을 미치고 있으며, 그리고 컴퓨터, 시스템 분석, 프로그
램 등에 대한 지식이 있고, 이에 대한 전문도서들이나 학술지들을 구독
하는 관장들이 도서관 자동화에 대한 태도에 있어서 더 긍정적이라고 밝
히고 있다. 또한 사서들에 있어서는 연령이 낮을수록 자동화에 대한 저
항감이 적으며, 도서관 자동화에 대해 지식이 더 많으면 많을수록 자동
화에 대한 태도가 더욱 더 긍정적이 된다고 결론내리고 있다.[24]

7.2.6 조직의 혁신성과 성과 간의 관계분석

제5장의 가설 5에 의하면 조직의 성과는 조직의 혁신성과 혁신실행유행
에 따라서 달라진다고 하였다. 이의 세부가설인 가설 5.1은 혁신의 실행
정도가 높을수록 조직성과는 높아질 것이라고 설정하였다. 이를 검증하
기 위해 기술적 혁신 및 행정적 혁신과 조직성과와의 관계를 〈표 38〉에
서 보는 바와 같이 피어슨 상관계수를 산출하여 분석하였다.

---

23) N. S. Yaghmai, *Behavioral Components of Library Network Development* (Ph.
D. Dissertation, University of Pittsburgh, 1981), pp.130-131.

24) L. T. Lee, *The Effect of Knowledge and Attitudes of Library Directors and
Professional Librarians toward Library Automation on Automated Programs
in Academic and Research Libraries in Taiwan, The Republic of China*(Ph.
D. Dissertation, University of Pittsburgh, 1988), pp.157-158.

〈표 38〉 혁신실행 정도와 조직성과와의 상관관계
- 피어슨 상관계수 -

독립변수 \ 종속변수	조직성과
기술적 혁신	.4789*** (.0001)
행정적혁신	.5126*** (.0001)

(주) ***: P〈.001
  (   ): P(유의수준)

분석결과는 기술적 혁신과 조직성과와 유의한 정의 상관관계를 보이고 있으며 행정적 혁신과 조직성과와도 정의 상관관계가 유의하게 나타나고 있어 조직의 혁신실행 정도가 높을수록 조직성과가 높아질 것이라는 가설 5.1을 입증해주고 있다. 이는 조직의 혁신과 성과와의 관계를 연구한 많은 연구자들, 즉 맨스필드(E. Mansfield), 아머와 티스(H. O. Armour and D. J. Teece), 칼루즈니(A. D. Kaluzny), 대먼포어(F. Damanpour) 등의 연구들[25]과 일치한다고 하겠다. 다운스(G. W. Downs)에 의하면 조직이 혁신을 하는 이유는 첫째, 조직의 성과를 더욱 제고시키기 위해서이고, 둘째, 환경변화로부터 발생되는 성과의 감소를 방지하기 위해서라고 하였다.[26]

가설 5.2는 조직의 혁신실행 유형은 조직변수에 따라서 달라진다고 설

---

25) E. Mansfield, *Industrial Research and Technological Innovation: An Econometric Analysis*(New York: W. W. Norton, 1968), pp.210-215.
Armour and Teece, "Organizational Structure," pp.106-122.
Ochogwu, *The Relationship between Innovating.*
Damanpour, *Technical versus Administrative Rates.*

26) G. W. Downs and L. B. Mohr, "Conceptual Issues in the Study of Innovation," *Administrative Science Quarterly*, Vol. 21, No.4(Dec. 1976), pp.700-714.

정한 바 있다. 도서관에 관한 네 가지 혁신실행 유형은 혁신의 두 가지 차원, 즉 기술적인 혁신과 행정적인 혁신에 의해 분류되며 이 두 가지 차원에 대한 측정지표의 평균치를 기준으로 기술적 혁신, 행정적 혁신이 모두 평균치 미만인 경우를 정태적 유형, 기술적 혁신은 평균치 이상이나 행정적 혁신은 평균치 미만인 경우를 기술지향적 유형, 기술적 혁신은 평균치 미만이나 행정적 혁신은 평균치 이상인 경우를 조직지향적 유형, 기술적 혁신, 행정적 혁신 모두 평균치 이상인 경우를 기술사회시스템적 유형으로 각 도서관의 유형을 분류하고자 했다.

도서관의 유형을 기술적 혁신과 행정적 혁신의 두 가지 차원에 입각하여 네 가지 유형으로 구분하고자 하는 것은 기존 연구에서는 논의된 바가 없었다. 본 연구에서 도서관의 유형을 네 가지로 구분한 것은 이들 유형의 도서관들을 비교해 봄으로써 네 가지 유형의 도서관들 간에 어떠한 차이가 있는가를 비교·분석해 보기 위한 것이다.

도서관들을 네 가지의 혁신실행 유형별로 나누고 일원적 분산분석에 의해 네 가지 혁신실행 유형별로 조직규모, 조직 가용자원, 공식화, 분화, 전문화, 분권화, 기술속성인지도, 기술환경변화 대응도, 전문직적 활동, 시스템개발 운용변수들 간의 차이를 검증하였다.

〈표 39〉에서 보는 바와 같이 검증결과는 조직규모, 공식화, 전문화, 기술환경변화 대응도 간에는 유의한 차이가 나타나지 않았고, 조직 가용자원, 분화, 분권화, 기술속성인지도, 전문직적 활동, 시스템개발운용 간에는 유의한 차이를 보였다. 또한 이들 주요 변수들은 기술환경변화 대응도를 제외하고는 각각의 변수들이 세부변수들로 구성되어 있어서 혁신실행 유형별로 이들 세부변수들 간의 유의한 차이를 검증하였다. 〈표 40〉, 〈표 42〉에 의하면 분석결과는 세부변수들 중 전임직원, 물리적 가용자원, 계층적 수준, 분산화 수준, 의사결정 참여도, 상대적 이점, 복잡성, 전문협회(학회)활동, 학술연구 활동, 시스템개발 능력수준 및 시스템운용 참

여수준은 혁신실행 유형별로 유의한 차이를 보였으며, 나머지 변수들 즉 운영예산, 소장단행본, 소장연속간행물, 재정 가용자원, 인적 가용자원, 업무의 규정화, 규정의 준수도, 지시·명령의 공식화, 과업전문성, 인적 전문성, 권위의 계층화, 적합성 등은 유의한 차이를 보이지 않았다.

〈표 39〉 주요 변수와 혁신실행 유형과의 일원적 분산분석

변 수	자승합 (SS)	자유도 (df)	평균자승 (MS)	F
조직규모	34.79	3	11.59	2.52(.0632)
조직 가용자원	156.34	3	52.11	5.55(.0018)**
공식화	20.73	3	6.91	1.96(.1272)
분 화	16.05	3	5.35	14.08(.0001)***
전문화	3.65	3	1.21	0.64(.5892)
분권화	13.64	3	4.54	5.41(.0024)**
기술속성인지도	668.50	3	222.83	7.83(.0002)***
기술환경 변화 대응도	52.76	3	17.58	1.08(.3614)
전문직적 활동	225.94	3	75.31	6.80(.0004)***
시스템개발운용	1318.21	3	439.40	20.46(.0001)***

(주) *: P〈.05
　　**: P〈.01
　　***: P〈.001
　（　）: P(유의수준)

〈표 40〉 세부변수와 혁신실행 유형과의 일원적 분산분석

변　수		자승합 (SS)	자유도 (df)	평균자승 (MS)	F
조직 규모	운영예산	34.79	3	11.59	2.52(.0632)
	전임직원	82.95	3	27.65	3.69(.0151)*
	소장단행본	2.50	3	.83	.16(.9256)
	소장 연속 간행물	11.00	3	3.66	.94(.4245)
조직 가용 자원	재정 가용자원	2.45	3	.81	.47(.7068)
	인적 가용자원	4.99	3	1.66	.43(.7347)
	물리적 가용자원	106.27	3	35.42	14.29(.0001)***
공식화	업무의 규정화	3.33	3	1.11	1.07(.3646)
	규정의 준수도	1.91	3	.63	1.41(.2461)
	지시・명령의 공식화	4.27	3	1.42	2.13(.1031)
분화	계층적 수준	2.52	3	.84	4.19(.0084)**
	분산화수준	5.72	3	1.90	10.19(.0001)***
전문화	과업적 문성	.60	3	.20	.29(.8326)
	인적 전문성	1.66	3	.55	.73(.5372)
분권화	의사결정참여도	7.63	3	2.54	6.00(.0011)**
	권위의 계층화	.53	3	.17	.58(.6312)
기술 속성 인지도	상대적 이점	107.78	3	35.92	4.18(.0094)**
	복잡성	211.56	3	7.52	8.30(.0001)***
	적합성	10.80	3	3.60	1.86(.1437)
전문직적 활동	전문협회(학회)활동	59.67	3	19.89	4.63(.0051)**
	학술연구 활동	52.96	3	17.65	4.60(.0052)**
시스템 개발 운용	시스템개발능력수준	949.29	3	316.43	18.43(.0001)***
	시스템운용참여수준	32.71	3	10.90	3.52(.0175)*

(주) *: P〈.05
　　**: P〈.01
　***: P〈.001
　(　): P(유의수준)

<표 41> 혁신실행 유형별 주요 변수의 평균치

혁신실행 유형 변 수	정태적 유형	기술 지향적 유형	조직 지향적 유형	기술사회 시스템적 유형
조직 규모	2.4705 (-)	2.0000 (-)	2.6408 (-)	3.7096 (-)
조직 가용자원	7.7857 (저)	9.6666 (-)	9.6923 (-)	11.2500 (고)
공식화	9.1029 (-)	9.1111 (-)	10.3928 (-)	8.9782 (-)
분 화	2.9193 (저)	3.0000 (저)	3.7916 (고)	3.9090 (고)
전문화	8.0735 (-)	8.3888 (-)	7.6428 (-)	8.1500 (-)
분권화	5.4330 (저)	6.0779 (-)	6.1098 (-)	6.5137 (고)
기술속성인지도	63.5271 (저)	68.8144 (고)	62.5208 (저)	70.0375 (고)
기술환경 변화 대응도	46.8800 (-)	48.0000 (-)	48.6785 (-)	48.7321 (-)
전문직적 활동	13.3461 (저)	14.3125 (-)	13.1153 (저)	17.0576 (고)
시스템 개발운용	2.2941 (저)	3.7777 (저)	3.7857 (저)	10.9032 (고)

(주) ( ): 튜키 다중비교 검증결과(－: 유의한 차이 없음)

<표 42> 혁신실행 유형별 세부변수들의 평균치

변 수	혁신실행 유형	정태적 유형	기술지향적 유형	조직 지향적 유형	기술사회 시스템적 유형
조직 규모	운영예산	2.4705 (-)	2.0000 (-)	2.6428 (-)	3.7096 (-)
	전임직원	4.2058 (저)	3.4444 (저)	6.7142 (고)	5.1290 (-)
	소장도서	3.2941 (-)	3.0000 (-)	3.6428 (-)	3.2580 (-)
	소장 연속 간행물	2.5882 (-)	3.1111 (-)	2.6428 (-)	3.3548 (-)
조직 가용 자원	재정 가용자원	3.8500 (-)	3.5000 (-)	4.2307 (-)	3.9000 (-)
	인적 가용자원	1.6470 (-)	1.7777 (-)	1.8571 (-)	2.1935 (-)
	물리적 가용자원	2.0967 (저)	3.5000 (-)	3.5555(고)	4.7333(고)
공식화	업무의 규정화	3.0147 (-)	3.1111 (-)	3.5714 (-)	3.2758 (-)
	규정의 준수도	2.8529 (-)	2.8888 (-)	3.0714 (-)	2.9666 (-)
	지시·명령의 공식화	3.2352 (-)	3.1111 (-)	3.7500 (-)	3.0961 (-)
분 화	계층적 수준	1.8787 (저)	1.8888 (-)	2.2307 (-)	2.2400 (고)
	분산화 수준	1.0468 (저)	1.1111 (저)	1.6538 (고)	1.5555 (고)
전문화	과업 전문성	4.0441 (-)	4.1666 (-)	3.8571 (-)	3.9838 (-)
	인적 전문성	4.0294 (-)	4.2222 (-)	3.7857 (-)	4.1666 (-)

변 수	혁신실행 유형	정태적 유형	기술지향적 유형	조직 지향적 유형	기술사회 시스템적 유형
분권화	의사결정참여도	2.5629 (저)	3.0454 (-)	2.9898 (-)	3.3251 (고)
	권위의 계층화	3.0104 (-)	3.0000 (-)	2.7948 (-)	3.0246 (-)
기술 속성 인지도	상대적 이점	32.4130 (저)	34.2222 (-)	31.9375 (저)	35.0375 (고)
	복잡성	18.4419 (저)	21.5366 (고)	18.0515 (저)	21.0515 (고)
	적합성	12.6200 (-)	13.0555 (-)	12.5384 (-)	13.3965 (-)
전문직적 활동	전문협회(학회)활동	8.5961 (저)	8.9375 (-)	8.3846 (저)	10.3965 (고)
	학술연구 활동	4.7343 (저)	5.2222 (-)	4.6785 (저)	6.5000 (고)
시스템 개발 운용	시스템개발능력수준	0.6764 (저)	1.6666 (저)	1.5000 (저)	7.8709 (고)
	시스템 운용참여수준	1.6176 (저)	2.1111 (-)	2.2857 (-)	3.032 (고)

(주) ( ): 튜키 다중비교 검증결과(- : 유의한 차이 없음)

혁신실행 유형 집단 간에 유의한 차이를 보인 6개의 주요 변수들, 조직 가용자원, 분화, 분권화, 기술속성인지도, 전문직적 활동, 시스템개발 운용 등을 분석해보면 모두 0.05 미만의 유의수준으로 혁신실행 유형 간에 분산 차이를 보이고 있으며 0.05 미만의 유의수준에 의한 튜키 다중 비교 검증결과도 〈표 41〉에서 보는 바와 같이 혁신실행 유형 간에 평균 치 차이를 나타내고 있다. 즉 조직 가용자원, 분화, 분권화, 시스템개발운용 등 네 변수에 있어서는 정태적 유형→기술지향적유형→조직지향적 유형→기술사회시스템적 유형의 순으로 그 평균값이 높아지는 것으로 나타나 조직 가용자원이 많고, 분화와 분권화가 클수록, 또한 시스템개발 응용수준이 높을수록 위의 순서로 혁신실행 유형이 이루어지는 경향이 있음을 알 수 있다. 그러나 조직 가용자원과 분권화에 있어서는 정태적 유형과 기술사회시스템적 유형 간에만 평균치 차이가 유의하게 나타났고 다른 유형들 간에는 이들의 평균치에 있어서 통계적으로 유의한 차이가 나타나지 않았다. 또한 분화에 있어서는 조직지향적 유형과 기술사회시스템적 유형, 정태적 유형과 기술지향적 유형 간에 그 평균값이 통계적으로 유의하게 나타나지 않았고, 시스템개발운용에 있어서도 정태적 유형과 기술지향적 유형 및 조직지향적 유형, 그리고 기술지향적 유형과 조직지향적 유형 간에 유의한 차이가 나타나지 않아 이들 유형 간에 있어서의 평균치 차이는 신중하게 받아들여져야 할 것이다.

기술속성인지도는 조직지향적 유형→정태적 유형→기술지향적 유형→기술사회시스템적 유형의 순으로 높아지는 것으로 나타나 기술속성인지도가 높아짐에 따라 위와 같은 순으로 혁신실행 유형이 이루어지는 경향이 있음을 알 수 있다. 그러나 정태적 유형과 기술지향적 유형 및 조직지향적 유형, 기술지향적 유형과 기술사회시스템적 유형 간에는 통계적으로 기술속성인지도의 평균치에 있어서 유의한 차이가 나타나지 않았다. 또한 전문직적 활동은 조직지향적 유형→정태적 유형→기술지향적 유형→기술사회시스템적 유형의 순으로 그 평균치가 높아지는 것으로 나타나 전문직적 활동이 활발해짐에 따라 위와 같은 순으로 혁신실행 유형이 이루어지는 경향이 있음을 알 수 있는데 통계적으로 유의한 차이가 나타난 것은 정태적 유형과 기술사회시스템적 유형, 조직지향적 유형과 기술사회시스템적 유형 간의 차이뿐이고 다른 유형들 간에는 통계적으로 유의한 차이가 나타나지 않아 이들 유형 간의 평균치 차이는 신중하게 해석되어야 할 것이다.

또한 가설 5.3의 혁신실행 유형과 조직성과와의 관계를 규명하기 위해 일원적 분산분석을 실시한 결과가 〈표 43〉에 나와 있다.

〈표 43〉에서 보는 바와 같이 조직성과에 있어서 혁신실행 유형 간에 통계적으로 유의한 차이가 나타났으며, 이에 대해 튜키 다중비교 검증을 실시한 결과 〈표 44〉에서와 같이 정태적 유형→조직지향적 유형→기술지향적 유형→기술사회시스템적 유형의 순으로 조직성과의 평균치가 높아지는 것으로 나타났다. 그러나 통계적으로 유의한 평균치 차이는 정태적 유형과 기술사회시스템적 유형 간에만 나타났다.

〈표 43〉 조직성과와 혁신실행 유형과의 일원적 분산분석

변 수	자승합 (SS)	자유도 (df)	평균자승 (MS)	F
조직성과	83.77	3	27.92	6.52(.0008)***

(주) ***: P〈.001
　( ): P(유의순준)

〈표 44〉 혁신실행 유형별 조직성과의 평균치

혁신실행 유형 변 수	정태적 유형	기술 지향적 유형	조직 지향적 유형	기술사회 시스템적 유형
조직성과	11.173(저)	13.111(-)	12.962(-)	13.754(고)

(주) ( ): 튜키 다중비교 검증결과(-: 유의한 차이 없음)

즉 이 분석결과는 트리스트가 "사회기술시스템은 단지 총체적인 시스템으로서 운영될 때 효과적으로 활용될 수 있다."는 주장을 뒷받침해주고 있다.[27] 에머리도 사회적인 시스템과 기술적인 시스템들이 상호 균형을 이루어야 하기 때문에 다른 시스템에 대한 고려 없이 한 시스템만을

---

27) E. L. Trist, "A Socio-Technical Critique of Scientific Management," Paper presented to the Edinburgh Conference on the Impact of Science and Technology(May.1970), p.13.

최적화하려는 시도는 결국은 전체적인 시스템의 성과를 낮게 할 것이라고 하였다. 트리스트는 사회기술시스템의 독립적인-상호 관계의 특징들을 다음과 같이 설명하고 있다.

> "기술적인 시스템과 사회적인 시스템들은 후자가 사회과학의 법칙을 따르고 목적이 있는 시스템이라는 점과 전자가 자연과학의 법칙을 따른다는 의미에서는 각기 독립적이다. 하지만 한 시스템은 입력을 출력으로 변환시키기 위해서 다른 한 시스템을 필요로 한다는 점에서, 즉 작업시스템의 기능적인 업무를 포함하고 있는 다른 한 시스템을 필요로 한다는 점에서 서로 상호 관계가 있다."[28]

독립적이지만 상호 관계가 있는 시스템의 공동 최적화의 개념은 "지향적인 상관성(directive correlation)"이라는 소머호프(G. Sommerhoff)의 이론에서 유래된다. "지향적인 상관성"의 수학적인 정의는 조직 활동과 과정들의 목표-지향적의 개념을 제공한다. 그는 시스템의 환경에 대한 진화론적인 적응을 나타내기 위하여 "지향성"이라는 용어를 사용하였다. 즉 "지향적인 상관성"은 사회적인 시스템과 기술적인 시스템들이 높은 조직성과를 달성하기 위하여 서로 상호작용이 필요하게 되는 상황을 기술해주고 있다.

사회적인 시스템과 기술적인 시스템 사이의 관계는 엄격하게 일 대 일의 관계가 아니라 상관적인 관계이다. 개방시스템으로서, 사회기술시스템은 비록 그 환경과 영구적인 상호 관계가 있기는 하지만 선택적이며 스스로 통제하는 상태로 남아있다. 그것은 일정한 목적을 성취하기 위하여 힘을 발휘한 후 그 일정한 상태를 유지한다. 기술적인 시스템에서의 변

---

28) E. L. Trist, *The Evolution of Socio-Technical Systems as a Conceptual Framework and as an Action Research Program*, (Philadelphia, Penn.: Center for the Study of Organization Innovation, the University of Pennsylvania, 1980), p.14.

화들은 사회적인 시스템의 변화들을 필요로 한다. 전체시스템의 성과는 사회적인 시스템이 이러한 필요조건(요구)들을 대처할 수 있느냐 하는 상응성에 달려있다.[29] 만일 사회적인 시스템이 기술적인 시스템의 변화 속도에 대처할 수 없다면, 그 조직의 효과적인 성과를 위해서 필요한 두 시스템들 간의 적합관계는 달성되지 못할 것이다. 그러면, 기술적인 시스템과 사회적인 시스템들은 충분히 그 역량을 발휘할 수 없게 될 것이며, 결과적으로 조직의 성과에는 부정적인 영향을 미치게 될 것이다.

가설 5.4에서는 조직의 규모라는 상황요인에 따라 혁신실행 유형이 조직성과에 미치는 영향이 다를 것이라고 설정하였다. 이를 검증하기 위해서 〈표 45〉에서 보는 바와 같이 이원적 분산분석을 실시하였다. 분석결과는 혁신실행 유형은 조직성과에 영향을 미치고 있으나, 규모는 조직성과에 영향을 미치지 않았으며, 혁신실행 유형과 규모가 서로 결합한 상태에서도 조직성과에 영향을 미치지 않았다. 즉 혁신실행 유형에 따른 조직성과는 유의적인 차이를 보이고 있으나 규모와 혁신실행 유형이 결합한 상태에서의 조직성과는 유의적인 차이가 없는 것으로 나타나, 조직의 규모에 따라 혁신실행 유형이 조직성과에 미치는 영향이 다를 것이라는 가설 5.4는 지지되지 못했다.

참고로 본 연구의 두 표본대상 집단인, 대학도서관과 전문도서관 간의 변수들의 차이를 보기 위해 〈표 46〉, 〈표 47〉과 같이 t-검증(t-test)을 실시하였다. t-검증 결과 중 유의한 결과를 중심으로 살펴보면 다음과 같다.

주요 변수들 중에서는 분권화, 전문직적 활동, 시스템개발운용, 기술적 혁신 등의 주요 변수들에서 대학도서관과 전문도서관 간에 유의한 차이

---

29) F. E. Emery .and E. L. Trist, "Socio-Technical Systems," in *Management Science: Models and Techniques*, edited by C. W. Churchman and M. Verhulst(Oxford: Pergamon, 1960).
Damanpour, *Technical versus Administrative Rates*, p.50에서 재인용.

가 나타났으며, 나머지 변수들인 조직규모, 조직 가용자원, 공식화, 분화, 전문화, 기술속성인지도, 기술환경변화 대응도, 행정적 혁신, 조직성과에서는 유의한 차이가 나타나지 않았다. 유의한 차이가 나타난 네 가지 변수들에서는 다 전문도서관이 대학도서관에 비해서 높은 것으로 차이가 나타났다.

<표 45> 조직성과에 대한 규모와 혁신실행 유형의 이원적 분산분석

	자승합 (SS)	자유도 (df)	평균자승 (MS)	F
규 모	6.55	2	3.27	1.12(.3322)
혁신실행 유형	83.96	3	27.98	9.58(.0001)***
규모*혁신실행 유형	4.58	6	.76	.26(.9525)
오 차	172.29	68	2.92	
전 체	267.29	79		

(주) ***: P〈.001
　( ): P(유의수준)

　세부변수들 중에는 전임직원, 소장단행본, 소장연속간행물 등의 조직규모변수들에서 대학도서관이 전문도서관보다 더 많은 것으로 유의한 결과가 나타났다. 조직규모 세부변수들 중 업무의 규정화, 과업전문성 등에서는 대학도서관이 전문도서관보다 더 높은 것으로 유의한 결과가 나타났으나 의사결정 참여도에서는 전문도서관이 대학도서관에 비해서 높은 것으로 유의한 차이가 나타났다.

　기술속성인지도 중에서는 복잡성이, 그리고 전문직적 활동 중에서는 전문협회(학회)활동이 전문도서관이 대학도서관에 비해서 높은 것으로 유의한 차이가 나타났으며, 시스템개발 능력수준도 전문도서관이 대학도서관에 비해서 높은 것으로 유의한 결과를 보였다.

〈표 46〉 주요 변수별 대학도서관과 전문도서관 간의 t-검증 결과

도서관종별 변 수	대학도서관(N=58)		전문도서관(N=29)		T
	평 균	표준편차	평 균	표준편차	
조직규모	3.10	2.17	2.44	2.21	1.31(.1918)
조직 가용자원	9.49	3.59	9.38	2.58	.11(.9123)
공식화	9.51	1.90	8.80	1.88	1.57(.1201)
분 화	3.45	.67	3.15	.93	1.51(.5824)
전문화	8.12	1.37	7.94	1.39	.55(.5824)
분권화	5.67	.84	6.62	1.04	-3.80(.0003)***
기술속성인지도	65.43	6.06	68.07	6.16	-1.55(.1261)
기술환경변화 대응도	48.16	3.78	47.74	4.57	.43(.6679)
전문직적 활동	13.73	2.92	16.91	4.31	-3.69(.0004)***
시스템개발운용	4.37	4.77	8.44	7.26	-2.74(.0090)***
기술적 혁신	6.25	4.55	9.89	4.76	-3.44(.0090)***
행정적 혁신	6.64	3.00	7.00	4.09	-.45(.6486)
조직성과	12.27	2.33	13.51	1.66	-1.78(.0784)

(주) ***: P〈.001
　　( ): P(유의수준)

〈표 47〉 세부변수별 대학도서관과 전문도서관 간의 t-검증결과

도서관종별 변 수		대학도서관 (N=58)		전문도서관 (N=29)		T
		평 균	표준편차	평 균	표준편차	
조직 규모	운영예산	3.10	2.17	2.44	2.21	1.31(.1918)
	전임직원	4.27	1.85	2.06	1.66	5.40(.0000)***
	소장단행본	4.27	2.17	1.34	.66	7.07(0000)***
	소장 연속 간행물	3.27	2.09	2.20	1.49	2.44(.0165)*
조직 가용 자원	재정 가용자원	3.82	1.32	4.16	1.26	-.97(.3343)
	인적 가용자원	2.05	2.08	1.55	1.63	1.12(.2629)
	물리적 가용자원	3.44	2.02	3.39	1.70	.12(.9047)
공식화	업무의 규정화	3.35	.92	2.89	1.14	1.99(.0488)*
	규정의 준수도	2.91	.68	2.96	.68	-.33(.7396)
	지시·명령의 공식화	3.33	.92	3.11	.58	1.29(.1988)
분 화	계층적 수준	2.10	.36	1.91	.65	1.34(.1905)
	분산화수준	1.37	.52	1.21	.42	1.35(.1788)
전문화	과업전문성	4.15	.74	3.70	.91	2.44(.0164)*
	인적 전문성	3.96	.89	4.24	.78	-1.40(.1633)
분권화	의사결정참여도	2.71	.54	3.49	.76	-4.87(.0000)***
	권위의 계층화	2.91	.51	3.11	.59	-1.54(.1261)
기술 속성 인지도	상대적 이점	33.48	3.04	33.18	3.47	0.34(.7319)
	복잡성	18.98	3.08	21.71	3.07	-3.60(.0006)***
	적합성	12.81	3.35	13.24	1.51	-.123(.2194)
전문직 적활동	전문협회(학회)활동	8.66	1.91	10.54	2.29	-3.74(.0004)***
	학술연구 활동	4.99	1.70	6.14	2.62	-2.00(.0529)
시스템 개발 운용	시스템개발능력수준	2.35	3.83	5.65	6.88	-2.4042(.0214)*
	시스템운용참여수준	2.01	1.70	2.79	1.97	-1.90(.0602)

(주) *: P〈.05
　　　**: P〈.01
　　***: P〈.001
　（　）: P(유의수준)

t-검증 결과를 종합적으로 분석해보면 전임직원, 소장단행본, 소장연속간행물 등의 조직규모와 업무의 규정화, 과업전문성 등에서는 대학도서관이 전문도서관보다 높은 것으로 유의한 차이가 나타났다. 그러나 의사결정 참여도, 복잡성 등의 기술속성인지도, 관리층의 전문협회(학회)활동, 시스템개발 능력수준, 기술적 혁신의 실행정도에서는 전문도서관이 대학도서관보다 높은 것으로 유의한 차이를 보이고 있다. 즉 전반적으로 대학도서관이 조직의 규모 등에서는 크다고 하더라도 조직의 혁신성에서는 전문도서관이 대학도서관보다 더 높은 것으로 나타나 전문도서관이 기술의 발달 등 환경의 변화에 더욱 더 신속하게 대처하며 도서관조직에도 이를 적용시키는 경향이 있는 것으로 해석된다.

7.3 가설검증의 결과

본 연구의 가설검증결과들을 요약하면 다음과 같다.

1) 기술속성인지도, 기술환경변화 대응도와 혁신의 실행정도와의 상관관계에 관한 실증적 분석에서 기술속성인지도는 기술적 혁신의 실행정도에 대해서 높은 정의 상관관계가 있음을 보여주고 있으며(r=.61, P〈.001), 기술환경변화 대응도는 행정적 혁신의 실행정도에 대해서 유의한 정의 상관관계를 보여주고 있다(r=.31, P〈.01).

또한 기술적인 혁신에 대한 단계추가법 회귀방정식에서도 기술속성인지도는 제1단계로 투입되는 가장 중요한 예측변수임을 나타내고 있어(R^2=.33, F=7.00, P〈.05), 기술속성인지도가 기술적인 혁신의 실행정도를 설명할 수 있는 중요한 예측변수가 될 수 있음을 확인할 수 있었다. 한편 기술환경변화 대응도는 기술적인 혁신의 실행정도와는 유의한 상관관계를 보이지 않고 있다. 그러나 행정적인 혁신과는 유의한 정의 상관관계를 보이고 있으며(r=.31, P〈.01), 단계별 회귀분석결과에서도 행정적인 혁신에 영향을 미치는 중요한 기여요인으로서 세 번째로 나타나고 있어 행정적 혁신의 실행정도를 설명할 수 있는 중요한 예측변수임을 나타내고 있다. 또한 조직의 규모가 크고 가용자원이 클수록 기술속성인지도와 기술적 혁신의 실행정도 간의 상관관계가 높아지는 경향이 있는 것으로 나타나 조직규모와 조직의 가용자원은 기술속성인지도와 혁신의 실행정도와의 관계를 정확하게 해주는 매개변수의 역할을 하게 됨을 보여주고 있다. 결과적으로 분석결과는 가설을 부분적으로 지지하고 있는 것으로 나타났다.

2) 조직의 규모, 가용자원과 혁신의 실행정도와의 상관관계에 관한 분석결과에 있어서 조직의 규모와 조직의 가용자원은 기술적인 혁신과 행정적인 혁신과의 관계에서 정의 유의한 상관관계를 보이고 있다. 조직의 가용자원은 피어슨 상관관계 분석에서 혁신의 실행정도와 높은 정의 상관관계를 보이고 있으며(기술적인 혁신: r=.47, P〈.001), 행정적인 혁신: r=.54, P〈.001), 단계추가법 회귀방정식에서 기술적인 혁신에 대해서는 제2단계(R^2=.09, F=3.06, P〈.05), 행정적인 혁신에 대해서는 제1단계로 투입되면서(R^2=.22, F=5.27, P〈.05) 혁신의 실행정도에 많은 영향력을 가진 예측변수로 나타나고 있다. 조직의 규모는 피어슨 상관관계 분석에서 기술적인 혁신의 실행정도와 통계적으로 유의한 결과(r=.27, P〈.05)가 나왔으며 행정적인 혁신과도 정의 상관관계(r=.29, P〈.01)가 나왔으나 단계별 회귀분석에서 혁신의 실행정도에 영향을 미치는 중요한 기여변수로 나타나지 않아 2차적인 분석을 실시하였다. 즉 조직규모변수를 기술적인 혁신 및 행정적인 혁신에 대한 회귀방정식의 제1단계에 투입했을 때 조직규모변수는 기술적인 혁신에 대해서는 전체 변량의 7%(R^2=.07)를 설명할 수 있는 것으로 나타났으며(F=6.57, P

〈.05), 행정적인 혁신에 대해서는 9%(R^2=.09)를 설명할 수 있는 것으로 나타났다(F=2.10, P〈.05). 결과적으로 조직규모변수는 모든 변수들이 단계별 회귀분석에서 분석될 때는 기술적인 혁신 및 행정적인 혁신에 중요한 영향력을 미치는 변수로 나타나지 않지만 조직규모변수만으로 분석될 때는 기술적인 혁신에 대해 7% 정도, 행정적인 혁신에 대해서는 9% 정도를 설명할 수 있는 예측변수임을 나타내주고 있어 조직의 혁신성은 조직규모 및 가용자원이 커질수록 상승한다는 가설을 유의하게 지지하고 있다.

3) 조직구조변수들과 혁신의 실행정도와의 상관관계에 대한 실증적 분석에서 통계적으로 유의한 관계를 보인 변수들은 조직의 분권화와 조직의 분화로 나타났다. 조직의 분권화(기술적인 혁신: r=.53, P〈.001, 행정적인 혁신: r=.47, P〈.001)와 조직의 분화(기술적인 혁신: r=.48, P〈.001, 행정적인 혁신: r=.67, P〈.001)는 혁신의 실행정도와 유의한 정의 상관관계를 보이는 반면 조직의 전문화와 조직의 공식화는 혁신의 실행정도 변수와 유의한 관계를 보이지 않았다. 조직구조변수들과 기술적 혁신의 실행정도와의 단계별 회귀분석에서는 조직구조변수들이 영향력 있는 예측변수로서 나타나지 않았다. 그러나 행정적 혁신의 실행정도와의 단계별 회귀분석에서는 분화가 행정적인 혁신의 실행정도에 영향을 미치는 중요한 기여변수로서 두 번째로 나타나고 있어(R^2=.18, F=8.81, P〈.01) 행정적 혁신의 실행정도를 설명할 수 있는 강력한 예측변수임을 보여주고 있다. 조직구조변수들을 2차적인 단계추가법 회귀방정식에서 제1단계로 투입한 결과 기술적인 혁신의 실행정도에 대해서는 분권화가 전체 변량의 28%(R^2=.28, F=23.31, P〈.001), 분화가 23%(R^2=23, F=21.02, P〈.001)를 설정할 수 있는 것으로 나왔고 행정적인 혁신에 대해서는 분권화가 27%(R^2=.27, F=21.75, P〈.001)를 설명할 수 있는 것으

로 나왔다. 즉 이들 변수들이 모든 변수들과 함께 단계별 회귀분석에서 분석될 때는 기술적인 혁신 및 행정적인 혁신에 중요한 영향력을 미치는 변수로 나타나지 않지만 이들 변수들만으로 분석될 때는 혁신의 실행정도를 예측할 수 있는 변수임을 보여주고 있다. 또한 조직구조변수와 기술적 혁신 및 행정적 혁신과의 상관관계에 있어서 조직규모와 조직의 가용자원을 상황변수로 설정한 가설의 분석결과는 조직의 규모 및 조직의 가용자원이 클수록 조직의 분화, 조직의 분권화와 기술적 혁신 및 행정적 혁신의 실행정도와의 상관관계가 상당히 높아지는 것으로 나타나, 조직의 규모와 가용자원이 클수록 조직구조의 유기성과 조직의 혁신실행정도와의 상관관계가 더욱 높게 나타난다는 것을 보여주고 있다. 따라서 본 연구에서 조직의 혁신성은 혁신적인 대안들을 개발하고 채택을 가능하게 하는 조직구조의 유기성이 증가함에 따라 상승한다는 가설은 통계분석결과 부분적으로 지지되고 있음이 나타났다.

4) 관리자층의 전문직적 활동과 혁신의 실행정도와의 상관관계에 관한 분석결과는 관리자층의 전문직적 활동이 증가함에 따라 혁신의 실행정도도 증가된다는 유의한 정의 상관관계를 보여주고 있다(기술적인 혁신: r=.57, P<.001, 행정적인 혁신: r=.34, P<.001). 전문직적 활동과 혁신의 실행정도와의 단계별 회귀분석결과에서 전문직적 활동은 기술적인 혁신에 대한 단계추가법 회귀방정식에서 제3단계로 투입되는 중요한 예측변수임을 나타내고 있으나(R^2=.13, F=6.96, P<.05) 행정적인 혁신에 대한 예측변수로는 나타나지 않았다. 그러나 2차적인 회귀분석에서 관리자층의 전문직적 활동을 회귀방정식의 제1단계에 투입했을 때 전문직적 활동은 행정적인 혁신의 실행정도에 관해서 9%(R^2=.09) 정도의 설명력을 갖고 있는 것으로 나타나(F=4.787, P<.05), 결과적으로 전문직적 활동이 혁신의 실행정도를 설명할 수 있는 강력한 예측변수가 될 수 있다

는 가설을 유의하게 지지하였다.

일원적 분산분석을 통해 관리자층의 특성(관리자층의 연령과 교육수준 그리고 도서관 경력년수)과 전문직적 활동(전문협회 및 학회활동과 학술연구 활동)과의 관계를 보면 관리자층의 연령별로 전문직적 활동 간에는 유의한 차이가 나타나지 않았고 교육수준과 도서관 경력년수에 따라 전문직적 활동 간에 유의한 분산 차이를 보였다. 교육수준에 따른 전문직적 활동은 대학원졸 이상의 집단이 대졸 집단보다 높은 것으로 나왔으며, 도서관 경력년수가 보통 수준인 관리자층의 집단(3년 이상-6년 미만)이 도서관 경력년수가 아주 많은 관리자층의 집단(10년 이상)보다 학술연구 활동이 활발한 것으로 나타났다.

관리자층의 특성(연령, 교육수준, 도서관 경력년수, 전문협회 및 학회활동, 학술연구 활동)에 따른 기술적 환경인지도(기술속성인지도와 기술환경변화 대응도) 간의 차이를 분석하기 위해 연령, 교육수준, 도서관 경력년수, 전문협회(학회)활동, 학술연구 활동 등 다섯 가지 관리자특성변수에 대하여 일원적 분산분석을 실시한 결과는 다음과 같다. 즉 기술의 속성 중에서 복잡성과 상대적 이점은 연령층 간에 유의한 분산 차이를 보였으며, 연령이 낮을수록 기술속성인지도가 높아지는 경향이 있는 것으로 나타났다. 또한 기술의 속성 중 복잡성은 도서관 경력년수에 따라 유의한 차이가 나타났는데, 도서관 경력년수가 보통 수준의 관리자층의 집단(3년 이상-6년 미만)이 도서관 경력년수가 아주 많은 관리자층의 집단(10년 이상)보다 기술에 대해서 더 긍정적으로 인식하는 것으로 나타났다.

전문협회(학회)활동과 학술연구 활동에 따른 기술속성인지도 간의 차이를 분석하기 위해 일원적 분산분석을 실시한 결과는 복잡성이 전문협회(학회)활동에 따라 유의한 분산 차이를 보였으며, 전문협회(학회)활동이 활발할수록 기술속성인지도 중 복잡성이 높아지는 것으로 나타났다.

학술연구 활동에 따른 기술속성인지도 간의 차이를 분석한 결과는 기술의 속성 중 상대적 이점과 복잡성이 학술연구 활동에 따라 유의한 차이가 있는 것으로 나타났다. 즉 학술연구 활동이 활발할수록 기술의 속성에 대한 인지도가 높아지는 것으로 나타나, 결과적으로 전문협회(학회) 활동이 활발하고 학술연구 활동이 활발하게 되면 기술에 대한 인지도가 더욱더 높아짐을 알 수 있다.

  5) 조직의 성과와 조직의 혁신실행 정도와의 상관관계에 관한 분석결과에 있어서 조직의 성과는 기술적 혁신과 유의한 정의 상관관계를 보이고 있으며($r = .47$, $P < .001$), 행정적 혁신과도 정의 상관관계가 유의하게 나타나고 있어($r = .51$, $P < .001$) 조직의 혁신실행 정도가 높을수록 조직성과가 높아짐을 나타내고 있다. 또한 혁신실행 유형과 조직성과와의 관계를 규명하기 위해 일원적 분산분석을 실시한 결과 조직성과에 있어서 혁신실행 유형 간에 통계적으로 유의한 차이가 나타났으며 조직성과의 평균치는 기술사회시스템적 유형에서 가장 높고 그 다음이 기술지향적 유형, 조직지향적 유형순이고 정태적 유형에서 조직성과의 평균치가 가장 낮은 것으로 나타났다. 그러나 통계적으로 유의한 평균치 차이는 정태적 유형과 기술사회시스템적 유형 간에만 나타났다. 조직규모에 따른 혁신실행 유형과 조직성과와의 관계분석은 혁신실행 유형은 조직성과에 영향을 미치고 있으나, 조직규모는 조직성과에 영향을 미치지 않았으며, 혁신실행 유형과 규모가 서로 결합한 상태에서도 조직성과에 영향을 미치지 않는 것으로 나타났다. 결론적으로 통계분석결과 조직의 성과는 조직규모에 의해서는 영향을 받지 않으나 조직의 혁신성(혁신의 실행정도)과 혁신실행 유형에 따라서 달라지고 있음을 보여주고 있다.

08

결 론

8.1 연구결과의 요약

본 연구에서는 기존의 조직의 혁신성에 관한 제 접근방법들을 종합적으로 비교 평가하여 보다 합리적인 접근방법으로서 도서관의 혁신성에 대한 포괄적인 변수의 설정 및 유형화를 통한 연구모형을 구축제시코자 하였으며, 아울러 본 모형에 관한 실증적 분석을 실시하였다.

본 연구에서 도서관의 혁신은 기술적 혁신의 실행정도와 행정적 혁신의 실행정도의 2개 부문으로 구분하였고 도서관의 혁신실행 유형은 혁신의 실행정도에 따라 정태적 유형, 기술지향적 유형, 조직지향적 유형, 기술사회시스템적 유형의 4개 부문으로 구분하였다. 독립변수는 조직규모, 조직 가용자원, 공식화, 분화, 전문화, 분권화, 기술속성인지도, 기술환경 변화 대응도, 전문직적 활동 등 9개의 변수이며, 종속변수는 기술적 혁신, 행정적 혁신, 조직의 성과 등 3개의 변수이다. 이와 같은 변수의 설정을 통해 본 연구에서는 도서관조직의 혁신영향요인들을 파악하였으며, 혁신의 실행정도에 따라 도서관 혁신실행 유형을 나누어 각 유형별로의 도서관특성을 살펴보았다. 또한 도서관 혁신실행 유형에 따른 도서관조직의 성과를 분석하고 상황변수에 따른 혁신실행 유형과 도서관조직의 성과 간의 관계를 규정하였다.

그 실증적 연구방법론에 있어서, 첫째, 조직특성변수, 관리자특성변수, 조직구조변수 등의 독립변수들과 기술적 혁신, 행정적 혁신 등의 종속변수들 간의 상관관계를 알아보기 위하여 피어슨 상관계수를 구하였다. 둘째, 관리자특성변수와 기술적 환경인지도, 혁신실행 유형 집단과 독립변수들 간의 관계, 혁신실행 유형과 성과 간의 관계분석 시에는 일원적 분산분석을 실시하였다. 셋째, 다중회귀분석 및 단계별 다중회귀분석을 통하여 각 변수 간의 영향력 서열, 결정계수(R^2)를 구하였다.

본 연구의 주요한 연구결과를 요약하면 다음과 같다.

첫째, 9개의 독립변수들 중 조직의 규모, 조직의 가용자원, 조직의 분권화, 조직의 분화, 전문직적 활등, 기술속성인지도 등의 6개의 변수들이 기술적인 혁신의 실행정도와 유의한 정의 상관관계를 보였다. 그러나 조직의 공식화, 조직의 전문화, 기술환경변화 대응도와는 상관관계가 없는 것으로 나타났다. 행정적인 혁신의 실행정도와 9개의 독립변수들과의 상관관계도 이와 비슷한 유형을 보였다. 즉 9개의 독립변수들 중에서 조직의 규모, 조직의 가용자원, 조직의 분권화, 조직의 분화, 전문직적 활동, 기술환경변화 대응도 등의 6개의 독립변수들이 유의한 정의 상관관계를 보였으나 다른 3개의 독립변수들인 조직의 전문화, 조직의 공식화, 기술속성인지도는 행정적인 혁신과 상관관계가 없는 것으로 나타났다.

즉 조직의 규모와 가용자원이 클수록, 또한 조직의 분화와 분권화 등의 조직의 유기성이 높을수록, 그리고 관리자층의 전문직적 활동이 활발하고 기술적 환경에 대한 인지도(기술속성인지도, 기술환경변화 대응도)가 높을수록 혁신의 실행정도가 높아지는 경향이 있다는 것을 보여주었다.

둘째, 본 연구에서 상관관계는 다만 두 변수들 간의 선형관계의 정도만을 제시해 줄 뿐, 그 자체로 여러 독립변수들이 종속변수에 미치는 영향을 규명해낼 수 없기 때문에 단계별 다변인 회귀분석을 사용하여 여러 독립변수들 중에서 중요한 변수들을 밝히고자 하였으며, 이에 대한 결정계수(R^2)를 구하였다. 기술적 혁신의 실행정도에 대한 9개의 독립변수들의 단계별 다변인 회귀분석결과는 기술속성인지도, 조직의 가용자원, 전문직적 활동 등의 3개의 독립변수들이 전체 변량의 55%(R^2=.55)를 설명할 수 있는 것으로 나타났다. 즉 기술적 혁신의 실행정도에 영향을 미치는 변수들 중에서 기술속성인지도가 가장 큰 영향을 미치며, 두 번째로 영향력이 큰 변수는 조직의 가용자원, 그리고 전문직적 활동의 순으로 영향을 미치고 있음을 알 수 있다. 행정적 혁신의 실행정도에 영향을 미치는 9개의 독립변수들의 단계별 다변인 회귀분석도 비슷한 결과를 보여주고 있다. 즉 조직의 가용자원, 조직의 분화, 기술환경변화 대응도 등의 3개의 독립변수들이 행정적인 혁신의 실행정도에 대해 약 50%(R^2=.50) 정도를 설명할 수 있는 것으로 나타났다.

셋째, 일원적 분산분석을 통해 관리자층의 특성(관리자층의 연령과 교육수준 그리고 도서관 경력년수)과 전문직적 활동(전문협회 및 학회활동과 학술연구 활동)과의 관계를 보면 관리자층의 교육수준과 도서관 경력년수에 따라 전문직적 활동 간에 유의한 분산 차이를 보이는 것으로 나타났다. 즉 교육수준에 따른 전문직적 활동은 교육수준이 높을수록 활발한 것으로 나타났으며, 도서관 경력년수에 따라 관리자층의 집단을 5 집단으로 나누었을 때 3번째 집단에 속하는 경력년수가 보통 수준인 관리자층의 집단(3년 이상－6년 미만)이 5번째 집단에 속하는 경력년수가 많은 관리자층의 집단(10년 이상)보다 학술연구 활동이 활발한 경향을 보였다.

관리자층의 특성(연령, 교육수준, 도서관 경력년수, 전문협회 및 학회활동, 학술연구 활동)에 따른 기술적 환경인지도(기술속성인지도와 기술환경변화 대응도) 간의 차이를 분석하기 위해 일원적 분산분석을 실시하였다. 분석결과는 기술의 속성 중에서 복잡성과 상대적 이점은 연령층 간에 유의한 분산 차이를 보였으며, 연령이 낮을수록 기술속성인지도가 높아지는 경향이 있는 것으로 나타났다. 또한 기술의 속성 중 복잡성은 도서관 경력년수에 따라 유의한 차이가 나타났는데, 도서관 경력년수가 보통 수준의 관리자층의 집단(3년 이상-6년 미만)이 도서관 경력년수가 많은 관리층의 집단(10년 이상)보다 기술에 대해서 더 긍정적으로 인식하는 경향이 있는 것으로 나타났다.

전문협회(학회)활동과 학술연구 활동에 따른 기술숙성인지도 간의 차이를 분석하기 위해 일원적 분산분석을 실시한 결과는 전문협회(학회)활동이 활발할수록 기술속성인지도 중 복잡성이 높아지는 것으로 나타났다. 학술연구 활동에 따른 기술속성인지도 간의 차이를 분석한 결과는 기술의 속성 중 상대적 이점과 복잡성이 학술연구 활동에 따라 유의한 차이를 보였다. 즉 전문협회(학회)활동과 학술연구 활동이 활발하게 되면 기술에 대한 인지도가 더욱 더 높아지며, 결과적으로 조직의 혁신성(기술적 혁신의 실행정도와 행정적 혁신의 실행정도)에 영향을 미치는 것으로 나타났다.

넷째, 본 연구에서는 도서관의 혁신실행 유형을 네 가지 유형, 즉 정태적 유형, 기술지향적 유형, 조직지향적 유형, 기술사회시스템적 유형으로 나누고 각 유형별 도서관의 특성을 변수들을 중심으로 비교·분석해 보았다. 일원적 분산분석에 의해 네 가지 유형별로 조직규모, 조직 가용자원, 분권화, 전문화, 분화, 공식화, 기술속성인지도, 기술환경변화 대응도, 전문직적 활동, 시스템개발 운용변수들 간의 차이를 검증한 결과는 다음과 같다. 즉 조직규모, 공식화, 전문화, 기술환경변화 대응도 간에는 유의한 차이가 나타나지 않았고, 조직 가용자원, 분화, 분권화, 기술속성인지도, 전문직적 활동, 시스템개발운용 간에는 네 가지 유형의 집단 간에 유의한 차이를 보였다. 전자의 4개 변수에 있어서 유의한 차이가 나타나지 않은 것은 이러한 변수들이 도서관의 혁신실행유행에 영향을 주지 못하는 것으로 해석될 수 있으나 다른 한편으로는 조직규모 등의 경우에 표본추출상의 편향(偏向)에 기인한 것으로 볼 수도 있을 것이다. 혁신실행유형 간에 유의한 분산 차이를 보인 6개의 변수들은 튜키 다중비교 검증결과에서 다음과 같이 혁신실행 유형 간에 평균치 차이를 나타내고 있다. 즉 혁신실행 유형 중에서 조직 가용자원, 분화, 분권화, 시스템개발 운용변수들은 기술사회시스템적 유형에서 그 평균치가 가장 높고 그 다음이 조직 지향적 유형, 기술지향적 유형순이며 정태적 유형에서 가장 낮은 것으로 나타났다. 기술속성인지도는 기술사회시스템적 유형에서 가장 높으며 그 다음이 기술지향적 유형, 정태적 유형, 그리고 조직지향적 유형에서 가장 낮은 것으로 나타났으며, 전문직적 활동은 기술사회시스템적 유형에서 가장 높고 그 다음이 기술지향적 유형, 정태적 유형이며, 조직지향적 유형에서 가장 낮은 것으로 나타났다. 그러나 이들 네 가지 혁신실행 유형 전체적으로는 유형 간에 총체적으로 유의한 차이가 나타나지 않았고 다만 부분적으로 유의한 차이가 나타났다. 즉 이들 6개 변수들 모두에서 정태적 유형과 기술사회시스템적 유형 간에 총체적으로 유의한 차이가 나타났으며 이외에 분화는 정태적 유형과 조직지향적 유형, 기술지향적 유형과 조직지향적 유형, 기술지향적 유형과 기술사회시스템적 유형 간에 차이가 나타났고 기술속성인지도는 조직지향적 유형과 기술지향적 유형, 조직지향적 유형과 기술사회시스템적 유형 간에 유의한 차이를 보이고 있다. 전문직적 활동은 조직지향적 유형과 기술사회시스템적 유형 간에 유의한 평균치 차이를 보이고 있으며, 시스템개발운용은 기술지향적 유형과 기술사회시스템적 유형 간에, 그리고 조직지향적 유형과 기술사회시스템적 유형 간에 유의한 차이를 나타내고 있다.

즉 네 가지 혁신실행 유형과 독립변수들 간의 분석결과는 도서관의 기술적인 혁신, 행정적인 혁신의 수준이 둘 다 높은 기술사회시스템적 유형의 도서관들에서 조직 가용자원, 분화, 분권화, 기술속성인지도, 전문직적 활동, 시스템개발 운용변수들의 평균치가 가장 높게 나타나고 있음을 보여주고 있다. 따라서 도서관조직의 가용자원이 크고, 분화와 분권화 등의 조직의 유기성이 높으며, 관리자들의 전문직적 활동이 활발하고 기술속성인지도가 높을수록, 그리고 시스템개발운용의 수준이 높을수록 도서관의 혁신실행 유형이 기술사회시스템적 유형으로 되는 경향이 있음을 알 수 있다.

다섯째, 혁신실행 유형과 조직성과와의 관계를 규명하기 위해 일원적 분산분석을 실시한 결과는 조직성과에 있어서 혁신실행 유형 간에 통계적으로 유의한 차이가 나타났으며 조직성과의 평균치는 기술사회시스템적 유형에서 가장 높고 그 다음이 기술지향적 유형, 조직지향적 유형순이고 정태적 유형에서 조직성과의 평균치가 가장 낮은 것으로 나타났다. 그러나 통계적으로 유의한 평균치 차이는 정태적 유형과 기술사회시스템적 유형 간에만 나타나고 있다. 즉 도서관조직의 성과는 기술적 혁신 및 행정적 혁신의 실행정도가 둘 다 높은 기술사회시스템적 유형의 도서관에서 가장 높으며, 반면에 기술적 혁신 및 행정적 혁신의 실행정도가 둘 다 낮은 정태적 유형의 도서관에서 조직의 성과가 가장 낮아짐을 알 수 있다. 따라서 결론적으로 도서관조직의 성과는 조직의 혁신실행 유형에 따라서 유의하게 달라진다는 것을 입증해 주었다. 즉 조직에서의 혁신은 조직성과의 목표를 위한 수단으로서 매우 중요한 의미를 갖는다고 하겠다.

이제까지는 본 연구의 결과를 요약·정리하여 보았다. 필자는 본 연구의 결과가 도서관의 혁신실행에 관련된 이론 개발 및 실증적 분석에 기여할 수 있는 여러 가지 의미를 제시하고 있다고 보는바, 이를 다음과 같은 몇 가지 사항들로 정리하여 보았다.

첫째, 본 연구 결과가 갖는 가장 큰 의미는 우리나라의 도서관조직에 있어서 혁신영향요인에 대한 연구를 조직상황론적 관점에서 최초로 시도했다는 사실이다. 본 연구에서는 연구모형의 구축을 위해 9개의 독립변수들을 도출하여 각 독립변수별로 혁신실행 정도와의 관계를 가설화하고 이에 대한 실증적 분석을 하였다. 이러한 실증적 분석결과는 향후 도서관조직의 혁신실행에 관한 상황적 이론 개발에 있어서의 기반을 이룰 수 있을 것으로 본다.

둘째, 기존의 혁신에 관련된 연구들의 접근방법상의 장단점을 비교·분석하고 이러한 접근방법들을 발전적으로 통합할 수 있는 새로운 접근방법을 모색하였다. 즉 본 연구에서는 도서관의 혁신성을 기술적인 혁신의 실행정도와 행정적인 혁신의 실행정도로 구분하고 이러한 혁신성을 기준으로 도서관의 혁신실행 유형을 네 부문으로 나누어 각 유형별로 독립변수들을 비교하여 혁신실행 유형과 독립변수들 간의 관계를 규명코자 하였다. 이러한 시도는 기존 연구에서는 수행된 바가 없었으며 따라서 본 연구에서의 도서관의 혁신실행 유형에 관한 개념설정은 도서관의 혁신실행 연구에서의 새로운 개념적 틀을 제시하였다고 볼 수 있을 것이다.

셋째, 혁신의 영향요인을 분석한 기존의 연구들이 주로 개개의 업무에 대한 성패요인을 중심으로 수행되거나 혹은 조직수준의 연구에서도 영향요인들을 단편적으로 고려하여 왔던 것에 비하여 본 연구에서는 조직수준에서 혁신에 영향을 미치는 요인들을 상황론적인 관점에서 복합적으로 분석하였다. 즉 조직의 혁신이 상황요인에 의해서 달라질 뿐만이 아니라 혁신의 영향요인들도 조직규모, 조직 가용자원 등의 상황요인에 의해 다른 유형을 취할 수 있다는 결과를 보여줌으로써 형태론적 접근방법에 의한 조직의 혁신연구에 보탬이 되고 있다.

넷째, 네 가지 혁신실행 유형과 조직성과와의 관계를 혁신실행에 관한 연구모형의 설정을 통해 이론적으로 밝히고 이에 대한 실증적 분석을 실시함으로써 조직의 성과와 관련된 혁신실행의 전략적인 수립에 관해 보다 포괄적인 이론정립의 가능성을 제시하였다.

즉 본 연구는 조직이 혁신을 수행함에 있어서 그 혁신성을 제고하기 위한 정책 및 방안수립에 여러 가지 시사점을 제시하고 있다고 보며 현실적인 도서관 혁신실행업무를 효과적으로 행할 수 있는 지침 및 기준의 방향설정에도 기여할 수 있을 것으로 생각된다.

8.2 향후 연구방향

본 연구가 가지고 있는 제약사항 및 연구설계상의 한계점으로 인하여 본 연구의 결과는 보다 신중하게 해석되어야 할 것이며, 또한 향후의 연구에서 이러한 문제점들이 참작되어야 할 것이다.

첫째, 표본추출상에 있어서 대학도서관의 경우는 종합대학교 도서관 위주로 이루어졌으며 전문도서관의 경우도 연구단지협의회 소속 도서관들과 기타 규모가 큰 전문도서관들을 대상으로 이루어져 도서관의 조직규모가 큰 쪽으로 편증되어 있어서 이러한 변수들이 포함되어 있는 통계분석결과는 신중하게 해석되어야 할 것이다.

둘째, 본 연구는 혁신실행 유형에 관한 탐색적 연구로서 선행연구가 제약되어 있는 관계로 본 연구결과를 기반으로 하여 혁신실행 유형과 상황변수들에 대해 이론적으로 보다 완전한 가설도출이 요구된다. 또한 본 연구에서 통계적 검증결과 지지되지 못한 가설은 재검토될 필요성이 크며 또한 이와 관련된 변수들의 조작적 정의 및 측정도구들도 재검토되고 보다 정교화되어야 할 것이고, 보다 대규모의 표본을 대상으로 한 실증적 연구의 시도가 요구된다고 본다. 특히, 본 연구에서 제시된 각 혁신의 내용 및 특성이 기존의 연구들을 거시적으로 통합한 결과이기는 하나 기존의 연구에서 취급된 변수들의 범위를 벗어나 새로운 변수를 포함하지는 못하였는바, 본 연구가 포함하지 못한 조직구조변수, 개인특성에 관한 다른 변수들을 지속적으로 분석하고 각 혁신실행 유형의 측정지표를 보다 확대·심화시켜나가야 할 것이다.

셋째, 본 연구의 목적은 도서관의 전체 혁신성과 조직성과를 측정하는 데 있었기 때문에 변수들과 혁신의 실행정도, 그리고 전체적인 조직성과만 측정했을 뿐 각각의 혁신실행성과를 측정하지는 못하였으나 향후 연구에서는 개개의 혁신들과 상황변수, 개개의 혁신의 실행성과가 동시에 고려되어야 할 필요성이 있다고 본다. 또한 혁신실행의 효과적인 평가 및 통제를 위해서는 보다 포괄적인 성과지표의 개발을 통해서 상황변수와 혁신의 실행유형, 그리고 혁신실행성과와의 통합적 모형이 개발되어야 할 것이다.

넷째, 본 연구는 조직상황론적 연구로서 분석대상이 되는 조직을 시스템으로 보고 시스템 경계의 외부를 상위시스템, 시스템 경계의 내부를 하위시스템으로 보아 분석할 때 상위시스템, 시스템과 관련된 거시적(매크로적) 변수인 환경, 규모 및 조직구조 간의 관계만을 다루었으며, 시스템, 하위시스템과 관련된 미시적(마이크로적) 변수, 즉 조직구조와 구성원의 행위 간의 관계는 다루지 않았다. 따라서 추후의 연구에서는 조직을 개방시스템의 관점에서 분석하되, 전체시스템의 관점에서 조직의 거시적 – 미시적(매크로-마이크로) 통합모형 및 통합적 상황적합이론의 전개가 필요하다고 하겠다.

마지막으로, 본 연구에서 상황변수를 포괄적으로 고려하기는 하였지만 보다 거시적인 상황 및 여건을 반영하는 변수가 포함되지 않아 혁신과의 관계가 불분명하게 나타났을 가능성을 배제하지 못하기 때문에 이러한 거시적 상황변수들을 연구설계 시에 포함하거나 또는 연구설계 시에 다양한 상황변수들을 통제함으로써 이러한 가능성을 줄일 수 있을 것이다. 따라서 향후 연구에서 보다 다양한 상황변수들과 표본추출에 의하여 본 연구모형을 재검토해볼 필요가 있다고 본다.

|참고문헌|

1. 단행본

강응오. <u>조직개발론</u>. 서울: 법경출판사, 1987.

김인수, 이진주. <u>기술혁신의 과정과 정책</u>. 한국개발연구원, 1982.

Lancaster, F. W. <u>도서관서비스평가론</u>. 장혜란 역. 서울: 구미무역(주) 출판부, 1990.

Rogers, E. M. and Shoemaker, F. F. <u>개혁커뮤니케이션론</u>. 서정우, 최선열 공역. 서울: 박영사, 1976.

박종수, 조천제, 황의록. <u>조직관리체제진단에 관한 탐색적 연구</u>. 서울: 행동과학연구소, 1977.

박철호. <u>경영조직론</u>. 서울: 박문각, 1989.

오석홍. <u>조직이론</u>. 서울: 박영사, 1990.

오택섭. <u>사회과학과 데이타 분석법</u>. 서울: 도서출판 나남, 1984.

윤재풍. <u>조직학원론</u>. 서울: 박영사, 1985.

이한일. <u>경영조직론</u>. 서울: 형설출판사, 1987.

조석준. <u>조직론</u>. 서울: 법문사, 1985.

진유근. <u>조직행위론</u>. 서울: 다산출판사, 1982.

津田良成 編. <u>도서관·정보학 개론</u>, 김두홍, [외] 공역. 서울: 아세아문화사, 1987.

통신개발연구원. <u>정보화와 경제사회발전</u>. 서울: 통신개발연구원, 1985.

Allen, T. J. *Managing the Flow of Technology: Technology Transfer and the Dissemination of Technological Information within the R & D Organization.* Cambridge, Mass.: MIT Press, 1977.

Backstrom, C. H. and Hursh-Cesar, G. *Survey Research.* 2nd ed. New York: John Wiley & Sons, 1981.

Bell, D. *The Coming of the Post-Industrial Society: A Venture in Social Forecasting.* New York: Basic Books Publ., 1976.

Bennis, W. G. *The Planning of Change.* 3rd ed. New York: Holt, Rinehart and Winston, 1976.

Blagden, J. F. *Do We Really Need Libraries?* London: Clive Bingley, 1980.

Blau, P. M. and Schoenherr, R. A. *The Structure of Organizations.* New York: Basic Books Publ., 1971.

Bonoma, T. V. and Zaltman, G. *Psychology for Management.* Boston: Kent Publ., 1981.

Brown, W. B. and Moberg, D. J. *Organization Theory and Management: A Macro Approach.* New York: John Wiley & Sons, 1980.

Buchanan, D. A. and Boddy, D. *Organizations in the Computer Age.* Hampshire, London: Gower Publ., 1983.

Campbell, J. P., et al. *Managerial Behavior, Performance and Effectiveness.* New York: McGraw-Hill, 1970.

Champion, D. J. *The Sociology of Organizations.* New York: McGraw-Hill, 1975.

Clark, P. and Staunton, N. *Innovation in Technology and Organization.* London: Routledge, 1989.

Connor, P. E. and Lake, L. K. *Managing Organizational Change.* New York: Praeger Publ., 1988.

Cummings, T. G. and Srivasta, S. *Management of Work: A Socio-Technical Approach.* Kent, Ohio: Kent State University Press, 1977.

Daft, R. L. and Becker, S. W. *The Innovative Organization.* New York: Elsevier, 1978.

Davis, G. B. and Olson, M. *Management Information System.* 2nd ed. New York: McGraw-Hill, 1985.

De Prospo, E. R., Altman, E., and Beasley, K. E. *Performance Measures for Public Libraries.* Chicago: American Library Association, 1973.

Dessler, G. *Organization and Management.* New York: Reston Publ., 1982.

Duncan, W. J. *Organizational Behavior.* Boston: Houghton-Mifflin, 1981.

Edosomwan, J. A. *Integrating Innovation and Technology Management.* New York: John Wiley & Sons, 1989.

Evan, W. M. "Organizational Lag." In *Organizational Theory: Structure, Systems, and Environments,* edited by W. M. Evan. New York: Wiley, 1976, pp.112-118.

Galbraith, J. *Designing Complex Organizations.* Reading, Mass.: Addison-Wesley Publ., 1973.

Gerloff, E. A. *Organizational Theory and Design: A Strategic Approach to Management.* New York: McGraw-Hill, 1985.

Griffiths, D. "Administrative Theory and Change in Organizations." In *Innovation in Education,* edited by M. Miles. New York: Columbia University, 1964.

Griffiths, J. M. and King, D. W. *New Directions in Library and Information Science Education.* Westport, Conn.: Greenwood Press, 1986.

Hage, J. and Aiken, M. *Social Change in Complex Organization.* New York: Random House, 1970.

Hage, J. *Theories of Organizations.* New York: John Wiley & Sons, 1980.

Hall, R. H. *Organizations: Structure and Process.* Englewood Cliffs, N. J.: Prentice-Hall, 1982.

Hamburg, M., et al. *Library Planning and Decision Making Systems.* Cambridge, Mass.: The MIT Press, 1974.

Havelock, R. G. *Planning for Innovation: Through Dissemination and Utilization of Knowledge.* Ann Arbor, Mich.: CRUSK/ISR. University of Michigan, 1976.

Higgins, J. M. *Organizational Policy and Strategic Management.* Hirsdale, Ill.: Dryden Press, 1979.

Hill, C. T. and Utterback, J. M. *Technological Innovation for a Dynamic Economy.* New York: Pergamon Press, 1979.

Hodge, B. J. and Anthony, W. P. *Organization Theory.* Boston: Allyn and Bacon, 1984.

Jackson, J. H. and Morgan, C. P. *Organization Theory: A Macro Perspective for Management.* Englewood Cliffs, N. J.: Prentice-Hall, 1978.

Johnson, P. *Automation and Organizational Change in Libraries.* Boston: G. K. Hall & Co., 1991.

Joseph, E. C. "Twenty-First-Century Information Literacies and Libraries." In *Twenty-First-Century Information Literacies and Libraries,* edited by V. L. P. Blake and R. Tjoumas. New York: John Wiley & Sons, 1990, pp.7-16.

Kanfman, H. *The Limits of Organizational Change.* University, Ala.: University of Alabama Press, 1975.

Kast, F. E. and Rosenzweig, J. E. *Contingency Views of Organization and Management.* Chicago: Science Research Associates, 1973.

Kast, F. E. and Rosenzweig, J. E. *Organization and Management: A System and Contingency Approach.* 4th ed. New York: McGraw-Hill, 1985.

Katz, D. and Kahn, R. L. *The Social Psychology of Organizations.* New York: Wiley, 1966.

Katz, R. L. *The Information Society.* Westport, Conn.: Greenwood Press, 1988.

Kerlinger, F. N. *Foundations of Behavioral Research.* 3rd ed. New York: Holt, Rinehart and Winston, 1986.

Landau, R. M. *Information Resources Management.* New York: Amacon, 1980.

Levine, A. *Why Innovation Fails.* Albany, N. Y.: SUNY Press, 1980.

Lucas, H. C. *Toward Creative Systems Design.* New York: Columbia University Press, 1974.

Luthans F. *Introduction to Management.* New York: McGraw-Hill, 1981.

Luthans, F. *Organization Behavior.* 3rd ed. New York: McGraw-Hill, 1981.

Mintzberg, H. *The Structuring of Organizations.* Englewood Cliffs, N. J.: Prentice-Hall, 1979.

Myers, S. and Marquis, D. G. *Successful Industrial Innovations*. New York: Harper and Row, 1972.

Osborn, R. N., et al. *Organization Theory: An Integrate Approach*. New York: John Wiley & Sons, 1980.

Perrow, C. B. *Organization of Analysis: A Sociological Perspective*. Belmont, Calif.: Wadsworth, 1970.

Peters, T. J. and Waterman, R. H. *In Search of Excellence*. New York: Harper & Row, 1982.

Robbins, S. P. *Organizations Theory: The Structure and Design of Organizations*. Englewood Cliffs, N. J.: Prentice-Hall, 1983.

Rogers, E. M. *Diffusion of Innovations*. 3rd ed. New York: The Free Press, 1983.

Rogers, E. M. and Agarwala-Rogers, R. *Communication in Organizations*. New York: The Free Press, 1976.

Rogers, E. M. and Shoemaker, F. F. *Communication of Innovations*. New York: The Free Press, 1971.

Rogers, R. E. and McIntire, R. H. *Organization and Management Thoery*. New York: John Wiley & Sons, 1983.

Rogers, E. M. *Communication Technology*. New York: The Free Press, 1986.

Rothman, J. *Planning and Organizing for Social Change: Action Principles from Social Science Research*. New York: Columbia University Press, 1974.

Scott, W. R. *Organization: Rational, Natural, and Open Systems*. Englewood Cliffs, N. J.: Prentice-Hall, 1981.

Smith, R. I. and Cambell, B. *Information Technology Revolution*. New York: Longman Group, Ltd., 1981.

Steers, R. M. *Organizational Effectiveness: A Behavioral View*. Santa Monica, Calif.: Goodyear Publ., 1977.

Szilagyi, A. D. *Management and Performance*. Santa Monica, Calif.:

Goodyear Publ., 1981.

Trist, E. L. *The Evolution of Socio-Technical Systems as a Conceptual Framework and as an Action Research Program.* Philadelphia, Penn.: Center for the Study of Organization Innovation, University of Pennsylvania, 1980.

Tushman, M. L. and Moore, W. L. *Readings in .the Management of Innovation.* Boston: Pitman, 1982.

Van de Ven, A. H. and Ferry, D. L. *Measuring and Assessing Organizations.* New York: John Wiley & Sons, 1980.

Van de Ven, A. H. and Joyce, W. F. *Perspectives on Organization Design and Behavior.* New York: John Wiley & Sons, 1981.

Weick, K. E. *The Social Psychology of Organizing.* Reading, Mass.: Addison-Wesley Publ., 1979.

Whisler, T. L. *The Impact of Computers on Organizations.* New York: Praeger Publ., 1970.

Wilson, J. Q. "Innovation in Organization: Notes Toward a Theory." In *Approaches to Organizational Design,* edited by J. D. Thompson. Pittsburgh, Penn.: University of Pittsburgh Press, 1966, pp.195-217.

Zaltman, G., Duncan, R., and Holbek, J. *Innovations & Organizations.* New York: John Wiley & Sons, 1973.

Zuboff, S. *In the Age of the Smart Machine: The Future of Work and Power.* New York: Basic Books Publ., 1988.

2. 논 문

강완규. 기술혁신적 기업의 특성에 관한 실증적 연구. 석사학위논문, 고려대학교 대학원 경영학과, 1991.

신무식. "정보기술 발전을 위한 연구개발 추진방향." 한국통신학회지, 제8권, 제2호(1991, 2), pp.38-55.

이호선. 기술혁신 영향요인의 조직상황이론적 접근 및 한·미·일의 국제비
    교연구. 박사학위논문, 한국과학기술원 경영학과, 1987.

장덕길. 조직의 유효성에 관한 상황적합이론적 연구. 박사학위논문, 고려대학
    교 대학원 경영학과, 1982.

최양회. "고속통신 연구의 개요." 텔레콤, 제7권, 제1호(1990, 5), pp.3-15.

최양회. "멀티미디어 정보통신 개요." 정보과학회지, 제9권, 제3호(1991, 6),
    pp.5-13.

추교승. 최종사용자 컴퓨팅의 속성과 실행의 상황적 분석. 석사학위논문, 한
    국과학기술원 경영학과, 1991.

허문구. 환경 전략 조직구조 간의 통합적 관계에 대한 연구. 석사학위논문,
    고려대학교 대학원 경영학과, 1988.

홍현진. "정보전문직의 구조적인 변화와 정보학 교육의 개선방안에 관한 연
    구(Ⅱ)." 국회도서관보, 제28권 제3호(1991, 5-6), pp.18-35.

Aiken, M. and Hage, J. "Organizational Interdependence and Intra-
    Organizational Structure," *American Sociological Review*, Vol. 33,
    No.6(Dec. 1968), pp.912-931.

Aiken, M. and Hage, J. "The Organic Organization and Innovation,"
    Sociology, Vol. 5, No.1(Jan. 1971), pp.63-82.

Armour, H. O. and Teece, D. J. "Organizational Structure and Economic
    Performance: A Test of the Multidivisional Hypothesis," *The Bell
    Journal of Economics*, Vol. 9, No.1(Spring 1978), pp.106-122.

Bakos, J. Y. and Treacy, M. E. "Information Technology and Corporate
    Strategy: A Research Perspective," *Management Information Systems
    Quarterly*, Vol. 10, No.2(Jun. 1986), pp.107-120.

Baldridge, J. V. and Burnham A. R. "Organizational Innovation: Individual,
    Organizational, and Environmental Impacts," *Administrative Science
    Quarterly*, Vol. 20, No.2(Jun. 1975), pp.165-176.

Benson, D. H. "A Field Study of End User Computing: Findings and
    Issues," *Management Information Systems Quarterly*, Vol. 7, No.4(Dec.
    1983), pp.35-46.

Blackburn, R. S. "Dimensions of Structure: A Review and Reappraisal,"
    Academy of Management Review, Vol. 7, No.1(Jan. 1982), pp.59-66.

Blau, P. M., et al. "Technology and Organization in Manufacturing,"
    Administrative Science Quarterly, Vol. 21. No.1(Mar. 1976),
    pp.20-40.

Bourgeois, L. J. "Strategy and Environment: A Conceptual Integration,"
    Academy of Management Review, Vol. 5, No.1(Jan. 1980), pp.25-39.

Boyd, D. A. *Leadership, Organizational Dynamics, and Rate of Change in
    Selected Public Libraries in the Northeastern United States.* Ph. D.
    Dissertation. Rutgers University, 1979.

Carter, N. M. "Computerization as a Predominant Technology: Its Influence
    on the Structure of Newspaper Organizations," *Academy of
    Management Journal*, Vol. 27, No.2(Jun. 1984), pp.247-270.

Chen, C., Raskin, S., and Tebbetts, D. R. "Products of Graduate Library
    and Information Science Schools: Untapped Resources?" *Education
    for Information*, Vol. 2, No.3(Sep. 1984), pp.163-190.

Child, J. "Organizational Structure and Strategies of Control: A Replication
    of the Aston Study," *Administrative Science Quarterly*, Vol. 17,
    No.2(Jun. 1972), pp.163-176.

Child, J. "Predicting and Understanding Organizational Structure,"
    Administrative Science Quarterly, Vol. 18, No.1(Mar. 1973), pp.168-185.

Child, J. "Managerial and Organizational Factors Associated with
    Company Performance-Part II," *Journal of Management Studies*,
    Vol. 12, No.1(Feb. 1975), pp.12-27.

Child, J. "New Technology and Development in Management Organization,"
    OMEGA, *International Journal of Management Science*, Vol. 12,
    No.3(Sep. 1984), pp.211-223.

Connolly, T., Conlon, E. J., and Deutsch, S. J. "Organizational
    Effectiveness: A Multiple-Constituency Approach," *Academy of
    Management Review*, Vol. 5, No.2(Apr. 1980), pp.211-217.

Damanpour, F. *Technical versus Administrative Rates of Organizational Innovation: A Study of Organizational Lag.* Ph. D. Dissertation. University of Pennsylvania, 1983.

De Gennaro, R. "Library Automation & Networking Perspectives on Three Decades," *Library Journal,* Vol. 108, No.7(Apr. 1983), pp.629-635.

Dewar, R. and Hage, J. "Size, Technology, Complexity and Structural Differentiation: Toward a Theoretical Synthesis," *Administrative Science Quarterly,* Vol. 23, No.1(Mar. 1978), pp.111-136.

Dougherty, R. M. "Libraries and Computing Center: A Blueprint for Collaboration," *College and Research Libraries,* Vol. 48, No.4(Jul. 1987), pp.289-296.

Downey, H. K. and Slocum J. W. "Uncertainty: Measures, Research, and Sources of Variation," *Academy of Management Journal,* Vol. 18, No.3(Sep. 1975), pp.562-578.

Downs, G. W. and Mohr, L. B. "Conceptual Issues in the Study of Innovation," *Administrative Science Quarterly,* Vol. 21, No.4(Dec. 1976), pp.700-714.

Evans, E., Borko, H., and Ferguson, P. "Review of Criteria Used to Measure Library Effectiveness," *Bulletin of Medical Library Association,* Vol. 60, No.1(Jan. 1972), pp.102-110.

Feller, I. and Menzel, D. "Adoption of Technological Innovation by Municipal Governments," *Urban Affairs Quarterly,* Vol. 14, No.4(Jun. 1978), pp.469-487.

Ford, J. D. and Schellenberg, D. A. "Conceptual Issues of Linkage in the Assessment of Organizational Performance," *Academy of Management Review,* Vol. 7, No.1(Jan. 1982), pp.49-58.

Ford, J. D. and Slocum, J. W. "Size, Technology Environment and the Structure of Organizations," *Academy of Management Review,* Vol. 2, No.4(Oct. 1977), pp.561-575.

Frost, P. A. and Whitley, R. "Communication Patterns in a Research

Laboratory," *Research & Development Management*, Vol. 1, No.2(Apr. 1971), pp.71-79.

Fry, L. W. and Slocum, J. W. "Technology, Structure, and Workgroup Effectiveness: A Test of a Contingency Model," *Academy of Management Review*, Vol. 27, No.2(Apr. 1984), pp.221-246.

Gibson, D. V. *Determinants of Organizational Structure and Process: Technological versus Cultural Explanations Concerning Innovation Management*, Ph. D. Dissertation. Stanford University, 1982.

Ginzberg, M. J. "Key Recurrent Issues in the MIS Implementation Process," *Management Information Systems Quarterly*, Vol. 5, No.2(Jun. 1981), pp.47-59.

Goldhar, J. D., Bragaw, L. K., and Schwartz, J. J. "Information Flows, Management Styles, and Technological Innovation," *IEEE Transactions on Engineering Management*, Vol. 23, No.1(Feb. 1976), pp.51-62.

Grinyer, P., Al-Bazzaz, S., and Yasai-Ardekani, M. "Towards a Contingency Theory of Corporate Planning: Findings in 48 U. K. Companies," *Strategic Management Journal*, Vol. 7, No.1(Jan. -Feb. 1986), pp.3-28.

Hage, J. "An Axiomatic Theory of Organizations," *Administrative Science Quarterly*, Vol. 10, No.3(Dec. 1965), pp.289-320.

Hage, J. and Aiken, M. "Program Change and Organizational Properties: A Comparative Analysis," *American Journal of Sociology*, Vol. 72, No.5(Mar. 1967), pp.503-519.

Hage, J. and Dewar, R. "Elite Values versus Organizational Structure in Predicting Innovation," *Administrative Science Quarterly*, Vol. 18, No.3(Sep. 1973), pp.279-290.

Hall, J. A. *The Relationship between Innovative or Change Agent Characteristics of Academic Librarians and the Existence of Change in Selected Academic Libraries in the Southeastern United States.* Ph. D. Dissertation. The University of Michigan, 1984.

Holland, W. E. "Characteristics of Individuals with High Information Potential in Government Research and Development Organization," *IEEE Transactions on Engineering Management,* Vol. 19, No.2(May 1972), pp.38-44.

Howard, H. A. *The Relationship between Certain Organizational Variables and the Rate of Innovation in Selected University Libraries.* Ph. D. Dissertation. Rutgers University, 1977.

Huo, Y. P. *Organizational Boundaries and the Diffusion of Technological Innovations: An Empirical Study of Microprocessors in the Personal Computer Industry.* Ph. D. Dissertation. University of California at Berkeley, 1987.

Ives, B., Olson, M. H., and Baroudi, J. J. "The Measurement of User Information Satisfaction," *Communications of the ACM,* Vol. 26, No.10(Oct. 1983), pp.785-793.

Jorde, P. *Change and Innovation in Early Childhood Education: The Relationship between Selected Personal Characteristics of Administrators and Willingness to Adopt Computer Technology.* Ph. D Dissertation. Stanford University, 1985.

Kaluzny, A. D., Veney, J. E., and Gentry, J. T. "Innovation of Health Services: A Comparative Study of Hospitals and Health Departments," *Health and Society(MMFO),* Vol. 52, No.4(Winter 1974), pp.51-82.

Keen, P. G. W. "Information Systems and Organizational Change," *Communications of the ACM,* Vol. 24, No.1(Jan. 1981), pp.24-33.

Kim, L. "Organizational Innovation and Structure," *Journal of Business Research,* Vol. 8, No.2(Mar. 1989), pp.225-245.

Kimberly, J. R. "Organizational Size and the Structuralist Perspective: A Review Critique, and Proposal," *Administrative Science Quarterly,* Vol. 21, No.4(Dec. 1976), pp.572-597.

Kimberly, J. R. and Evanisko, M. J. "Organizational Innovation: The

Influence of Individual, Organizational, and Contextual Factors on Hospital Adoption of Technological and Administrative Innovations," *Academy of Management Journal,* Vol. 24, No.4(Dec. 1981), pp.689-713.

Knight, K. E. "The Descriptive Model of the Intra-Firm Innovation," *Journal of Business,* Vol. 40, No.3(Jul. 1967), pp.478-496.

Kotter, J. P. and Schlesinger, L. A. "Choosing Strategies for Change," *Harvard Business Review,* Vol. 57, No.2(Mar. -Apr. 1979), pp.106-113.

Lancaster, F. W. "Implications for Library and Information Science Education," *Library Trends,* Vol. 32, No.3(Winter 1984), pp.337-348.

Lee, L. T. *The Effect of Knowledge and Attitudes of Library Directors and Professional Librarians toward Library Automation on Automated Programs in Academic and Research Libraries in Taiwan, The Republic of China,* Ph. D. Dissertation. University of Pittsburgh, 1988.

Lynch, B. P. "The Academic Library and Its Environment," *College and Research Libraries,* Vol. 35, No.2(Mar. 1974), pp.126-132.

Lynch, B. P. "An Empirical Assessment of Perrow's Technology Construct," *Administrative Science Quarterly,* Vol. 19, No.3(Sep. 1974), pp.338-353.

Lynn, M. S. "Preservation and Access Technology: The Relationship between Digital and Other Media Conversion Processes: A Structured Glossary of Technical Terms," *Information Technology and Libraries,* Vol. 9, No.4(Dec. 1990), pp.309-336.

McClure, C. R. "The Information Rich Employee and Information for Decision Making: Review & Comments," *Information Processing & Management,* Vol. 14, No.3(Jun. 1978), pp.381-394.

McClure, C. R. "The Planning Process: Strategies for Action," *College and Research Libraries,* Vol. 39, No.6(Nov. 1978), pp.445-456.

Malinconico, S. M. "Listening to the Resistance," *Library Journal,* Vol. 108, No.2(Feb. 1983), pp.353-355.

Miles, R. E., Snow, C. C., and Pfeffer, J. "Organization-Environment: Concepts and Issues," *Industrial Relations*, Vol. 13, No.2(Spring 1974), pp.244-264.

Mills, P. K. and Moberg, D. J. "Perspective on the Technology of Service Operations," *Academy of Management Review*, Vol. 7, No.3(Jul. 1982), pp.467-478.

Moore, G. C. "End-User Computing and Office Automation," *INFOR*, Vol. 25, No.3(Feb. 1987), pp.214-235.

Morse, P. M. "Measures of Library Effectiveness," *Library Quarterly*, Vol. 42, No.1(Jan. 1972), pp.15-30.

Musmann, K. *The Adoption of OCLC by the California State University and Colleges: A Case Study of the Diffusion of a Technical Innovation in a College Library Organization*. Ph. D. Dissertation. University of Southern California, 1981.

Myers, M. "The Job Market for Librarians," *Library Trends*, Vol. 34, No.4(Spring 1986), pp.645-666.

Nolan, R. L. "Managing the Crises in Data Processing," *Harvard Business Review*, Vol. 57, No.2(Mar. -Apr. 1979), pp.115-126.

Normann, R. "Organizational Innovativeness: Product Variation and Reorientation," *Administrative Science Quarterly*, Vol. 16, No.2(Jun. 1971), pp.203-215.

Olsgard, J. N. *The Relationship between Administrative Style and the Use of Computer-Based Systems: An Attitudinal Study of Academic Library Professions*. Ph. D. Dissertation. University of Illinois at Urbana-Champaign, 1984.

Paulsen, S. K. "Causal Analysis of Interorganizational Relations: An Axiomatic Theory Revisited," *Administrative Science Quarterly*, Vol. 19, No.3(Sep. 1974), pp.319-335.

Pfeffer, J. and Leblebici, H. "Information Technology and Organizational Culture," *Pacific Sociogical Review*, Vol. 20, No.2(Apr. 1977), pp.241-261.

Pierce, J. L. and Delbecq, A. L. "Organization Structure, Individual Attitudes, and Innovation," *Academy of Management Review*, Vol. 2, No.1(Jan. 1977), pp.27-37.

Pungitore, V. L. *Effects of Automation on the Organizational Design of Public and Academic Libraries: An Exploratory Study.* Ph. D. Dissertation. University of Pittsburgh, 1983.

Pyburn, P. J. "Linking the MIS Plan with Corporate Strategy: An Exploratory Study," *Management Information Systems Quarterly*, Vol. 7, No.2(Jun. 1983), pp.1-14.

Reimann, B. C. "Dimensions of Structure in Effective Organizations: Some Empirical Evidence," *Academy of Management Journal*, Vol. 17, No.4(Dec. 1974), pp.693-708.

Reimann, B. C. "Organization Structure and Technology in Manufacturing: System versus Work Flow Level Perspectives," *Academy of Management Journal*, Vol. 23, No.1(Mar. 1980), pp.61-77.

Reynolds, J. and Whitlatch, J. B. "Academic Library Services: The Literature of Innovation," *College and Research Libraries*, Vol. 46, No.5(Sep. 1985), pp.402-417.

Robertson, A. "Information Flow and Industrial Innovation," *Aslib Proceedings*, Vol. 25, No.4(Apr. 1973), pp.13-139.

Romeo, A. A. "Interindustry and Interfirm Differences in the Rate of Diffusion of an Innovation," *Review of Economics and Statistics*, Vol. 57, No.3(Aug. 1975), pp.311-319.

Sathe, V. "Institutional versus Questionnaire Measures of Organizational Structure," *Academy of Management Journal*, Vol. 21, No.2(Jun. 1978), pp.227-238.

Shortell, S. M. "The Role of Environment in a Configurational Theory of Organizations," *Human Relations*, Vol. 30, No.3(Mar. 1977), pp.275-302.

Sung, T. K. *Impact of Information Technology on Organizational Structure: A Control Perspective.* Ph. D. Dissertation. The University of Texas at Austin, 1988.

Walton, E. J. "The Comparison of Measures of Organization Structure," *Academy of Management Review,* Vol. 6, No.1(Jan. 1981), pp.155-160.

Warner, M. "New Technology, Work Organizations and Industrial Relations," *OMEGA, International Journal of Management Science,* Vol. 12, No.3(Jun. 1984), pp.203-210.

Williams, B. "The Information Society-How Different?" *Aslib Proceedings,* Vol. 37, No.1(Jan. 1985), pp.1-8.

Yaghmai, N. S. *Behavioral Components of Library Network Development.* Ph. D. Dissertation. University of Pittsburgh, 1981.

Zmud. R. W. "The Effectiveness of External Information Channel in Facilitating Innovation within Software Development Groups," *Management Information Systems Quarterly,* Vol. 7, No.2(Jun. 1983), pp.43-58.

|부 록|

[부록 1]

표본대상 도서관의 운영예산 분포현황

운영예산 (예산단위: 1,000원)	표본수	비율(%)
100,000 미만	10	11.5
100,000-150,000	16	18.4
150,001-300,000	27	31.0
300,001-500,000	14	16.1
500,001 이상	20	23.0
계	87	100.0

[부록 2]

표본대상 도서관의 전임직원 본포현황

전임직원	표본수	비율(%)
10명 미만	21	24.1
10명-20명	22	25.3
21명-30명	20	23.0
31명-40명	10	11.5
41명 이상	14	16.1
계	87	100.0

[부록 3]

표본대상 도서관의 소장단행본 분포현황

단행본(책)	표본수	비율(%)
50,000미만	22	25.3
50,000-150,000	24	27.6
150,001-300,000	19	21.8
300,001-500,000	14	16.1
500,001 이상	8	9.2
계	87	100.0

[부록 4]

표본대상 도서관의 소장연속간행물 분포현황

소장연속간행물(종)	표본수	비율(%)
300 미만	15	17.2
300-600	16	18.4
601-1,000	13	14.9
1,001-3,000	24	27.6
3,001 이상	19	21.9
계	87	100,0

[부록 5]

조직 가용자원 변수별 응답점수 분포현황

변수별 응답척도	재정 자원 (%)	인적 자원 (%)	물리적 자원 (%)
1(매우 낮음)	19(22.9)	37(42.6)	19(22.1)
2(낮음)	21(25.3)	25(28.8)	12(14.0)
3(보통)	24(28.9)	9(10.2)	14(16.2)
4(높음)	11(13.3)	10(11.6)	19(22.1)
5(매우 높음)	8(9.6)	6(6.8)	22(25.6)
계	83(100.0)	87(100.0)	86(100.0)

[부록 6]

공식화 변수별 응답점수 분포현황

변수별 응답척도	업무의 규정화 (%)	규정의 준수도 (%)	지시·명령의 공식화 (%)
1(매우 낮음)	10(11.6)	0(0.0)	2(2.3)
2(낮음)	20(23.3)	21(24.1)	20(23.3)
3(보통)	25(29.1)	53(60.9)	40(46.5)
4(높음)	28(32.5)	11(12.7)	20(23.3)
5(매우 높음)	3(3.5)	2(2.3)	4(4.6)
계	86(100.0)	87(100.0)	86(100.0)

[부록 7]

분화 변수별 응답점수 분포현황

응답척도 \ 변수별	계층적 수준 (%)	분산화 수준 (%)
1(매우 낮음)	9(10.5)	67(77.0)
2(낮음)	64(74.4)	17(19.5)
3(보통)	13(15.1)	3(3.5)
4(높음)	0(0.0)	0(0.0)
5(매우 높음)	0(0.0)	0(0.0)
계	86(100.0)	87(100.0)

[부록 8]

전문화 변수별 응답점수 분포현황

응답척도 \ 변수별	과업 전문성 (%)	인적 전문성 (%)
1(매우 낮음)	1(1.1)	0(0.0)
2(낮음)	4(4.6)	4(4.6)
3(보통)	26(29.9)	18(20.7)
4(높음)	34(39.1)	34(39.1)
5(매우 높음)	22(25.3)	31(35.6)
계	87(100.0)	87(100.0)

[부록 9]

분권화 변수별 응답점수 분포현황

변수별 응답척도	의사결정 참여도 (%)	권위의 계층화 (%)
1(매우 낮음)	4(4.7)	3(3.4)
2(낮음)	45(52.3)	30(34.5)
3(보통)	25(29.0)	49(56.3)
4(높음)	9(10.5)	5(5.8)
5(매우 높음)	3(3.5)	0(0.0)
계	86(100.0)	87(100.0)

[부록 10]

기술속성인지도 변수별 응답점수 분포현황

변수별 응답점수 구분	상대적 잇점 (%)	복잡성 (%)	적합성 (%)
1(매우 낮음)	23(26.4)	6(6.9)	11(12.6)
2(낮음)	0(0.0)	47(54.0)	0(0.0)
3(보통)	1(1.2)	18(20.7)	0(0.0)
4(높음)	18(20.7)	2(2.3)	30(34.5)
5(매우 높음)	45(51.7)	14(16.1)	46(52.9)
계	87(100.0)	87(100.0)	87(100.0)

[부록 11]

기술환경변화 대응도 응답점수 분포현황

응답점수 구분 　　　　　　변수별	기술환경변화 대응도
1(매우 낮음)	11(12.6)
2(낮음)	0(0.0)
3(보통)	0(0.0)
4(높음)	15(17.3)
5(매우 높음)	61(70.1)
계	87(100.0)

[부록 12]

전문직적 활동별 응답점수 분포현황

응답점수구분 　　　　　　변수별	전문협회(학회)활동 (%)	학술연구 활동 (%)
1(매우 낮음)	14(16.1)	18(20.7)
2(낮음)	21(24.1)	53(60.9)
3(보통)	49(56.3)	10(11.5)
4(높음)	2(2.3)	5(5.8)
5(매우 높음)	1(1.2)	1(1.1)
계	87(100.0)	87(100.0)

[부록 13]

시스템개발 운용변수별 응답점수 분포현황

변수별 응답점수 구분	시스템개발 능력수준 (%)	시스템운용 참여수준 (%)
1(매우 낮음)	65(78.3)	15(17.6)
2(낮음)	10(12.1)	52(61.2)
3(보통)	3(3.6)	5(5.9)
4(높음)	4(4.8)	5(5.9)
5(매우 높음)	1(1.2)	8(9.4)
계	83(100.0)	85(100.0)

[부록 14]

업무 전산화 개발방식 분포 현황(Ⅰ)

업무유형 전산화 개발방식	초록/색인	수 서	편 목	대출반납	전자우편	상호대차
전산화되어 있지 않음	65 (76.47)	49 (56.97)	25 (29.07)	44 (52.38)	71 (84.52)	75 (90.36)
도서관 직원에 의해서 개발	12 (14.12)	17 (19.77)	19 (22.09)	13 (15.48)	3 (3.58)	4 (4.82)
모체기관의 다른 부서에 의해서 개발	4 (4.71)	4 (4.65)	5 (5.81)	7 (8.33)	4 (4.76)	0 (0.00)
도서관과 모체기관의 다른 부서에 의해서 개발	2 (2.35)	7 (8.14)	10 (11.63)	13 (15.48)	4 (4.76)	2 (2.41)
판매상으로부터 구입	2 (2.35)	9 (10.47)	27 (31.40)	7 (8.33)	2 (2.38)	2 (2.41)
계	85 (100.00)	86 (100.00)	86 (100.00)	84 (100.00)	84 (100.00)	83 (100.00)

(주) 단위: 표본수(비율)

[부록 15]

업무 전산화 개발방식 분포 현황(Ⅱ)

전산화 개발방식 ＼ 업무유형	전자우편을 이용한 상호대차	온라인 목록	온라인 검색	최신정보주지 서비스 (SDI)	연속간행 물업무	스프레드 쉬트/ 통계
전산화되어 있지 않음	78 (93.98)	53 (62.35)	48 (56.47)	73 (86.91)	64 (76.19)	62 (73.81)
도서관 직원에 의해서 개발	1 (1.20)	11 (12.94)	12 (14.12)	4 (4.76)	11 (13.10)	8 (9.53)
모체기관의 다른 부서에 의해서 개발	0 (0.00)	4 (4.71)	4 (4.71)	1 (1.19)	0 (0.00)	3 (3.57)
도서관과 모체기관의 다른 부서에 의해서 개발	3 (3.62)	10 (11.76)	11 (12.94)	2 (2.38)	4 (4.76)	5 (5.95)
판매상으로부터 구입	1 (1.20)	7 (8.24)	10 (11.76)	4 (4.76)	5 (5.95)	6 (7.14)
계	83 (100.00)	85 (100.00)	85 (100.00)	84 (100.00)	84 (100.00)	84 (100.00)

(주) 단위: 표본수(비율)

[부록 16]

도서관조직혁신(변화)의 분포현황

	도서관조직혁신(변화) 유형	표본수	비율(%)
제도 및 시설변화	폐가제에서 개가제 도입	43	49.42
	폐가식 밀집 보존서가의 도입	15	17.24
	장서의 일부에 대해서 격리된 보관 시스템의 도입	41	47.12
	정간물의 기간호를 마이크로 형태로 전환	12	13.79
	전자식 도서 분실방지 시스템의 도입	32	36.78
	도서관 신축, 중축, 개수의 계획에 대한 승인과 이행	40	45.97
전산화 시스템의 도입	대출 반납 업무	40	45.97
	온라인 목록	32	36.78
	수서업무	33	37.93
	편목업무	63	72.41
	정보검색	43	49.42
	연속 간행물 업무	21	24.13
	도서관 데이타베이스 개발	40	45.97
	상호대차업무	32	36.78
	장서개발 프로그램	33	37.93
	서지업무	63	72.41
	색인/초록 업무	18	20.68
	최신 정보 주지 서비스	43	49.42
	전자우편	12	13.79
	워드프로세싱	21	24.13
	경영정보시스템(회계관리, 재고관리 시스템 등)	23	26.43

도서관조직혁신(변화) 유형	표본수	비율(%)
전 도서관시스템의 재조직	23	26.43
주요한 부서의 재조직	32	36.78
상위 관리직위의 신설 (예: 부관장, 사서장, 차장제 도입 등)	14	16.09
도서관의 새로운 전문직의 채용(예: 전산담당사서, 시스템 분석가, 데이터 통신 담당사서 등)	28	32.18
새로운 업무평가 시스템의 도입	26	29.88
업무 규정집 작성 또는 수정	66	75.86
직무 편람 작성 또는 수정	40	45.97
계속 교육 프로그램의 도입 및 확장	49	56.32
부서 신설(예: 전산실, 정보검색실 등)	29	33.33
분관 신설	16	18.39
마이크로 형태 자료의 수집과 서비스의 확대	40	45.97
CD-ROM 자료의 수집과 서비스의 확대	44	50.57
CD-NET 구성 및 정보 서비스	23	26.43
외부 데이타 베이스 연결 및 검색 (예: DACOM, KIET 등)	52	59.77
컴퓨터 소프트웨어 수집과 서비스	30	34.48
도서관에 컴퓨터실의 도입	27	31.03
예산할당방식의 변화 (예: 도서와 정간물의 비율변화 등)	25	28.73

(표 왼쪽 세로: 조직의 변화)

[부록 17]

조직성과 변수별 분포현황

변수별 응답 척도	효율 측정 (%)	서비스 측정 (%)	산출물 측정 (%)	주관적 측정 (%)
1(매우 낮음)	18(22.4)	18(23.0)	10(12.0)	8(9.3)
2(낮음)	23(28.9)	17(21.6)	28(26.0)	15(17.4)
3(보통)	20(25.0)	18(23.0)	23(29.3)	20(23.3)
4(높음)	11(12.3)	13(16.2)	12(14.7)	28(32.6)
5(매우 높음)	9(10.5)	13(16.2)	7(8.0)	15(17.4)
계	81(100.0)	79(100.0)	80(100.0)	86(100.0)

[부록 18]

표본대상 도서관 관장의 성별 분포현황

성　별	표본수	비율(%)
남	42	93.3
여	3	6.7
계	45	100.0

250

[부록 19]

표본대상 도서관 관장의 영령별 분포현황

연령별	표본수	비율(%)
20세-30세	0	0.0
31세-40세	0	0.0
41세-50세	9	21.0
51세-60세	25	58.0
61세 이상	9	21.0
계	43	100.0

[부록 20]

표본대상 도서관 관장의 경력년수별 분포현황

경력년수	표본수	비율(%)
1년 미만	6	13.3
1년 이상-3년 미만	23	51.1
3년 이상-6년 미만	9	20.0
6년 이상-10년 미만	4	8.9
10년 이상	3	6.7
계	45	100.0

[부록 21]

표본대상 도서관 관장의 현 직위 이전의 도서관 경력년수별 분포현황

경력년수	표본수	비율(%)
1년 미만	35	77.8
1년 이상-3년 미만	5	11.1
3년 이상-6년 미만	0	0.0
6년 이상-10년 미만	2	4.4
10년 이상	3	6.7
계	45	100.0

[부록 22]

표본대상 도서관 관장의 교육수준별 분포현황

교육수준	표본수	비율(%)
대 졸	1	2.4
대학원졸(석사)	21	48.8
대학원졸(박사)	21	48.8
계	43	100.0

[부록 23]

표본대상 도서관 관리층의 성별 분포현황

성 별	표본수	비율(%)
남	156	87.2
여	23	12.8
계	179	100.0

[부록 24]

표본대상 도서관 관리층의 연령별 분포현황

연령별	표본수	비율(%)
20세-30세	0	0.0
31세-40세	37	20.6
41세-50세	97	53.9
51세-60세	46	25.5
61세 이상	0	0.0
계	180	100.0

[부록 25]

표본대상 도서관 관리층의 교육수준별 분포현황

교육수준	표본수	비율(%)
대 졸	104	57.8
대학원졸(석사)	73	40.6
대학원졸(박사)	3	1.6
계	180	100.0

[부록 26]

표본대상 도서관 관리층의 경력년수별 분포현황

경력년수	표본수	비율(%)
1년 미만	3	1.7
1년 이상-3년 미만	16	8.9
3년 이상-6년 미만	23	12.8
6년 이상-10년 미만	27	15.1
10년 이상	110	61.5
계	179	100.0

[부록 27]

도서관용 설문서

I. 도서관에 대한 일반정보

1. 도서관명칭: ___________ 창설일자: ___________ 년

2. 모체기관의 명칭: _________ 창설일자: ___________ 년

3. 모체기관의 직원수: _______ 명

4. 대학의 경우, 재적학생수(학부, 대학원, 특수과정 등을 전부 포함함):

_______ 명

5. 도서관 이용
   (1) 연간 이용자수(1991): __ 명   (2) 연간 이용책수(1991): __ 명

6. 도서관의 책임자
   (1) 성명: __________ (2) 직위명칭: __________
   (3) 학력: __________
       도서관학 전공입니까? __ 예; __ 아니오(구체적으로) ______ 전공

7. 도서관 직원
   (1) 전임직원: 남 ______ 여 ______ 계 _______
       비전문직(서기직, 기능직): 남 ______ 여 ______ 계 ______
       사서직: 남 ______ 여 ______ 계 ______

비사서전문직: 남 _____ 여 _____ 계 _____

(2) 임시직원: 남 _____ 여 _____ 계 _____

   (시간제를 포함함. 단, 대학도서관의 경우에 학생보조원은 제외함)

8. 도서관 전임직원의 최종학력

	비전문직(서기직, 기능직)	사서직	비사서전문직
(1) 박사	_____ 명	_____ 명	_____ 명
(2) 석사	_____ 명	_____ 명	_____ 명
(3) 학사	_____ 명	_____ 명	_____ 명
(4) 전문대학졸업	_____ 명	_____ 명	_____ 명
(5) 고등학교졸업	_____ 명	_____ 명	_____ 명

9. 도서관의 각 부서별 인원수와 그중 사서의 수

   (부서: 각 도서관에서 부서를 나누는 가장 큰 단위를 기준으로 적어 주
        십시오. 예를 들면 도서관이 과단위로 조직되어 있을 경우에는
        그 밑에 계단위로 세분되었다 하더라도 과단위를 기준으로 하며
        도서관이 과단위가 아닌 다른 단위(예, 계, 실, 부 등)로 조직되
        어 있을 경우에는 그 단위를 기준으로 적어 주십시오.)

   (사서: 도서관진흥법(구 도서관법 포함) 및 관련법규에서 규정하고 있
        는 1급 정사서, 2급 정사서, 준사서, 사서교사의 자격증을 가지고
        있는 사람을 말함.)

   예) 수서과 (20명: 12명),   열람과(30명: 18명)
       부서명 인원수 그중 사서의 수

   부서명(인원수: 그중 사서의 수):
   (1) ___________   (2) ___________
   (3) ___________   (4) ___________

  (5) _________   (6) _________

  (7) _________   (8) _________

  (9) _________   (10) _________

  (11) _________   (12) _________

  (13) _________   (14) _________

  (15) _________   (16) _________

  기타 ______________________________

10. 소장단행본: _____ 책(동양서 _____ 책, 서양서 _____ 책)

11. 소장연속간행물: _____ 종(국내 _____ 종, 국외 _____ 종)

12. 비책자자료: 총 _____ 종
  (마이크로폼 형태, CD-ROM 형태. 시청각자료 등)

13. 예산(인건비 제외)
  (1) 1990년 도서관 예산: _____ 원
    1991년 도서관 예산: _______ 원
  (2) 예산 배분
    도서비: _____ %
    연속간행물비: _____ %
    비책자자료비: _____ %
    기 타: _____ %

Ⅱ. 도서관의 조직구조

다음 질문들은 도서관의 조직구조에 관한 질문입니다. 해당란에 "V" 표시를 해주시기 바랍니다.

1. 귀 도서관에서는 의사결정을 할 때 다음 집단의 참여가 어느 정도라고 생각하십니까?

	항상 참여	빈번히 참여	때때로 참여	거의 참여 안 함	전혀 참여 안 함
(1) 도서관 책임자	___	___	___	___	___
(2) 중간 관리자(부서장급: 과장, 계장. 주임. 실장 등)	___	___	___	___	___
(3) 일반 직원	___	___	___	___	___

2. 귀 도서관에서는 일반 직원들이 아래와 같은 의사결정이 어느 정도 참여하고 있습니까?

	항상 참여	빈번히 참여	때때로 참여	거의 참여 안 함	전혀 참여 안 함
(1) 직원의 채용이나 승진	___	___	___	___	___
(2) 도서관의 예산편성	___	___	___	___	___
(3) 도서관 중·장기 계획 수립	___	___	___	___	___
(4) 업무분담	___	___	___	___	___
(5) 새로운 정책의 채택이나 변경	___	___	___	___	___
(6) 새로운 업무절차나 서비스의 채택이나 변경	___	___	___	___	___
(7) 직원 훈련 프로그램과 방법	___	___	___	___	___
(8) 새로운 부서의 설치	___	___	___	___	___

(9) 업무처리방법   —— —— —— —— ——

(10) 업무평가   —— —— —— —— ——

(11) 비품. 소모품의 구입   —— —— —— —— ——

3. 전체적으로 귀 도서관조직은 어떻게 특징지어질 수 있습니까?

    (1) 조직이 매우 집중화 되어 있다.——

    (2) 조직이 집중화 되어 있다.——

    (3) 조직이 분권화 되어 있다.——

    (4) 조직이 매우 분권화 되어 있다.——

4. 귀 도서관에서는 각 업무수행에 대한 규정, 절차, 지침 등이 구체적으로 정해져 있습니까?

    (1) 전혀 정해져 있지 않다.(   )

    (2) 약간 정해져 있다.(   )

    (3) 절반쯤 정해져 있다.(   )

    (4) 확실히 정해져 있다.(   )

    (5) 아주 확실히 정해져 있다.(   )

5. 귀하는 업무를 수행하는 데 있어, 구체적인 세부사항 수행에도 규정이나 지침에 의한 제한을 받습니까?

    (1) 전혀 받지 않는다.(   )

    (2) 거의 받지 않는 편이다.(   )

    (3) 어느 정도 받는다.(   )

    (4) 많이 받는 편이다.(   )

    (5)아주 많이 받는다.(   )

6. 귀 도서관에는 규정집(manual of rules and regulations)이 있습니까?

    (1) 예 _____   (2) 아니오 _____

7. 귀 도서관에는 직무편람(staff manual)이 있습니까?
   (1) 예 ______   (2) 아니오 ______

8. 귀 도서관에는 작업진도 계획서(work flow schedule)가 있습니까?
   (1) 예 ______   (2) 아니오 ______

9. 도서관의 모든 지시사항은 문서로 엄격하고 세밀하게 기록되어 있습니까?
   (1) 확실히 그렇다.(   )
   (2) 거의 그런 편이다.(   )
   (3) 어느 정도 그렇다.(   )
   (4) 그렇지 않은 편이다.(   )
   (5) 확실히 그렇지 않다.(   )

10. 도서관의 모든 지시사항은 공식적인 명령계통을 통해 전달됩니까?
    (1) 확실히 그렇다.(   )
    (2) 거의 그런 편이다.(   )
    (3) 어느 정도 그렇다.(   )
    (4) 그렇지 않은 편이다.(   )
    (5) 확실히 그렇지 않다.(   )

11. 도서관의 모든 규칙과 절차 중 몇 퍼센트가 문서로 되어 있습니까?
    (1) 0-20%(   )   (2) 21-40%(   )
    (3) 41-60%(   )   (4) 61-80%(   )
    (5) 81-100%(   )

12. 도서관 최고 관리자로부터 일반 직원에 이르기까지 수직적인 계층은
    몇 개나 됩니까?(예, 일반 직원→주임→과장→최고 관리자: 4단계)
    (1) 1-2(   )   (2) 3-4(   )   (3) 5-6(   )

(4) 7-8(　　)　　　　　(5) 9 이상(　)

13. 지역적으로 분산된 분관의 수는 몇 개나 됩니까?

(분관: 중앙도서관에서 떨어져 나와 별도의 장소에 세워진 도서관, 대학도서관의 경우 같은 캠퍼스에 있건 없건 상관없음.)

(1) 없음(　　)　　　　　(2) 1-2(　　)　　　　　(3) 3-5(　　)

(4) 6-8(　　)　　　　　(5) 9 이상(　　)

14. 전체 직원 중에서 몇 퍼센트의 직원이 지역적으로 분산된 분관에 배치되어 있습니까?

(1) 10% 미만(　　)　　(2) 10-25%(　　)　　(3) 26-60%(　　)

(4) 61-90%(　　)　　　(5) 91% 이상(　　)

15. 직원의 전문지식 및 기술훈련을 위한 교육은 연간 몇 시간 정도 실시됩니까?

(의부교육, 세미나 등을 포함한 계속교육, 재교육)

(1) 0-20시간(　　)　　(2) 21-40시간(　　)　　(3) 41-60시간(　　)

(4) 61-80시간(　　)　　(5) 81시간 이상(　　)

16. 사서자격증 소지자는 전체 직원의 몇 퍼센트입니까?

(1) 0-20%(　　)　　　(2) 21-40%(　　)　　(3) 41-60%(　　)

(4) 61-80%(　　)　　　(5) 81% 이상(　　)

Ⅲ. 도서관조직 변화(혁신)와 정보기술의 응용

　다음은 정보기술의 발달로 인한 도서관에서의 변화나 또는 조직구조의 변화, 인적 구성의 변화를 적은 것입니다. 아래 열거된 도서관조직의 변화에 대해서 이 변화가 지난 5년 동안에 일어났는지에 대해서 예, 아니오에

"V" 표시를 해주시기 바랍니다.

	예	아니오

1. 제도 및 시설변화

  1.1 폐가제에서 개가제 도입 ______ ______

  1.2 폐가식 밀집보존서가의 도입 ______ ______

  1.3 장서의 일부에 대해서 격리된 보관시스템의 도입 ______ ______

  1.4 정간물의 기간호를 마이크로 형태로 전환 ______ ______

  1.5 전자식 도서 분실 방지 시스템의 도입 ______ ______

  1.6 도서관 신축, 증축, 개수의 계획에 대한 승인과 이행 ______ ______

  1.7 기타__________________________ ______ ______

2. 전산화 시스템의 도입

  2.1 대출반납업무 ______ ______

  2.2 온라인 목록 ______ ______

  2.3 수서업무 ______ ______

  2.4 편목업무 ______ ______

  2.5 정보검색 ______ ______

  2.6 연속간행물업무 ______ ______

  2.7 기 타

    (1) 도서관 데이타베이스 개발 ______ ______

    (2) 상호대차업무 ______ ______

    (3) 장서개발 프로그램 ______ ______

    (4) 서지업무 ______ ______

    (5) 색인/초록 업무 ______ ______

    (6) 최신 정보주지 서비스(SDI) ______ ______

    (7) 전자우편 ______ ______

    (8) 워드프로세싱 ______ ______

| | 예 | 아니오 |

(9) 경영정보시스템(회계관리, 재고관리시스템 등)　＿＿　＿＿

(10) 기　타　＿＿　＿＿

3. 조직의 변화

3.1 전도서관시스템의 재조직　＿＿　＿＿

3.2 주요한 부서의 재조직　＿＿　＿＿

3.3 상위 관리직위의 신설

　　(예, 부관장. 사서장, 차장제 도입 등)　＿＿　＿＿

3.4 도서관의 새로운 전문직의 채용

　　(예, 전산담당사서, 시스템 분석가,

　　데이타통신 담당사서 등)　＿＿　＿＿

3.5 새로운 업무평가시스템의 도입　＿＿　＿＿

3.6 업무규정집 작성 또는 수정　＿＿　＿＿

3.7 직무편람 작성 또는 수정　＿＿　＿＿

3.8 계속교육 프로그램의 도입 및 확장　＿＿　＿＿

3.9 부서 신설(예, 전산실, 정보검색실 등)　＿＿　＿＿

3.10 분관 신설　＿＿　＿＿

3.11 기　타

　　(1) 마이크로 형태 자료의 수집과 서비스의 확대　＿＿　＿＿

　　(2) CD-ROM 자료의 수집과 서비스의 확대　＿＿　＿＿

　　(3) CD-NET 구성 및 정보 서비스　＿＿　＿＿

　　(4) 외부 데이타베이스 연결 및 검색

　　　　(DACOM, KIET 등)　＿＿　＿＿

　　(5) 컴퓨터 소프트웨어 수집과 서비스　＿＿　＿＿

　　(6) 도서관에 컴퓨터실의 도입　＿＿　＿＿

　　(7) 예산할당방식의 변화(도서와 정간문의 비율 변화 등)　＿＿　＿＿

　　(8) 기　타　＿＿　＿＿

4. 위의 조직 변화 중 도서관의 상위 관리직위의 신설과 도서관의 새로운 전문직의 채용이 있었을 경우 그 직위명칭과 업무를 적어 주시기 바랍니다.

(1) ____

(2) ____

(3) ____

(4) ____

(5) ____

5. 위의 조직 변화 중 부서신설, 부서 통폐합과 분리 등의 경우 새로운 부서의 명칭, 그 업무 내용과 변화 사항을 적어 주시기 바랍니다.

(1) ____

(2) ____

(3) ____

(4) ____

(5) ____

6. 위의 변화 외에 지난 5년 동안 주요한 도서관변화가 있었다면 적어 주십시오.

(서비스, 생산품, 업무처리과정, 조직구조, 인적 구성 등에 관해)

(1) ____

(2) ____

(3) ____

7. 위의 도서관의 혁신(변화) 중에서 가장 주요한 혁신에 대해서 아래 질문에 답해 주시기 바랍니다.

(1) 어떠한 혁신입니까? _______________________________

____

(2) 얼마나 많은 인원이 관여되었으며 어떻게 영향을 받았습니까?

____

____

(3) 이 혁신으로 말미암아 도서관의 조직구조에 변화가 있었습니까?

____ 예

구조변화_______________________________________

____ 아니오

(4) 다른 도서관들이나 기관들도 관련되었습니까?

____ 예

기관명칭_______________________________________

____ 아니오

(5) 이 혁신의 재정출처는?

____ 도서관 예산

____ 특별자금(어디로부터) _____________________

____ 기타(구체적으로) ____

(6) 이 혁신을 이행하려고 결정할 당시 귀 도서관에서 확신의 정도는 어떠했습니까? ____ %

(7) 이 혁신은 어느 정도 성공적으로 운영되고 있습니까? ____ %

8. 귀 도서관에서는 다음 장비 중 어느 것을 소유하고 있습니까?
   만약 있다면 그 숫자를 표시해 주시기 바랍니다.

   (1) 시청각장비(오디오기기, 비디오기기, 환등기, 영사기 등) : ____ 대

   (2) 마이크로 형태자료 판독기(microform reader) : ____ 대

   (3) 마이크로 형태자료 판독 인쇄기(microform reader/printer) : ____ 대

   (4) CD-ROM 플레이어 : ____ 대

   (5) 전용터미날 : ____ 대

   (6) 독립형(standalone) 컴퓨터(마이크로컴퓨터, PC) : ____ 대

   (7) 근거리 지역 네트워크(LAN)에 연결되어 있는 컴퓨터의 수 : ____ 대

(8) 팩스(fax) : ____ 대

(9) 기타(구체적으로) : ____

9. 귀 도서관에서는 아래와 같은 업무가 전산화되어 있습니까? 만약 전산화되어있지 않다면 아래의 "전산화되어 있지 않음"란에 표시해 주시고, 만약 전산화가 되어 있다면 그 전산화 프로그램이 자체적으로 개발된 것인지 또는 외부 판매상으로부터 구입한 것인지를 표시해 주십시오.

	전산화 되어 있지 않음	도서관 직원에 의해서 개발	모체기관의 다른 부서에 의해서 개발	도서관과 모체기관 내의 다른 부서와 공동개발	판매상으로부터 구입
(1) 초록/색인	___	___	___	___	___
(2) 수서	___	___	___	___	___
(3) 편목	___	___	___	___	___
(4) 대출반납	___	___	___	___	___
(5) 전자우편	___	___	___	___	___
(6) 상호대차	___	___	___	___	___
(7) 전자우편을 이용한 상호대차	___	___	___	___	___
(8) 온라인목록	___	___	___	___	___
(9) 온라인검색	___	___	___	___	___
(10) 최신정보주지서비스(SDI)	___	___	___	___	___
(11) 연속간행물 업무	___	___	___	___	___
(12) 스프레드쉬트(spreadsheet)/통계	___	___	___	___	___
(13) 기타(구체적으로)	___	___	___	___	___

10. 귀 도서관에서는 아래와 같은 컴퓨터와 관련된 업무를 누가 수행합니까? 한 범주 이상에 관련된다면 다 표시해 주시기 바랍니다.

	소프트웨어 선택	소프트웨어 개발	하드웨어 선택
(1) 도서관장	＿	＿	＿
(2) 도서관직원	＿	＿	＿
(3) 모체기관 내 다른 　　부서의 상담가(consultant)	＿	＿	＿
(4) 외부의 상담가(consultant)	＿	＿	＿
(5) 기타(구체적으로)	＿	＿	＿

11. 선행 질문에 대해서나 도서관에서의 정보기술의 응용에 관해서 좋은 의견이 있으시면 적어주시기 바랍니다.

설문에 응해 주서서 대단히 감사합니다.

[부록 28]

사서장 및 과장용 설문서

Ⅰ. 교육적 배경, 전문직적 활동

다음 각 질문에 대해 적절한 항목에 "V" 표시를 하거나 또는 해당사항을 기입해 주십시오.

1. 성별을 표시해 주십시오.
   남: ___　　　　여 ___

2. 현 직위의 명칭을 써 주십시오. ________________

3. 연령범주에 표시해 주십시오.
   (1) 20-30세( )　　　(2) 31-40세( )　　　(3) 41-50세( )
   (4) 51-60세( )　　　(5) 61세 이상( )

4. 귀하의 최종학력과 전공을 표시해 주십시오.
   최종학력: ______
   도서관학 전공입니까? ___예; ___아니오(구체적으로) ________전공

5. 귀하가 도서관에 근무하신 경력년수는 얼마나 되십니까?
   (1) 1년 미만( )　　　　　　(2) 1년 이상-3년 미만( )
   (3) 3년 이상-6년 미만( )　　(4) 6년 이상-10년 미만( )
   (5) 10년 이상( )

6. 귀하가 현 직위에 계신지는 얼마나 되십니까?

    (1) 1년 미만(   )   (2) 1년 이상 - 3년 미만(   )

    (3) 3년 이상 - 6년 미만(   )   (4) 6년 이상 - 10년 미만(   )

    (5) 10년 이상(   )

7. 귀하가 참여하시는 학회나 협회는 얼마나 됩니까?

    (1) 없음(   )   (2) 1-3개(   )   (3) 4-6개(   )

    (4) 7-9개(   )   (5) 10개 이상(   )

8. 귀하께서 학회나 협회에 참여하시는 정도를 표시해 주십시오.

                        대단히 높다 높다 평균 평균 이하 낮음

    (1) 도서관 정보학 단체   ___   ___   ___   ___   ___
    (2) 다른 분야의 단체   ___   ___   ___   ___   ___

9. 귀하께서는 작년 한 해 동안에 얼마나 많은 학술적인 회의나 워크샵에
    참석하셨습니까?

    (1) 없음(   )   (2) 1-3회(   )   (3) 4-6회(   )

    (4) 7-9회(   )   (5) 10회 이상(   )

10. 현재 얼마나 많은 학술지를 정기적으로 보고 계십니까?

    (1) 3종 미만(   )   (2) 3종 - 5종(   )   (3) 6종 - 10종(   )

    (4) 11종 - 15종(   )   (5) 16종 이상(   )

11. 귀하께서는 지난 한 해 동안 얼마나 많은 전문도서를 보셨습니까?(구
    입하시거나 또는 도서관의 도서를 보신 것을 모두 포함해 주십시오.)

    (1) 3책 미만(   )   (2) 3책 - 10책(   )   (3) 11책 - 20책(   )

    (4) 21책 - 30책(   )   (5) 31책 이상(   )

12. 귀하께서는 지난 5년 동안 학술지에 논문을 발표하시거나 또는 저서를
발표하신 적이 있습니까?

논문: _____ 편,   저서: _____ 책

13. 귀하께서는 지난 5년 동안 연구나 또는 전문직 활동을 위하여 내부나
또는 외부로부터 자금을 받으신 적이 있습니까?

예: ___(내부 ___ 외부 ___)   아니오: ___

14. 귀하께서는 현재 특정 연구계획에 관련하고 계십니까?

예: ___(연구계획명칭 ______)   아니오: ___

Ⅱ. 정보기술에 대한 인식과 태도

다음 질문들은 정보기술(예, 컴퓨터기술과 도서관 자동화 등)에 대한 인식
과 태도에 관한 것입니다. 가장 적절하다고 생각되는 곳에 "V" 표시를 해
주시기 바랍니다.

1. 귀하가 업무에 정보기술(예, 자동화)을 도입했거나 도입하기 위한 결정
을 내릴 경우 수작업시스템에 비해 다음 항목들에 대해서 귀하가 생각
하시는 각각의 상대적 중요성(업무향상가능성 비교)을 표시해 주십시오.

	대단히 중요함	중요함	보통임	중요 하지 않음	전혀 중요 하지 않음
(1) 업무처리속도 증가	___	___	___	___	___
(2) 보다 많고 다양한 정보의 제공	___	___	___	___	___
(3) 보다 정확한 정보의 제공	___	___	___	___	___
(4) 고객에 대한 새로운 서비스의 증가	___	___	___	___	___

	대단히 중요함	중요함	보통임	중요 하지 않음	전혀 중요 하지 않음
(5) 직원 만족의 증가	___	___	___	___	___
(6) 단순 업무시간의 감축	___	___	___	___	___
(7) 회계감사와 예산통계의 강화	___	___	___	___	___
(8) 늘어나는 업무량에 대처	___	___	___	___	___
(9) 경영정보시스템의 수행	___	___	___	___	___

2. 아래 질문들에 대해서 귀하가 가장 적절하다고 생각하시는 항목에 "V"
   표시를 해주시기 바랍니다.

	전적으로 동의함	동의함	그저 그런 편임	동의 하지 않음	전혀 동의 하지 않음
(1) 정보기술(예, 컴퓨터기술)을 이용한 작업은 수작업보다 사 서들의 업무를 더 흥미롭게 해 줄 것이다.	___	___	___	___	___
(2) 정보기술을 이용한 작업은 처 리시간을 절약하고 생산성을 증가시킨다.	___	___	___	___	___
(3) 정보기술을 이용한 작업은 특 히 단순하고 반복적인 업무를 효율적으로 수행할 수 있도록 한다.	___	___	___	___	___
(4) 컴퓨터기술의 도입은 도서관 전문 직의 의사결정과 관리업무의 운영 에 많은 영향을 미칠 것이다.	___	___	___	___	___

<table>
<tr><td></td><td>전적으로
동의함</td><td>동의함</td><td>그저
그런
편임</td><td>동의
하지
않음</td><td>전혀
동의
하지
않음</td></tr>
</table>

(5) 정보기술을 이용한 작업은 수작업
보다 작업을 수행하기가 더 어렵다.＿＿ ＿＿ ＿＿ ＿＿ ＿＿

(6) 정보기술을 이용한 작업은 작업을
수행할 때 수작업보 다 피로를 더
빨리 가져온다. ＿＿ ＿＿ ＿＿ ＿＿ ＿＿

(7) 정보기술을 이용한 작업은 수작
업보다 더 지루하다. ＿＿ ＿＿ ＿＿ ＿＿ ＿＿

(8) 정보기술을 이용한 작업은 수작
업보다 업무에 스트레스를 더 많
이 가져온다. ＿＿ ＿＿ ＿＿ ＿＿ ＿＿

(9) 정보기술을 이용한 작업은 수작
업보다 작업자에게 더 많은 결정
을 스스로 내리는 것을 불가능하
게 만들고 있다. ＿＿ ＿＿ ＿＿ ＿＿ ＿＿

(10) 도서관 자동화는 사서들의 업무
량을 증가시킬 것이다. ＿＿ ＿＿ ＿＿ ＿＿ ＿＿

(11) 도서관 자동화로 사서들의 업무
에 더욱 정확성이 요구 될 것이다.＿＿ ＿＿ ＿＿ ＿＿ ＿＿

(12) 정보기술을 이용한 작업은 수작
업보다 업무에 혼란을 더 많이
가져온다. ＿＿ ＿＿ ＿＿ ＿＿ ＿＿

(13) 도서관 자동화 시스템은 결과적
으로 사서들의 역할을 축소할
것이다. ＿＿ ＿＿ ＿＿ ＿＿ ＿＿

(14) 전통적인 수작업시스템과 서비스
는 더 이상 현재의 이용자 요구
를 처리할 수 없으며 만족시킬
수 없다. ＿＿ ＿＿ ＿＿ ＿＿ ＿＿

	전적으로 동의함	동의함	그저 그런 편임	동의 하지 않음	전혀 동의 하지 않음
(15) 수작업시스템은 새로운 매체의 수용이 불가능하다.	——	——	——	——	——
(16) 수작업시스템은 더 이상 급 증 하는 정보량에 대처가 불가능 하다.	——	——	——	——	——
(17) 도서관 자동화 시스템은 도서 관장 또는 의사결정자의 강력 한 지지를 필요로 한다.	——	——	——	——	——
(18) 도서관 자동화 시스템의 책임 자는 컴퓨터와 도서관 정보학 의 지식과 경험을 가져야 한다.	——	——	——	——	——
(19) 도서관 자동화는 조직구조의 변 화를 필요로 할 것이다.	——	——	——	——	——
(20) 도서관 자동화 시스템을 성공 적으로 운영하기 위해서는 도 서관 내에서의 커뮤니케이 션 이 원활해야 한다.	——	——	——	——	——
(21) 도서관 자동화 시스템을 성공 적으로 운영하기 위해서는 도 서관들 간의 커뮤니케이션이 원활해야 한다.	——	——	——	——	——
(22) 도서관 자동화에 대한 긍정적 인 사서들의 태도는 자동화 시 스템의 개발에 큰 영향을 미 칠 것이다.	——	——	——	——	——
(23) 도서관은 이용자 요구의 변화 에 능동적으로 대처할 수 있어 야 한다.	——	——	——	——	——

	전적으로 동의함	동의함	그저 그런 편임	동의 하지 않음	전혀 동의 하지 않음
(24) 도서관은 인쇄매체뿐만이 아니라 전자매체에 의한 정보량 이 급증함에 따라 이를 수용할 수 있도록 정보수집과 전달의 역할을 재조명해야 할 것이다.	―	―	―	―	―
(25) 도서관이 기술의 변화와 발전에 맞추어 나가지 않는다면 미래에 도서관의 역할은 크게 쇠퇴할 것이다.	―	―	―	―	―
(26) 도서관이 새로운 변화 (새로운 장비, 기술 등)에 빨리 적응해 나가기 위해서는 사서들이 변화를 제안할 수 있도록 개방적인 커뮤니케이션 구조가 마련되어야 한다.	―	―	―	―	―
(27) 도서관이 새로운 변화에 빨리 적응해 나가기 위해서는 사서들의 연구와 출판을 장려하기 위한 프로그램이 있어야 한다.	―	―	―	―	―
(28) 도서관이 새로운 변화에 빨리 적응해 나가기 위해서는 지속적인 직원 개발 프로그램 (정규과목의 이수, 협회의 활동이나 강연의 참가)이 있어야 한다.	―	―	―	―	―
(29) 도서관이 새로운 변화에 빨리 적응해 나가기 위해서는 직원들의 지식과 기술을 새롭게 하기 위한 정기적인 안식 및 연구기간이 주어져야 한다.	―	―	―	―	―

Ⅲ. 도서관 성과(effectiveness)

귀 도서관의 성과에 대한 주관적인 평가를 얻고자 합니다. 조직의 최고 관리자 등 관리자들에 의한 조직의 성과에 대한 주관적인 평가는 조직평가에 있어서 널리 이용되는 방법입니다. 귀 도서관을 같은 크기와 같은 유형의 다른 도서관들과 관련시켜서 도서관의 성과에 대한 주관적인 평가를 내려 주십시오.

	매우 높다	높다	보통 이다	낮다	매우 낮다
1. 귀 도서관의 전체적인 성과에 대해서 같은 크기와 같은 유형의 다른 도서관들과 비교해서 주관적인 효율성 평가를 내려 주십시오.	___	___	___	___	___
2. 귀 도서관의 이용자들이 필요로 하고 요구하는 서비스들의 유형과 수에 대해서 귀 도서관에서 제공하는 서비스의 정도를 평가해 주십시오.	___	___	___	___	___
3. 자료와 직원들, 참고봉사의 서비스의 질, 그리고 도서관에서 제공하는 다른 서비스들과 관련해서 귀 도서관의 서비스의 질에 대한 평가를 내려 주십시오.	___	___	___	___	___

설문이 응해 주셔서 대단히 감사합니다.

[부록 29]

도서관장용 설문서

다음 각 질문에 대해 적절한 항목에 "V" 표시를 하거나 또는 해당사항을 기입해 주십시오.

1. 성별을 표시해 주십시오.
   남: ____   여: ____

2. 연령범주에 표시해 주십시오.
   (1) 20-30세(   )   (2) 31-40세(   )   (3) 41-50세(   )
   (4) 51-60세(   )   (5) 61세 이상(   )

3. 도서관장님의 최종학력과 도서관 경력년수를 표시해 주십시오.
   최종학력: ____
   도서관학 전공입니까? ____예; ____아니오(구체적으로) ________전공
   현 직위의 경력년수: ______
   현 직위 이전의 도서관 경력년수: ________

다음 질문들은 정보기술(예, 컴퓨터기술과 도서관 자동화 등)에 대한 인식과 태도에 관한 것입니다. 가장 적절하다고 생각되는 곳에 "V" 표시를 해 주시기 바랍니다.

4. 도서관장님께서 업무에 정보기술(예, 자동화)을 도입했거나 도입하기 위한 결정을 내릴 경우 수작업시스템에 비해 다음 항목들에 대해서 도서관장님께서 생각하시는 각각의 상대적 중요성(업무향상가능성 비교)을 표시해 주십시오.

	대단히 중요함	중요함	보통임	중요 하지 않음	전혀 중요 하지 않음
(1) 업무처리속도 증가	——	——	——	——	——
(2) 보다 많고 다양한 정보의 제공	——	——	——	——	——
(3) 보다 정확한 정보의 제공	——	——	——	——	——
(4) 고객에 대한 새로운 서비스의 증가	——	——	——	——	——
(5) 직원 만족의 증가	——	——	——	——	——
(6) 단순 업무시간의 감축	——	——	——	——	——
(7) 회계감사와 예산통제의 강화	——	——	——	——	——
(8) 늘어나는 업무량에 대처	——	——	——	——	——
(9) 경영정보시스템의 수행	——	——	——	——	——

5. 아래 질문들에 대해서 귀하가 가장 적절하다고 생각하시는 항목에 "V" 표시를 해주시기 바랍니다.

	전적으로 동의함	동의함	그저 그런 편임	동의 하지 않음	전혀 동의 하지 않음
(1) 정보기술(예, 컴퓨터기술)을 이용한 작업은 수작업보다 사서들의 업무를 더 흥미롭게 해 줄 것이다.	——	——	——	——	——
(2) 정보기술을 이용한 작업은 처리시간을 절약하고 생산성을 증가시킨다.	——	——	——	——	——

전적으로 동의함　동의함　그저 그런 편임　동의 하지 않음　전혀 동의 하지 않음

(3) 정보기술을 이용한 작업은 특히 단
순하고 반복적인 업무를 효율적으
로 수행할 수 있도록 한다. ___ ___ ___ ___ ___

(4) 컴퓨터기술의 도입은 도서관 전문
직의 의사결정과 관리업무의 운영에
많은 영향을 미칠 것이다. ___ ___ ___ ___ ___

(5) 정보기술을 이용한 작업은 수작업
보다 작업을 수행하기가 더 어렵다. ___ ___ ___ ___ ___

(6) 정보기술을 이용한 작업은 작업을
수행할 때 수작업보다 피로를 더 빨
리 가져온다. ___ ___ ___ ___ ___

(7) 정보기술을 이용한 작업은 수작업보
다 더 지루하다. ___ ___ ___ ___ ___

(8) 정보기술을 이용한 작업은 수작업보
다 업무에 스트레스를 더 많이 가져
온다. ___ ___ ___ ___ ___

(9) 정보기술을 이용한 작업은 수작업
보다 작업자에게 더 많은 결정을 스
스로 내리는 것을 불가능하게 만들고
있다. ___ ___ ___ ___ ___

(10) 도서관 자동화는 사서들의 업무량
을 증가시킬 것이다. ___ ___ ___ ___ ___

(11) 도서관 자동화로 사서들의 업무에
더욱 정확성이 요구될 것이다. ___ ___ ___ ___ ___

(12) 정보기술을 이용한 작업은 수작업보
다 업무에 혼란을 더 많이 가져온다. ___ ___ ___ ___ ___

전적으로　동의함　그저　동의　전혀
동의함　　　　그런　하지　동의
　　　　　　　편임　않음　하지
　　　　　　　　　　　　않음

(13) 도서관 자동화 시스템은 결과적
　　 으로 사서들의 역할을 축소할
　　 것이다.　　　　　—　　—　　—　　—　　—

(14) 전통적인 수작업시스템과 서비스
　　 는 더 이상 현재의 이용자 요구를
　　 처리할 수 있으며 만족시킬 수 없다.　—　　—　　—　　—　　—

(15) 수작업시스템은 새로운 매체의 수
　　 용이 불가능하다.　—　　—　　—　　—　　—

(16) 수작업시스템은 더 이상 급증하는
　　 정보량에 대처가 불가능하다.　—　　—　　—　　—　　—

(17) 도서관 자동화 시스템은 도서관장
　　 또는 의사결정자의 강력한 지지를
　　 필요로 한다.　　—　　—　　—　　—　　—

(18) 도서관 자동화 시스템의 책임자는
　　 컴퓨터와 도서관 정보학의 지식과
　　 경험을 가져야 한다.　—　　—　　—　　—　　—

(19) 도서관 자동화는 조직구조의 변화
　　 를 필요로 할 것이다.　—　　—　　—　　—　　—

(20) 도서관 자동화 시스템을 성공적으로
　　 운영하기 위해서는 도서관 내에서
　　 의 커뮤니케이션이 원활해야 한다.　—　　—　　—　　—　　—

(21) 도서관 자동화 시스템을 성공적으로
　　 운영하기 위해서는 도서관들 간의 커
　　 뮤니케이션이 원활해야 한다.　—　　—　　—　　—　　—

(22) 도서관 자동화에 대한 긍정적인 사서
　　 들의 태도는 자동화 시스템의 개발에
　　 큰 영향을 미칠 것이다.　—　　—　　—　　—　　—

<table>
<tr><td></td><td>전적으로
동의함</td><td>동의함</td><td>그저
그런
편임</td><td>동의
하지
않음</td><td>전혀
동의
하지
않음</td></tr>
</table>

(23) 도서관은 이용자 요구의 변화에
능동적으로 대처할 수 있어야 한다. ___ ___ ___ ___

(24) 도서관은 인쇄매체뿐만이 아니라
전자매체에 의한 정보량이 급증함
에 따라 이를 수용할 수 있도록 정
보수집과 전달의 역할을 재조명해
야 할 것이다. ___ ___ ___ ___

(25) 도서관이 기술의 변화와 발전에 맞
추어 나가지 않는다면 미래에 도서
관의 역할은 크게 쇠퇴할 것이다. ___ ___ ___ ___

(26) 도서관이 새로운 변화 (새로운 장비
기술 등)에 빨리 적응해 나가기 위해
서는 사서들이 변화를 제안할 수 있
도록 개방적인 커뮤니케이션 구조가
마련되어야 한다. ___ ___ ___ ___

(27) 도서관이 새로운 변화에 빨리 적응해
나가기 위해서는 사서들의 연구와 출
판을 장려하기 위한 프로그램이 있어
야 한다. ___ ___ ___ ___

(28) 도서관이 새로운 변화에 빨리 적응해
나가기 위해서는 지속적인 직원 개발
프로그램(정규과목의 이수, 협회의 활
동이나 강연의 참가)이 있어야 한다. ___ ___ ___ ___

(29) 도서관이 새로운 변화에 빨리 적응해
나가기 위해서는 직원들의 지식과 기
술을 새롭게 하기 위한 정기적인 안식
및 연구기간이 주어져야 한다. ___ ___ ___ ___

6. 도서관 성과(effectiveness)

귀 도서관의 성과에 대한 주관적인 평가를 얻고자 합니다. 조직의 최고 관리자 등 관리자들에 의한 조직의 성과에 대한 주관적인 평가는 조직평가에 있어서 널리 이용되는 방법입니다. 귀 도서관을 같은 크기와 같은 유형의 다른 도서관들과 관련시켜서 도서관의 성과에 대한 주관적인 평가를 내려 주십시오.

	매우 높음	높음	보통	낮음	매우 낮음
1. 귀 도서관의 전체적인 성과에 대해서 같은 크기와 같은 유형의 다른 도서관들과 비교해서 주관적인 효율성 평가를 내려 주십시오.	____	____	____	____	____
2. 귀 도서관의 이용자들이 필요로 하고 요구하는 서비스들의 유형과 수에 대해서 귀 도서관에서 제공하는 서비스의 정도를 평가해 주십시오.	____	____	____	____	____
3. 자료와 직원들, 참고봉사의 서비스의 질, 그리고 도서관에서 제공하는 다른 서비스들과 관련해서 귀 도서관의 서비스의 질에 대한 평가를 내려 주십시오.	____	____	____	____	____

설문에 응해 주셔서 대단히 감사합니다.

• 저자 •

홍현진
(洪賢珍)

• 약력 •
연세대학교 문과대학 문헌정보학과(학사)
University of Michigan in Ann Arbor 문헌정보학과(석사)
연세대학교 대학원 문헌정보학과(박사)
대우경제연구소 정보자료실 실장
한국도서관협회 기획위원
국립중앙도서관 장서개발위원
문화관광부 문화기반시설 평가위원
현 정보관리학회 편집위원
교육인적자원부 대학도서관 정책자문위원
문화관광부 국가도서관정책 자문위원
전남대학교 사회과학대학 부학장
전남대학교 사회과학대학 문헌정보학과 교수

• 주요 저서 및 논문 •
「우리나라 공공도서관에 대한 평가지표 연구」
「웹 기반 데이타베이스의 품질평가 기준 개발에 관한 연구」
「국가문헌센터 건립 최적화 연구」
『문헌정보학의 연구방법론』
『한국도서관기준』, 『국제기구 지식정보원의 이해와 활용』,
도서관 경영정책과 정보서비스 분야에 약 50여 편의 논문을 발표함.

도서관조직의 혁신과 변화관리

• 초판 인쇄	2007년 8월 31일
• 초판 발행	2007년 8월 31일
• 지 은 이	홍현진
• 펴 낸 이	채종준
• 펴 낸 곳	한국학술정보㈜
	경기도 파주시 교하읍 문발리 526-2
	파주출판문화정보산업단지
	전화 031)908-3181(대표)·팩스 031)908-3189
	홈페이지 http://www.kstudy.com
	e-mail(출판사업부) publish@kstudy.com
• 등 록	제일산-115호(2000. 6. 19)
• 가 격	28,000원

ISBN 978-89-534-7399-7 93020 (Paper Book)
      978-89-534-7400-0 98020 (e-Book)